U0137477

呼和浩特文化

（第一辑）

《呼和浩特文化》编委会　编

远方出版社

图书在版编目（CIP）数据

呼和浩特文化.第一辑/《呼和浩特文化》编委会
编. -- 呼和浩特：远方出版社，2019. 9
ISBN 978-7-5555-1356-8

Ⅰ. ①呼… Ⅱ. ①呼… Ⅲ. ①地方文化–介绍–呼和
浩特 Ⅳ. ① G127. 261

中国版本图书馆 CIP 数据核字（2019）第 215137 号

呼和浩特文化（第一辑）
HUHEHAOTE WENHUA DIYI JI

编　　者	《呼和浩特文化》编委会	
责任编辑	孟繁龙	
责任校对	秋　生	
封面题字	高延青	
封面设计	易　晶　谢文晴	
版式设计	韩　芳	
出版发行	远方出版社	
社　　址	呼和浩特市乌兰察布东路 666 号　邮编 010010	
电　　话	（0471）2236473 总编室　2236460 发行部	
经　　销	新华书店	
印　　刷	内蒙古宏业包装印务有限公司	
开　　本	170mm×240mm　1/16	
字　　数	344 千	
印　　张	24	
版　　次	2019 年 9 月第 1 版	
印　　次	2020 年 12 月第 1 次印刷	
印　　数	1—1 000 册	
标准书号	ISBN 978-7-5555-1356-8	
定　　价	88.00 元	

前　言

呼和浩特有着悠久的历史和灿烂的文化，是一片充满神奇魅力的地方。长期以来，呼和浩特市广大文化工作者以社会主义核心价值观为引领，以繁荣发展文化事业为己任，立足本土资源，创作了大量有价值的作品，深受读者喜爱。

为了进一步繁荣发展文化事业，推动文化强市建设进程，我们组织编辑了《呼和浩特文化（第一辑）》，内容囊括了呼和浩特历史研究、民俗风情、风景名胜、非遗文化、红色文化、文物考古、戏曲曲艺等方面，集中展示了近期我市在历史文化研究、社会人文风貌、戏剧艺术创作等领域取得的最新成果。

循着历史的脉络回望，呼和浩特市在中华民族繁荣发展进程中占据着重要的历史地位。大窑文化证实，早在70万年前人类先民就在这块土地上繁衍生息，掀开了中华文明的序幕。战国时期赵国在这里设置云中郡，秦代沿袭。西汉时期，将云中郡划分为云中郡与定襄郡，东汉时期，又重新设置了云中郡。北魏建都于盛乐，唐置单于大都护府，辽置丰州、云内州、东胜州。金朝以丰州城为治所，先后设丰州天德军、天德总管府、西南路招讨司管辖这一区域。元代，这里以丰州城为中心，先后属汪古部、西京路宣慰司、河东山西道宣慰司、大同路管理。明代，蒙古土默特部驻牧于此，首领阿勒坦汗于1575年建成呼和浩特城，掀开了呼和浩特地区新的发展篇章。清初，呼和浩特成为清朝西北军事重镇，在清朝政府的防御西北地区、放垦、贸易系列政策下，满族、回族和大批山西籍汉族和部分河北、陕西籍汉族陆续来到呼和浩特，使呼和浩特成为清朝时巩固西北地区的军事重镇、融通欧亚的商贸重镇。中华人民共和国成立以来，在中国共产党的领导下，呼和浩特各级党委、政府认真贯彻落实民族区域自治制度，民族团结进步事业不断巩固与发展。改革开放之后，特别是党的十八大以来，呼和浩特市各项事业空前繁荣发展，广大文化工作者创新思维，开拓思路，积极投身于建设中国特色社会主义伟大实践中，创作出一大批文化精品，为繁荣发展我国文化事业长足进步贡献了力量。

《呼和浩特文化》原为以反映呼和浩特市文化事业发展为主要内容的内部期刊，创刊于 2005 年。为了拓宽"呼和浩特文化"的内涵与外延，使《呼和浩特文化》这一平台拥有更广阔的空间，我们改变了原来以工作动态为主要内容的编辑方向，明确了以注重社会历史文化与人文积淀的挖掘、刊载我市优秀戏曲作品的方向，使《呼和浩特文化》以崭新的面貌呈现在广大读者面前，藉此组织全市历史文化研究学者、剧作家，深入研究呼和浩特历史文化，创作出更多举旗帜、聚民心、育新人、兴文化、展形象的优质文艺作品，使该书兼具可读性与收存价值。

现《呼和浩特文化（第一辑）》已正式编峻，并由远方出版社正式出版发行。希望此举能为提升我市文化软实力、塑造我市城市形象、扩大我市知名度贡献绵薄之力。

《呼和浩特文化》编委会

目 录
CONTENTS

文博非遗

红色历史

青城剧苑

艺术评论

本土著述简介

纸上展厅

青城春秋

草原丝绸之路上的单于大都护府

吴　欣

　　在内蒙古呼和浩特市和林格尔县北有一座古城遗址，这就是土城子古城，现为国家重点文物保护单位。根据考古证实，早在春秋时期，这里就有聚落活动，战国时修建了城池，公元前196年，西汉在此设立定襄郡，北魏更是建都于此。唐代，这里先设云中都督府，后改称云中都护府、单于大都护府，古城上下相沿近2000年。成为我国古代北方阴山南麓较为重要的政治、经济、军事和交通文化中心而载入史册。

　　唐初，经几次大规模战争，唐军于贞观五年（631年）灭亡东突厥，唐太宗李世民将东突厥领地划入唐朝版图。战后如何处置归降的突厥人，一时成为唐王朝的重要问题。唐太宗李世民召集群臣讨论办法，最后接受中书令温彦博的建议，实行"全其部落，顺其土俗"的政策，把先后归顺的20万突厥人安置在东起幽州（今北京市），西至灵州（今宁夏灵武）的区域内。设置顺、祐、化、长四州对其进行管理，并让其原

　　★吴欣：内蒙古作家协会会员，呼和浩特市作家协会、民间文艺家协会、诗词学会会员，曾出版文学作品集《赤黄的爱》、历史著作《草原第一都——盛乐》等，现在呼和浩特市土地收储中心工作。

来的首领仍然统领他们。授东突厥颉利可汗为右卫将军，但他不久之后便病死在长安。对于突厥贵族到达长安的500多人，都给予将、中郎将等封号，五品以上军官就有百余人。

东突厥人自从被安置在上述地区之后，保持原来的部落组织，依旧过着游牧生活，社会安定，人口增加，生产发展。然而，贞观十三年（639年），发生了原突利可汗弟阿史那结社率阴谋刺杀唐太宗的事件，唐朝大臣们开始觉得突厥人留居黄河南部有许多不便。李世民也开始后悔内迁突厥降众的决定。同年，唐太宗封阿史那思摩为乙弥泥孰俟利可汗，恢复其可汗制度。同时命令他们全部渡过黄河，还居旧地，长保边疆。贞观十五年，即641年正月，阿史那思摩率部众十余万，精兵四万，马九万匹，渡过黄河，在原定襄城（今和林格尔土城子古城）建牙帐居住下来。

永徽元年（650年），唐朝在金山（今阿尔泰山）北平定突厥车鼻可汗阿史那斛勃。并在其旧地设瀚海都护府，管理由突厥人组成的狼山、云中、桑乾三个都督府。龙朔三年（663年），移治云中古城，并重建云中城。改称云中都护府，云中都护府治所所在云中城，经地名学家、历史学家和考古学家论证，并不是今托克托县的云中古城，而是和林格尔县土城子古城，这个云中城此前也是汉代定襄郡治成乐和北魏故都盛乐城。

麟德元年，即664年，唐政府又改云中都护府为单于都护府，也叫单于大都护府，管辖云中、定襄、呼延、桑乾四都督府。据《新唐书·地理志》记载："单于大都护府，本云中都护府，龙朔三年置，麟德元年更名。土贡：胡女布、野马胯革。户二千一百五十五，口六千八百七十七。县一：金河。（中。天宝四年置。本后魏道武所都。有云伽关，后废，太和四年复置。）"《新唐书·百官》记载："大都护府。大都护一人，从二品；副大都护二人，从三品；副都护二人，正四品上；长史一人，正五品上；司马一人，正五品下；录事参军事一人，正七品上；录事二人，从九品上；功曹参军事、仓曹参军事、户曹参军事、兵曹参军事、法曹参军事各一人，正七品下；参军事一人，正八品下。"

单于大都护府城市的式样，是根据突厥人阿思德向唐高宗李治的建议设计修筑的，遗址至今仍清晰可见。城墙用土夯筑，残存最高约5米，分内外两城，外城东墙长1750米，西墙长1200米，北墙长1250米，南墙已被河水冲刷，残长500余米，占地总面积约349万平方米。最低1.2米。东、西、北三面有城门、瓮城及角楼。外城的平面呈不规则多边形，有点像两个连套着的平行四边形，这是模仿天上"奎宿星座"连线的形状修建的。外城的南部有内城，俗称皇城，略呈方形，每面长约500米。阿思德把这座城市取名为单于大都护府，"单于"是匈奴对部落联盟首领的称呼，含意为"广大"，并请求唐高宗任命皇子担任大都护。因此，唐朝的睿宗李旦、肃宗李亨都曾任单于大都护，这也说明唐王朝是何等重视对北方地区的统治了。

单于大都护府管辖范围，东至大洛泊，即今内蒙古克什克腾旗西达里诺尔、滦河之西，接奚、契丹界，西接安西都护府界，北以瀚海（后改安北）都护府为界，南至阴山以南黄河以北及河西走廊。调露元年，即679年，突厥诸部叛离，重建突厥汗国，单于大都护府所辖诸府州地尽失，于是改单于大都护为镇守使。景龙二年，即708年，唐政府在黄河以北修筑了三座受降城，在东受降城（今托克托县境内）没振武军，防止突厥南下。圣历元年，即698年，并入安北大都护府。开元八年，复置单于都护府，都护兼镇守使，统于朔方军节度使。

唐天宝四年，即745年，振武军节度史治所移至单于大都护府，又在城内置金河县。乾元元年（758年）振武军节度史由朔方军分出，广德二年（764年）又并入朔方军管辖。778年，唐朝又将朔方军一分为三，复置振武军节度使。振武军从景龙二年置到唐末，共历时158年之久，直至辽神册元年（916年）被攻破，振武军实际在和林格尔土城子古城存在了208年。振武军常驻军9000人，马1600匹。

在唐代先后300年的时间里，在单于大都护府及振武军中任职的军政官员数以千计，仅从麟德元年（664年）到天祐二年（905年），担任过单于都护府和节度使官职的官员就有32人，担任过振武军节度使的有26人，这仅是列入《和林格尔县志》中的一部分，实际上担任要职的官员数量远不止此。通过考古发现，在单于大都护府附近就出土了"唐振武节度使单于大都护府张惟清德政碑""唐振武节度使墓碑""唐故振武节度使衙前虞侯游击将军试太常安南郡仇府君墓志铭""唐振武节度使李玉祥墓志铭""刘公墓志""贺公墓志"等等，埋藏在地下的还有多少，至今还是一个未知数。

考古发掘证实，唐代的单于大都护府城内，已有各种精美的大型建筑。特别是在内城，文化堆积层尤为丰富，其中有大型建筑的台基，地表还残存有石柱础，并有密集的碎砖瓦和陶瓷片。中华人民共和国成立前，这里就出土过唐宝力二年（826年）撰刻的"唐振武节度使单于大都护张维清德政碑"等石刻。中华人民共和国成立后出土的文物有铜瓷造像、铜印、瓷器、铜境、钱币、唐三彩以及大量唐代铜钱、建筑构件，近年来挖掘的大量唐墓，墓葬规格高、随葬品丰富，有的墓室内还保存有非常精美的壁画，同时还出土了大量的珍贵文物，其中不乏国家一、二级文物。

唐代的单于大都护府，也是草原丝绸之路的中继站。其时，由于吐蕃控制了河西走廊，传统的丝绸之路被切断，东西方之间的往来只有绕道漠北，因此，经单于大都护府的草原丝绸之路在这一时期有着非常重要的历史意义。唐代北方和西北少数民族进入中原有两条有名的大道，一条是参天可汗道，这是经鄂尔多斯高原去长安的；另一条是单于道，这是经今天的土默川平原，又经平阳（今临汾）去东都洛阳，再到长安的。由中原北上蒙古高原，转而去中亚、西欧，都可以走这两条道路。《旧唐书》《新唐书》和《绥远通志稿》碑记中，记载着回鹘商人在单于大都护府中转的事。而隋唐时期，中原与其他民族、种族之间的联系空前密切，从至德元年到回鹘西迁的80多年里，从唐朝运往回鹘的丝绸就有2000万匹以上，而回鹘从唐朝所得的主要赏赐丝绸，除留少部分为贵族享用外，大量被远道贩运至波斯、罗马以及身毒（今印度）等地销售，而在这一过程中，大部分商人与货物都要经过单于大都护府这座草原城市。

1987年，考古工作者在土城子古城的唐城内发现了一枚"大历元宝"铜钱，这种钱币本是唐朝政府在今新疆地区的安西都护府利用当地铜矿所铸，怎么会流落到单于大都护府呢？有专家指出，这枚钱币的发现，证明单于大都护府正处在草原丝绸之路上，见证了唐朝内地与西域经济文化交流的史实，见证了草原丝绸之路的繁荣与发展，同时也见证了中西交通、中西文化往来及经济贸易往来的历史状况。

大都护府内城发现的多处大型建筑遗迹，还有多处柱础，大量的瓦当、残砖等建筑构件表明，当时的单于大都护府城内建筑林立，有官府行政区、居民区、商业贸易区以及宗教场所等，官署衙门高大雄伟。城内各种设施都很完善。汉族人民、突厥民众穿梭往来，在这座草原城市享受着和平的生活。来自中原的商人、西域的商人以及往来于中西方的西方人聚集在这里，在交易场所内讨价还价，开展商贸活动。

在单于大都护府遗址还发掘出土"唐单于府开元寺悉达多禅师碣铭""唐故禅师大德诺诚碣铭"，在《绥远通志稿》碑记中，还记载印度王子在单于大都护府传播佛教这些事来看，我们可以做出如下判断：大都护府城内，不仅官署衙门高大雄伟。而且佛家寺庙雄伟壮观，香火不断，各路高僧前来讲经布道，而各级官吏、商人、平民经常往来于寺庙之间求神拜佛，就连印度的贵族佛教徒也很重视在这里宣讲佛经，传播佛教。这表明，单于大都护府当时已是草原的佛教圣地。这也从另一个侧面反映出当时单于大都护府的繁荣景象。

唐朝是我国封建社会的鼎盛时期，无论是政治、经济还是文化，各方面都处于中国封建社会的顶端。从云中都护府到单于大都护府，从振武军到金河县，在历史的变迁之中，先祖为我们留下了丰厚的文化遗产，人们对这段历史产生了无限遐想。

首先是众多位高权重的历史名人和单于都护府有密切关系。唐太宗第三子李恪，曾受封为定襄郡王；从太子而后成为皇帝的李旦，即位前被封为殷王，遥领冀州大都督、单于大都护；肃宗李亨受封忠王时又任朔方节度使、单于大都护，可以说那是最早的挂职锻炼，显示了唐王朝对北方地区统治的决心；而一代名将李靖、李勣、柴绍、薛仁贵、苏定方、张仁愿、郭子仪等等，有的在单于大都护府任职，有的曾经不止一次率领大军前来单于大都护府，他们都在与北方少数民族的交战之中，在维护国家统一的战争之中东拼西杀，迅速成长，成为唐朝各个时期赫赫有名的战将名帅。

文学艺术家也与名城有着千丝万缕的联系。艺术家首推的当属唐代大画家阎立本，据故宫书画档案记载，他"祖籍榆林盛乐"，即今和林格尔地区，他创作的《步辇图》，描绘了唐太宗接受吐蕃赞普松赞干布派遣使者求婚的场景，不但艺术水平高，而且记载了汉藏两族人民友好交往的历史事实，具有很高的历史价值和艺术价值。阎立本是北周武帝宇文邕的外孙。出生于今陕西临潼县，故宫书画档案记载他"祖籍榆林盛乐"，想必他父亲应是盛乐人。此外，唐代还有众多文学大家都以诗歌的形式来描绘"云中""金河""振武"等地，写下了众多脍炙人口、流传甚广的边塞诗歌，如杜牧的《早雁》：

> 金河秋半虏弦开，云外惊飞四散哀。
> 仙掌月明孤影过，长门灯暗数声来。
> 须知胡骑纷纷在，岂逐春风一一回。
> 莫厌潇湘少人处，水多菰米岸莓苔。

柳中庸的《征人怨》：

> 岁岁金河复玉关，朝朝马策与刀环。
> 三春白雪归青冢，万里黄河绕黑山。

我们能够找到的名家名诗很多，分别散见于各种志书和历史典籍，那粗犷的边塞景色，那金戈铁马厮杀之声，那羁旅抒怀之情，至今浮现在人们的眼前。由此可见，云中都护府以及其后的单于大都护府和振武城一带，在当时内地文学艺术家的心目中，占有非常重要的地位，成为文人墨客们向往的地方，成为他们歌颂唐朝皇帝文治武功、抒发爱国情怀和民族团结的最好素材。

佛教文化得到了发扬光大。如前所述，在单于大都护府城内，建有雄壮巍峨的寺庙，而且有知名大住持，甚至有来自印度的高僧，这说明唐王朝试图通过佛教的传播来加强对民众思想的统治，进而强化国家的统一、社会的安定。直到现在，人们在古城内还能见到庙宇的建筑构件等宗教用品。

农牧业和手工业生产发展迅速。在古城附近发掘的众多唐墓之中，还出土了众多铁制农具和手工业用品。武则天时，她曾接受默啜可汗的要求，归还了突厥降户数千户，同时还送给突厥谷种40000斛，杂彩50000段，农器3000件，铁40000斤。可以推断，在唐政府的倡导和支持下，当时的单于大都护府城附近农业生产已占有重要的地位，先进的耕作技术也在影响着突厥民众的生产习惯。另外，经考古发掘证实，当时的单于大都护府建筑用的砖瓦、生活用的陶器等，大多都是当地烧制的，说明当时这一带的手工业也较为发达。

唐代文化在北方草原地区表现得如此深厚与浓烈，除单于大都护府城之外绝无第二个，虽然我们通过考古发掘出土了一批文物，通过查阅史籍了解了部分史实，但这只是该城在唐代300年历史上的点滴而非全部。可就是这些点滴，就足以使我们认识到这座草原大都市的辉煌，认识到这座城市承载的丰厚的草原历史文化。

元代的丰州古城

李樱桃

　　"山边弥弥水西流，夹路离离禾黍稠。出塞入塞动千里，去年今年经两秋。晴空高显寺中塔，晓日平明城上楼。车马喧阗尘不到，吟鞭斜袅过丰州。"这是元初名臣和诗人刘秉忠过丰州时对于丰州城的描述。

　　美丽的丰州城不仅引发了诗人刘秉忠的诗情，许多文人骚客也把目光投向了丰州城。"五更骑马望明星，细草坡坨迤逦行。一片长川天不尽，荞花如雪近丰城。"这是元代诗人魏初的《丰州》对于丰州城和丰州滩的赞美。

　　丰州城遗址位于呼和浩特东郊18千米处白塔村西南，此城为辽神册五年（920年）辽太祖耶律阿保机打败居住于今乌拉特前旗党项族后建成。自建城之后，历经辽、金、元三代，使用长达450年。城内现存有万部华严经塔，塔高55.5米，为八角七层楼阁式砖塔。

　　★李樱桃：笔名易书，中国作家协会会员，鲁迅文学院第二十九届作家高研班和内蒙古文学创作研究班毕业，内蒙古呼和浩特市作家协会副秘书长、呼和浩特市赛罕区作家协会主席；作品《排毒胶囊》《走进最后的驼村》分别获第十一届、第十二届内蒙古自治区文学创作"索龙嘎"奖，小说《一颗牙齿的疼痛》获首届延安文学短篇小说奖等奖项。

诗人笔下的丰州城是美丽的，金代重修万部华严经塔捐资碑的记录更让我们知晓了当年丰州城的繁华与兴盛。6块捐资碑上记录着捐资修塔的3340名捐资人的姓名和40多个村庄、30多条街巷。30多条以行业名称命名的街巷，有以商业名称命名的牛市巷、麻布巷、染巷、酪巷；有以居民姓氏命名的有斐化裕巷、康家巷、张德安巷、刘大卿巷、张居柔巷等。塔内现存辽、金、元、明游人题记200多条，除160多条汉文题记外，还有古波斯、古叙利亚、八思巴、回鹘、蒙古文等题记数十条。

40座村庄、30条街巷，我们可以想象当年丰州城及城周是如何的繁华、如何的兴盛。这条街巷一溜儿排开都开着染坊，那条街巷里挤挤挨挨都开着牛市，还有麻衣巷、酪巷。街巷上来往穿梭的行人，这边瞅瞅、那边瞧瞧，叫卖声不绝于耳，伴随呼儿唤女的声音高低错落，到处是喧嚣繁华的景象。逛得身体累了，看得眼睛花了，离开喧嚣与繁华的所在，走进那几条相对安静的街巷，那是居民居住的唐家巷、张德安巷，在这里，老人怡然地喝茶，孩子们快乐地嬉戏。

信步走出城门，首先映入眼帘的是围绕着丰州城繁盛地开着的一片连一片的荞麦花，白得像雪一样的花朵挨挤着、簇拥着，如翻滚的雪浪向前奔涌着。再往远处看去，便是一座座错落有序的农家小院，蓬勃的绿杨、袅袅的炊烟，勾画出一幅恬静的田园风光。

1221年，长春真人邱处机西行到中亚大雪山谒见成吉思汗，东返时路过丰州城，在丰州守将俞公家小住，应俞公之请写下了"身闲无俗念，一宿至鸡鸣。两眼不能睡，寸心何所萦。云收溪月白，气爽谷精神。不是朝昏坐，行功扭捏成"的养生诗句。

元代的丰州城，不仅是一处繁华兴盛的城市，而且也是中原地区通往漠北的交通枢纽。

马可·波罗于元世祖至元九年（1272年）从凉州（甘肃武威）前往元朝上都朝拜忽必烈时，路过天德州即丰州滩。马可·波罗在他的游记中写道："天德是向东之一州，境内有环以墙垣的城村不少，主要之城名曰天德"，"此州国王出于长老约翰血统，名曰阔里吉思"，"州人并用驼毛制毡者甚多，各色皆有”，“并恃畜牧农为生，亦微做工商”。游记中描述的阔里吉思治理下的天德是一派有城有村的繁华景象，丰州人饲养牲畜也种植庄稼，还做着各种买卖，还说丰州人用驼毛制作毡子的也很多。

旅行至此的马可·波罗不由得发出惊叹，他看到这里的人们都有着美丽白净的皮肤，丰州人成了他此次漫长旅行中所见到过的最漂亮的人。或许，当时的丰州城没有战乱，安康幸福地生活的人们脸上总绽放着笑容，马可·波罗眼中的丰州人才都那么可爱，那么漂亮。此外，从题记上可以看出，丰州城是一个各民族杂糅并居的地方，从人种进化的角度来看，这也是丰州人漂亮的一个原因。

据有关资料记载，丰州城内除了有万部华严经塔的宣教寺外，还有好多寺院，寺院的规模不亚于后来归化城的召庙。报国寺除了讲经、监座、知客，走动官府和保管钱粮有专人负责外，还有4个管理庄园的“庄官”。大永安寺奉“门王法旨”举行的讲经活动，每天吃饭听讲的僧众达1000多人。

归化城有七大召、八小召，七十二个免名召，是一座地地道道的召城，那么不亚于归化城召庙的丰州城也应该是寺庙林立、香火缭绕的景象。一次讲经活动，每天听讲吃饭的僧众就能有千人之多，或许是佛祖的感召力，但更为重要的是，兴盛繁华的丰州城赋予了人们平和安宁的生活，造就了人们崇佛向善的心境。

丰州城内的万部华严经塔中发现的元朝中统元宝交钞，使用时间约为至元十三年（1276年），是世界上迄今发现的最早的纸币实物。这一发现在震惊中外的同时，也让丰州古城与千年白塔进入人们的视线。现在，我们虽然不能目睹丰州古城的兴盛，却依然可以仰望千年白塔的雄姿。

关于丰州和白塔的传说有很多，传说土默川上的丰州会经常显灵，拉骆驼的驼夫有时会看到白塔莫名其妙地耸立在草原上。有时夜深人静之时，会感觉置身于闹市之中，鸡鸣狗吠声不绝于耳。还有传说高耸入云的白塔顶上住着一只金色的大公鸡，这大金公鸡每天都站在塔尖上打鸣。

阿勒坦汗与呼和浩特

梁国柱

  呼和浩特市是1986年12月8日国务院公布的第二批国家历史文化名城之一（第一批有北京、南京等24城，第二批有沈阳、敦煌等37城），也是内蒙古自治区唯一的国家历史文化名城。它建成于明万历三年，也就是1575年，距今已有440多年的历史。明人译称"库库和屯"，明王朝赐名"归化城"。

  清朝时的归化城，是北方重镇，曾经繁盛一时，连走南闯北、见过大世面的大盛魁人都说"南京到北京，红火不过的归化城"。归化城的建城人，更非等闲之辈，乃是大名鼎鼎的阿勒坦汗，即明史所称的俺答汗。

  阿勒坦汗，蒙古族，著名的政治家、军事家。明正德二年十二月二十日（1508年1月22日），他出生在成吉思汗第15代孙达延汗的三儿子巴尔斯博罗特之家。他是龙凤胎的弟弟，其名阿勒坦意为金；姐姐名孟

  ★ 梁国柱：1941年3月生于内蒙古通辽。1962年大学毕业后长期在呼和浩特市玉泉区工作，曾任《玉泉区志》副主编兼区志办公室主任。参与编写过《可爱的呼和浩特丛书》中的《呼和浩特文物》和《腾飞的玉泉》等，还主编过《玉泉文史》两集。

根，白银的意思。他的祖父达延汗去世后，他父亲巴尔斯博罗特曾经继承过汗位，但很快就于1519年去世了。巴尔斯博罗特去世前后其儿子们析产分封时，阿勒坦得到了土默特万户，成为土默特万户的最高首领。其后，他不断地成长、成熟。明嘉靖十七年（1538年），被蒙古大汗博迪封为"索多汗"，从此，称为阿勒坦汗。他一生南征北战，促进了当时蒙古右翼经济、社会发展，引进藏传佛教，与明朝实现了和平贡市，建成了塞外名城呼和浩特，使土默特万户得到空前大发展，功绩卓著，名垂千古。

阿勒坦汗曾经配合其兄衮必里克和蒙古大汗博迪汗四次征伐漠北兀良哈，两次独自征伐兀良哈，最终降服了漠北兀良哈人，也使土默特万户的军事力量得到进一步增强。他还曾经和其兄衮必里克四次进兵青海，征服了逃到青海的亦卜剌、博喇海等人，也沟通了蒙古与西藏的联系。

作为土默特部的首领，阿勒坦汗一直重视经济和社会的发展，对蒙古社会赖以存在和发展的经济基础——畜牧业更是高度关注。他制定的《阿勒坦汗法典》中，就有许多关涉畜牧业生产的条文。

在发展畜牧业的同时，为了尽量摆脱游牧经济给经济社会发展带来的制约，阿勒坦汗还引进农业、发展农业生产。执行善待汉族人、招徕汉族人口的政策，吸引了更多的农业劳动人口来到土默川。同时，也有从事手工业生产的汉族工匠相携而来，阿勒坦汗对他们也非常欢迎。于是，土默特地区出现了人口增长，畜牧业、农业、手工业齐发展的大好局面。

阿勒坦汗与明朝的和平贡市也来之不易。由于明王朝的封锁，给塞北蒙古地区造成很多不便和困难。1534年，年轻的阿勒坦汗就向明朝提出过通贡互市的要求。不料，遭到了拒绝。阿勒坦汗便对明朝诉诸了武力。

嘉靖二十年（1541年）以后，阿勒坦汗又数次派遣使者，向明朝提出互市要求，结果还是屡屡被明朝拒绝，一次使者也被杀害，并传首九边。嘉靖皇帝的挑衅行动，彻底激怒了阿勒坦汗。1549年，他让部下写了一封书信，说明近年入边抢掠，是因为不能通贡互市的原因；如果准许通贡互市，就立即停止战争。同时警告明朝，如果再不答应要求，就要兴兵到明朝的都城北京去抢劫。写好信后，他让军士把书信绑在箭头上，射到了明朝的城堡。

第二年（即1550年，嘉靖二十九年），没得到回信的阿勒坦汗点起兵将，从古北口拆毁长城，攻掠怀柔，包围了北京。在北京城下，阿勒坦汗又写了一封书信，再次提出通贡互市的要求，然后释放了俘虏的明朝宦官杨增等8人，让他们带着书信去见嘉靖皇帝。在围困北京3天，得到明朝同意通贡互市的答复后，阿勒坦汗才从容地满载着掠获的财物，撤回了草原。

明廷迫于1550年的承诺和阿勒坦汗的威势，翌年在大同镇羌堡、宣府新开口堡开设了马市。但当年就撕毁协议，关闭了马市。明蒙之间又进入了长达20年的战争状态。

到了隆庆年间，皇帝易位了，大臣也有更换，政治气氛发生了变化，明朝开始对前朝拒绝阿勒坦汗要求通贡互市的做法进行了反省。恰在此时，发生了一个偶然事件，为从战争走向和平带来了契机。

这次偶然事件，发生在明隆庆四年（1570年）九月。当时，阿勒坦汗的孙子把汉那吉因为家庭纠纷，带领10多人逃到山西边境，投降了明朝。这件事震动了明蒙朝野。围绕这一事件，双方展开了一场智慧和实力的较量。结果阿勒坦汗用明朝叛逃到蒙古的白莲教徒交换回孙子。明朝也决定按照阿勒坦汗的要求封他为王，并且允许通贡互市。

翌年农历五月二十一日，阿勒坦汗在明边镇得胜堡外（在今内蒙古丰镇市南）接受了明朝"顺义王"的封号，实现了明蒙和平友好。阿勒坦汗与明朝达成通贡互市协议，接受了明朝的王爵，使他的驻地——今呼和浩特地区各行各业得到较大的发展，呈现出"各安生业，同乐太平"的大好形势。

明隆庆六年（1572年），阿勒坦汗开始在富饶的土默特平原上修建呼和浩特。蒙古文《阿勒坦汗传》中写道："名圣阿勒坦汗于公水猴年（藏历，即壬申年，明隆庆六年，1572年），又倡导仿照失陷之大都修建呼和浩特，商定统领十二土默特大众，以无比精工修筑（此城）。于哈剌兀那山阳哈屯木伦河边，地瑞全备的吉祥之地巧修拥有八座奇美楼阁的城市"。文中的"哈剌兀那"，指的就是现在呼和浩特北的大青山；"哈屯河"即黄河。

呼和浩特在明代史籍中汉字译写为"库库和屯"，其含义为"青色的城"。因与明朝有着通贡互市关系和接受有明朝顺义王封爵，建城时受到明朝工匠和物资援助，明万历三年（1575年），呼和浩特城完全建成时，阿勒坦汗向明朝请求赐城名，明廷赐名"归化城"。"归化"是归顺明朝，接受教化的意思。这是一个带有浓厚的大民族主义意味、歧视少数民族的封建名称。

阿勒坦汗建成的呼和浩特城坐落在今玉泉区大南街街道办事处境内，是一座王府城市。当时城的规模很小，城周围2里，城墙高2丈4尺（8米），仅有南北二门。南门在今人民电影院街东口处，北门在今大北街北口。它是出现在现呼和浩特城区最早的城池，故有玉泉区是呼和浩特市发祥地之说。此城虽小，却奠定了今天国家历史文化名城呼和浩特市的基础，她的奠基人就是雄才大略的阿勒坦汗。

呼和浩特城建成以后，由于明蒙关系和平安定。使的当地农牧业和手工业都达到了一个很高的水平，商业贸易更是繁荣活跃。到了明朝末年，蒙古察哈尔部的林丹汗和新兴的后金（清朝的前身）先后来到呼和浩特地区，发生了战争，这里的情况又出现了变化。

林丹汗是在1627年进占呼和浩特城的。1629年，后金汗皇太极出兵到呼和浩特地区进攻林丹汗，林丹汗不战而逃。皇太极撤退时，火烧了呼和浩特城。

1634年，土默特部降清，1636年，土默特部被分为左右两翼，设左右翼两都统（起初各翼还置1名副都统，到康熙年间增为2名）。现在玉泉区的土默特衙署为右翼都统府，现在的玉泉区恒昌店小学是左翼都统府的故址。呼和浩特也开始广泛地被称为"归化城"。1688年，归化城又修建起外城。

外城包着原城的东、南、西三面，但是北端没有与原来的北城墙取齐。于是，形成了别具一格的"凸"字形城垣。这次扩建，把原南门改建为城中鼓楼，又修建了东、南、西三座城门，还增筑了四门的瓮城。新建的东门在今朝阳巷东口，南门在大北街南口，西门在九龙湾街西口。还把东、南、西、北四门分别命名为"承恩""归化""柔远"和"建威"。城中鼓楼檐下悬挂着一块巨匾，上书"固威"两个大字。

新建外城的城垣是土筑的，外层砌着土坯，中间是夯实的黏土。城墙高1.5丈（5米），东西长约1里（500米）。从鼓楼到南门不足半里。

后来，在清代乾隆、道光、同治时期，都曾经重修过归化城，但是城郭没有再扩大，仅仅是修葺城墙和城门而已。

随着时间的推移、历史的变迁，归化城的四门、鼓楼和城墙，早已踪迹全无。我们只能从现有的街道来了解它的大概轮廓。它的东界在今南顺城街、王家巷一带，南界在今大东街、大西街一带，西界在今小北街，北界是今西顺城街和中山西路的西段（原称东顺城街）。当时，鼓楼以北是官府机构所在地；鼓楼以南主要是官吏的住宅和商店；一般居民的住宅和市肆分布在城的四周，南门外（即今大南街）比较繁盛。

清乾隆四年（1739年），清朝政府为了巩固其在西北地区的统治，在距归化城东北2.5公里的地方又新建了一座城，名为绥远城。因其后建，民间称其为新城；相应地称归化城为旧城。这就是现今玉泉区一带被称为旧城的来由。现在，归化城和绥远城，除绥远城东、北残存一些城墙外，其余已经不复存在，可是新城、旧城之名却流传了下来。

到了清同治七年（1868年），甘肃马化隆据金积堡起义抗清。起义军声势浩大，前锋到达了包头西面，战争迫近归化城。绥远将军为了防范马化隆，在旧城一带又增筑一道土围墙。这道围墙是按照已经形成的居民区修筑起来的，所以它的形状极不规则。它南至南茶坊，北至小校场（今内蒙古医科大学一带）附近，东至现在的工人文化宫街东畔，西至西茶坊。这道土墙蜿蜒曲折，全长30余里，其大部分在今玉泉区境内，跨越了玉泉、回民两个区。

在清代，这里设有三套行政机构。一个就是上面讲的土默特左、右两翼旗，专管蒙古人；另一个是道、厅等行政机构（设过归绥道、归化城厅等），隶属山西，管理汉民事务；再一个就是管理满洲八旗驻防军及其家属的军事行政组织。这三套组织由封疆大吏绥远将军节制。同住一地的蒙古族、汉族等人民却要由旗、厅分别管理。民国时期，撤厅设县，仍然旗县并存，蒙汉分治，直至1954年2月撤销归绥县，才结束这种制度，同居呼和浩特的各族人民，才归于同一个政府统一管理。

清朝时期，呼和浩特地区基本上是安定的，这对它的发展极为有利。清统一全国以后，为了加强对北方的控制，便以呼和浩特为交通枢纽，发展了通向四面八方的驿站，这就使呼和浩特成了四通八达的北方重镇。

交通的发展，商业贸易的繁荣，使归化城成了塞外的商业中心。

繁华热闹的归化城和它的姊妹城——绥远城，后来发展成今天的塞外名城呼和浩特市。

呼和浩特被授予历史文化名城，与召庙也不无关系。呼和浩特素有"召城"之雅称，召庙也与建城者阿勒坦汗密不可分。

晚年的阿勒坦汗思想领域也发生变化。把藏传佛教引入蒙古，使蒙古人的生活、思想发生了重大变化。

阿勒坦汗之前，蒙古与西藏的联系从元朝后已经中断了200多年。16世纪中叶，阿勒坦汗在进军青海的过程中，又沟通了蒙藏之间的联系。

明万历五年（1577年），阿勒坦汗在青海湖畔建造的恰布恰庙（仰华寺）建成。恰布恰庙始建于明万历二年，是为迎接西藏格鲁派领袖索南嘉措专门修建的寺庙，也是土默特人在其青海游牧领地兴建的第一座寺庙，它在今天的青海省共和县。

第二年（明万历六年）6月19日，索南嘉措经过5个多月的游历，来到青海湖畔新建的恰布恰庙会见了阿勒坦汗。关于他们俩的会见情况，蒙藏文献都有详细而生动的记载："是日，阳光灿烂，青海高原晴空万里。达赖喇嘛一行远远看见前面一队人马浩浩荡荡前来迎接。队伍前面彩旗招展，鼓乐喧天，蒙古诸部领主和喇嘛组成的仪仗队伍及其他人缓缓而行，训练有素、队伍整齐的蒙古骑兵走向前来，四面八方有数千名蒙汉僧俗人等骑着马漫山遍野而来。达赖喇嘛等人又走了1个时辰后，阿勒坦汗身着白衣，骑着白马，在钟根哈敦陪同下，率领数万部众前来迎接。阿勒坦汗向三世达赖奉献了以500两精银制作的曼陀罗1个，盛满宝石的金碗1个，白、黄、红、蓝、绿诸色绸缎各20匹，骏马100匹，其中包括配有镶饰珍宝鞍辔的白马10匹，白银1000两，五色大缎10匹以及布匹等物品。"

会见期间，索南嘉措将阿勒坦汗称作忽必烈汗的化身，赠给他"梵天大力咱克喇瓦尔迪诺们汗"称号。阿勒坦汗许愿要在呼和浩特建造供奉释迦牟尼佛的召庙。

阿勒坦汗从青海返回呼和浩特后，立即按照许愿开始建造供奉释迦牟尼佛的寺庙，明万历八年（1580）寺院建成，它就是香火延袭至今天、驰名中外的大召（无量寺）。此后数十年，阿勒坦汗的儿子、孙子们，在呼和浩特及其附近，修建起一批寺庙，使现在的呼和浩特成为召庙林立、金碧辉煌的美丽城市，被人们赞美为"召城"。如今，"召城"被定为历史文化名城，阿勒坦汗功不可没。

明万历十年十二月十九日（1582年1月13日），一代英豪阿勒坦汗因病逝世，终年75岁。

阿勒坦汗的去世，给土默特万户带来巨大的悲痛。《阿勒坦汗传》记述到："哈敦钟根与可汗之子女，以及举国大众哀号悲痛而倒时，满珠锡里胡图克图亲为超度，接引英灵于上生解脱中品之地……无智愚昧之众百姓，继续悲痛哀号卧倒不起，为唤醒哈敦钟根与皇子皇女，满珠锡里胡图克图亲自如此晓喻……哈敦钟根、皇子皇女与诸官员闻之稍醒，于功德七七之日内，使妙四项僧人全体聚会，唪诵四部根本大乘经等……因阿勒坦诺们汗升于上生之地，其占据十二土默特之儿孙，与天性清净的乌讷楚钟根哈敦等，大行善事所献布施不可数清。"

土默特万户为阿勒坦汗举行了规模空前的大型葬礼，将遗体安葬在大青山南麓。蒙古各部纷纷为阿勒坦汗举行悼念仪式或进行布施，表示哀悼。明朝也派出使臣及大喇嘛前往祭奠。据史料记载，明廷赐祭7坛，彩缎12表里、布100匹。

明万历十五年（1587年）三月二十六日，于1585年来到呼和浩特的三世达赖喇嘛索南嘉措亲自将阿勒坦汗遗体重新火葬，把骨灰装入由尼泊尔工匠修造的舍利塔中。之后，三世达赖喇嘛索南嘉措又在大召为阿勒坦汗举行了极其隆重的祈祷仪式，把阿勒坦汗的舍利塔安放在大召主寺旁新建的青色殿堂（今大召乃春庙）内。

雄才大略的阿勒坦汗将永垂青史。

东迁阜新、北票、朝阳、库伦的土默特人

张继龙

在清朝历史上，漠南蒙古地区有两个土默特左右两翼旗，一个是今呼和浩特市全境、包头市大部分地区，称为归化城土默特，也称为西土默特；一个是今辽宁省阜新蒙古族自治县、北票市、朝阳县地区，称为喜峰口土默特，也称东土默特。此外，内蒙古自治区库伦旗也有很多从呼和浩特地区迁去的土默特部人。他们同属于明朝时的北元蒙古土默特部落。那么，是什么原因使这些同一部落的人分散到不同地方的呢？事情得追溯到明末清初的时候。

一、明朝时的土默特部

16世纪中叶，明朝时的土默特部在其首领成吉思汗第十七世孙阿勒坦汗的率领下，成为当时北元蒙古最强盛的部落，部落人口20多万人，部落地域包括今呼和浩特市、包头市、乌兰察布市全境，巴彦淖尔市大

★ 张继龙：男，蒙古族，1965年11月出生于内蒙古土默特左旗，1981年10月参加工作，1988年9月到1990年7月在内蒙古大学汉语系新闻班学习，现在呼和浩特市文化旅游广电局工作。

部分地区和锡林郭勒盟部分地区，以及今河北省张北、尚义、康保县全境和丰宁、隆化、平泉、承德双滦区、内蒙古宁城县甸子乡部分地区、今青海省青海湖周边广大地区。这些地域及部落属民在阿勒坦汗晚年时分别由他的九个儿子、三弟拉布克台吉、堂弟达雅皇台吉及阿勒坦汗自己亲领，形成十二个部落，称为十二土默特。

二、1630年东迁的土默特部落

土默特部中，最早东迁到今辽宁地区的为土默特部的兀良哈部人。

土默特部中的这些兀良哈人，主要为明代史籍中的朵颜卫兀良哈人，他们的首领为成吉思汗四獒之一的者勒篾的后裔。他们于1543年左右和一些明史中称为福余卫兀良哈人、泰宁卫兀良哈人归降北元达延汗的后裔们后，被达延汗的后裔们瓜分，但都保留在原驻牧地驻牧，没有随属主驻牧。1543年左右瓜分兀良哈人时，阿勒坦汗分到了2780丁约12000多兀良哈人，阿勒坦汗把这2780丁中驻牧于今内蒙古宁城县甸子乡黑城一带的400丁朵颜卫兀良哈人和驻牧于今河北省平泉县西部的700丁朵颜卫兀良哈人归属于自己管辖。把驻牧于今河北丰宁满族自治县南部和西南部的500丁朵颜卫兀良哈人、100多丁福余卫兀良哈人；驻牧于今河北隆化县西的450丁朵颜兀良哈人和驻牧于小兴洲一带的30丁泰宁卫兀良哈人分给长子僧格。把驻牧于今河北省承德双滦区一带的500丁朵颜卫兀良哈人分给次子宝音台吉管辖。这些兀良哈人归降土默特部后，为了加强和巩固统治，阿勒坦汗把自己的一个女儿嫁给了驻牧于今平泉县的兀良哈首领猛古歹的儿子诺木图卫征，僧格将自己的一个女儿嫁给了驻牧于今丰宁一带的兀良哈首领伯颜贴忽思的儿子炒蛮，僧格本人也从兀良哈部中娶了三位妻子。到17世纪20年代末时，隶属于僧格的朵颜兀良哈部首领们已成为僧格与其兀良哈妻子们所生的六个儿子。

1628年，林丹汗在占领呼和浩特地区土默特全境后，开始寻找攻击隶属于土默特部的兀良哈人。土默特部的这些兀良哈部众不得不四处躲避，有时还受到明朝边兵的攻击，损失很大。1629年末，这些兀良哈人在其首领阿勒坦汗之女与诺木图卫征所生子善巴和另一首领赓格尔（清史籍中也称其为塔布囊，塔布囊是北元时对娶成吉思汗后裔女儿的女婿的称呼，其后裔也称塔布囊。赓格尔为阿勒坦汗次子宝音台吉女儿与其兀良哈丈夫所生儿子的可能性较大）、僧格与兀良哈夫人所生的噶尔图之子鄂木布楚琥尔等的率领下，归附了后金。善巴、赓格尔、鄂木布楚琥尔根据后金皇太极的旨谕，率领各自的部属东迁。最后，善巴、赓格尔所领的部众被安置于今辽宁省阜新蒙古族自治县一带，鄂木布楚琥尔所领的部众被安置于今辽宁省北票、朝阳一带。

三、1632年被后金东迁的土默特部人

1632年四月，后金皇太极以"察哈尔汗不道"为由，率领结盟、归附的蒙古科尔沁、奈曼、敖汉等部及喀喇沁、土默特部的兀良哈部人和后金大军西征林丹汗。

听到消息的林丹汗立即率部西撤，并将土默特部"有牛二头以上富民，皆携之西行"，渡过黄河进入今鄂尔多斯河套地区。五月二十六日夜，后金军从土默特北境穿过大青山进入今呼和浩特地区，掳掠人畜。五月二十七日中午，皇太极到呼和浩特驻营。当天，土默特部东西700里全境都被后金军占领，部民反抗者被杀死，除躲避起来的人以外全部被俘，并被编户。五月二十九日，1000多从鄂尔多斯渡过黄河回到呼和浩特地区的土默特部民又被后金俘获。皇太极在呼和浩特居住时，呼和浩特的喇嘛们向皇太极敬献银两、缎匹、茶叶并朝见了皇太极，皇太极向他们赐宴。

六月初四，皇太极向明朝索要从边境逃入明朝杀胡堡的318名土默特部人，明朝把归降的土默特男子160人、妇女和孩子158人，驼、马、骡、驴、牛500头，林丹汗的羊940只，原准备赏给林丹汗的缎3811匹，毛青、翠兰布2674匹全部交给皇太极。

六月初五，后金准备退回盛京（今沈阳），在离开呼和浩特地区时，皇太极下令保护大召，将其谕旨悬于大召前，谕旨曰："满洲国天聪皇帝敕谕，归化城格根汗（指阿勒坦汗）庙宇理宜虔奉，毋许拆毁，

如有擅敢拆毁并擅取器物者，我兵既已经此，岂有不再至之理，察出决不轻贷。"在《明史纪事本末补编·西人封贡》中，记载后金撤兵的原因是由于淫雨连绵，马匹大部分死亡。撤退时，皇太极下令各路兵马将土默特地区人口迁移，强悍反抗的男子即刻砍杀，老幼不能携带者逐而勿杀，城池、房屋除寺庙外全部烧毁，粮食糟蹋，各路兵马俘获的10万余人畜全部奉献给皇太极。六月初八日，后金兵马离开呼和浩特东归，期间共占领土默特地区11天，杀11380人。东归时，后金人为前锋，结盟、归附的蒙古各部为后卫，土默特10万余被俘获的人畜被夹在中间强迫东迁。这年七月底八月初，这10万余土默特人畜被迁到了辽宁。

四、东、西土默特旗的形成

1635年二月，后金编审内、外喀喇沁蒙古壮丁，土默特部所属兀良哈人也被作为喀喇沁人编审。鄂木布楚琥尔所领913名壮丁，巴特玛塔布囊、俄木布台吉、博洛、阿弘、琐诺木、寨桑所领913名壮丁，共1826名壮丁被编为一旗，鄂木布楚琥尔被授为固山额真（固山为满语"旗"之意，额真为满语"主"之意）。善巴所领362名壮丁，赓格尔所领188名壮丁，噶尔马、扎木苏、绰克图、吴尔寨图、喇嘛斯希、绰思熙、俄齐尔所领424名壮丁，阿玉石、萨班代、拉虎、石兰图、苏布地多尔济、阿济奈、塞冷、班第、阿喇先、多尔济所领1037名壮丁，共2011名壮丁被编为一旗，善巴和赓格尔同被授为固山额真，同管固山额真事。这也标志着这些土默特兀良哈人正式成为后金属民。

1636年，皇太极易国号"金"为大清。1637年，从呼和浩特土默特地区被带到辽宁的10万多土默特部人被编入鄂木布楚琥尔和善巴、赓格尔两旗，善巴、赓格尔所属旗在东，称土默特左旗；鄂木布楚琥尔所属旗在西，称土默特右旗。善巴和赓格尔的土默特左翼旗，在这次编旗时被编为79个牛录（蒙古语称苏木，汉译称佐领），鄂木布楚琥尔的土默特右旗被编为97个牛录。这年十月，赓格尔因在1636年进攻昌平时私自祭纛，被革去扎萨克恰称号，善巴领其众。

善巴所领驻牧于今阜新地区的土默特左旗，在清朝时民间自称为"蒙古贞和硕（和硕为蒙古语'旗'之意）"，旗内除兀良哈姓氏和大量蒙古姓氏外，还有把部名作为蒙古姓氏的。其中，巴阿亦林、巴牙兀惕、弘吉剌惕、魏古惕、包各鲁惕，分别为土默特所属部落巴林、巴岳特、弘吉剌、畏兀儿沁、布格勒斯部人以部落名称形成，另有一些由喀喇沁、鄂尔多斯、察罕塔塔尔、察哈尔部名形成的姓氏。依照土默特左旗"蒙古贞和硕"的称呼和土默特所属部落名称形成的蒙古姓氏分析，1637年被后金编入土默特左旗的，除善巴和庚格尔所领的兀良哈人外，是以从呼和浩特迁来的蒙郭勒津部人为主，及土默特部部分巴林部人、巴岳特部人、弘吉剌部人、畏兀儿沁部人、布格勒斯部人组成；喀喇沁、鄂尔多斯、察罕塔塔尔部落名称形成的姓氏人，应是喀喇沁部人、鄂尔多斯部、察罕塔塔尔部人被林丹汗打败时进入土默特部，被作为土默特部人一起东迁到阜新地区。察哈尔部人则是1547年左右察哈尔部东迁时迁到阜新一带，1627年林丹汗西迁时，又把他们西迁，在林丹汗躲避后金过黄河时，他们因种种原因没能跟随，后又随土默特部人被后金带回阜新地区，安置在原牧地一带驻牧。

鄂木布楚琥尔所领驻牧于今北票、朝阳地区的土默特右翼旗，旗内由部落名称演变为蒙古姓氏的除鄂木布楚琥尔亲领的朵颜兀良哈人形成的乌力杨海姓氏外，还有土默特部所属多罗土默部七个部落名称形成的七个姓氏；来自土默特部蒙郭勒津、巴岳特、巴林、畏兀儿沁、乌鲁特、布格勒斯部落名称形成的姓氏；元朝时进入青海又归入到土默特部的撒勒术特人姓氏（锡林特德）；巴尔虎部人的姓氏（伊托德、索很、含图德）；漠北兀良哈人的姓氏（乌日梁斯）；卫拉特部人的姓氏（扎哈沁）；这些部落人中，巴尔虎部人应为阿勒坦汗出兵青海时带回的亦卜剌部俘虏后裔，漠北的兀良哈人应为阿勒坦汗六征兀良哈人时带回的俘虏后裔，卫拉特人应为阿勒坦汗西征卫拉特部人带回俘虏的后裔。

在明朝人瞿九思著的《万历武功录·扯力克传》中，记载阿勒坦汗去世后"板升之众及俺答（明朝史籍对阿勒坦汗的称谓）所遗诸苍头尽属大成，大成兵马雄诸部"。这段引文中的"板升之众"是指当时叛逃被土默特部掳掠在土默特建房屋居住的明朝人；"苍头"在汉语中有三种解释：一是指以青巾裹头的军队；二是指奴仆；三是指头发斑白年老的人。《万历武功录》所说的"苍头"中青巾裹头的军队和头发斑白年老的人应不会在阿勒坦汗的部落中存在，应是指阿勒坦汗在对漠北兀良哈、青海、卫拉特的战争中俘获的人员，由于战俘的身份，导致他们成为土默特部的奴仆。引文中的"大成"，又称为大成台吉、把汉那吉，是阿勒坦汗与其大哈屯所生独子铁背台吉的独子，铁背台吉为撒勒术特部首领。阿勒坦汗在1572年开始建呼和浩特时，就把他亲统的蒙郭勒津部分为左右翼，大哈屯掌管西面的右翼，第三哈屯乌彦楚掌管东面的左翼。大哈屯和阿勒坦汗去世后，因铁背台吉早逝，其独子把汉那吉成为撒勒术特部和其祖母亲领的蒙郭勒津右翼的领主，所以，才有了《万历武功录》中所记载的"雄诸部"。从土默特右翼旗内部落名称形成的蒙古姓氏分析，清朝时组成北票、朝阳土默特右旗的除土默特兀良哈部人外，还有驻牧呼和浩特西的土默特蒙郭勒津右翼，居于蒙郭勒津西北部的撒勒术特部人、多罗土默部人和居于土默特北部的畏兀儿沁人、巴林人，东北部的巴岳特人，东部的乌鲁特、弘吉剌、布格勒斯部人。

1634年六月，后金再次到呼和浩特地区征伐林丹汗时，林丹汗在七、八月间在甘肃大草滩去世，察哈尔各部纷纷东行归降后金。闰八月，土默特第四代大汗博硕克图汗之子俄木布率土默特残部归降后金，这些残部一是他亲领的部众。二是1632年有二牛以上随林丹汗渡过黄河躲避的土默特富民；三是1632年后金到土默特地区征伐林丹汗时躲避没有被带走的土默特部民；四是察哈尔各部归降后金时流落在土默特的部民。1635年，归降后金的呼和浩特土默特壮丁3370名被后金分为十队，每队派官两员管辖。1638年七月，清朝派人到呼和浩特土默特部召集会议，颁示制度，呼和浩特土默特左、右二旗正式成立。

五、东迁库伦旗的土默特人

库伦旗隶属于内蒙古通辽市，位于通辽市西南部，南接辽宁省阜新蒙古族自治县和彰武县，是清朝时内蒙古地区唯一的政教合一制度旗，全称锡勒图库伦喇嘛旗，也是清朝在蒙古地区最先设立的喇嘛旗。清朝时设立的锡勒图库伦喇嘛旗的旗民并不是由原领主属民编旗，而是清朝陆续从土默特、察哈尔、科尔沁左翼后旗、苏尼特、敖汉、巴林、外喀尔喀部移入，并派遣喇嘛形成。其中土默特部人最多，到库伦旗的时间也最早。

锡勒图库伦喇嘛旗的建立，也和一个与土默特部有着密切关系的喇嘛有关，他就是对阿勒坦汗信奉藏传佛教格鲁派有着重要影响的阿兴喇嘛。阿兴喇嘛也译称为阿香、阿向喇嘛，本名希日巴，为今青海省海东市民和回族土族自治县官亭镇梧石村人，他幼年在今民和回族土族自治县西沟乡弘善寺（藏语称巴州佛教兴旺洲）出家，后到西藏拉萨哲蚌寺桑洛康村学习，学成后被当时的格鲁派领袖索南嘉措派到土默特地区传教，到土默特后，他先在今呼和浩特西北的大青山毫赖沟的察罕哈达建寺修行。受到阿勒坦汗召见后，他带到土默特的众多僧人被分到土默特各部传播藏传佛教。也是他促成了阿勒坦汗与索南嘉措在青海的会面。在阿勒坦汗与索南嘉措在青海会面时，阿兴喇嘛被阿勒坦汗赠予"额齐格喇嘛"的称号，意为"父亲上师"。随后，阿兴喇嘛受阿勒坦汗的派遣前往西藏拉萨奉献布施，之后阿兴喇嘛又返回其故乡建造寺庙，他于1613年前再次来到土默特。同年，由土默特部向明朝请求，阿兴喇嘛被明朝封授为都纲。由此，阿兴喇嘛也可以说是土默特部的喇嘛。此后他又东行到喀喇沁部进行佛事活动。1627年，喀喇沁部和土默特部被林丹汗打败后，阿兴喇嘛也和土默特部的众多高僧一样，选择了东行传教。在东部传教时他和满族统治者有了接触。约在1629年年末或1630年年初，阿兴喇嘛被迎至盛京与皇太极会面。由于阿兴喇嘛有着阿勒坦汗赠予的"额齐格喇嘛"称号和明朝授予的"都纲"称号，受到了皇太极的厚待，留在盛京居住。1632年，阿兴喇嘛向皇太极提出要回蒙古地方居住，皇太极表示凡其所统治区域均允许阿兴喇嘛前去居住。于是阿兴喇嘛移居法库山居住，但他仅在法库山住了一年的时间，又于1634年迁至今库伦旗一带居住。由于阿兴喇嘛有着曼殊希礼（文殊菩萨）称号，从此，库伦一带开始称曼殊希礼库伦。也就在这一年六月，后金以多尔衮为统帅，再次到呼和浩特地区征伐林丹汗。七八月间，林丹汗去世，察哈尔各部纷纷归降后金，土默特部首领俄木布也在闰八月归降后金。1635年，年事已高的阿兴喇嘛上奏皇太极说自己年事已高，请求退休。之后，阿兴喇嘛到一个叫洪好硕的地方休养。也就在这一年，俄木布被人密告谋反，被留守在呼和浩特的后金贝勒岳托带到盛京。可能因为此事让后金统治者看到了呼和浩特土默特部的隐患，在这年底或1636年初，仍在呼和浩特地区的阿勒坦汗后裔、阿勒坦汗三弟拉布克台吉的后裔、阿勒坦汗四叔阿尔苏博罗特后裔，除阿勒坦汗三子铁背台吉后裔及现居于今呼和浩特和林格尔县族属不清一支外，全部被移居到今库伦旗境内。他们被迁走后，俄木布于1636年七月被带回土默特，他的后裔28人后随清军出征，流落于陕西、云南等地。被移居到库伦旗境内的阿勒坦汗后裔和其三弟、四叔的后裔们到库伦旗时，都还带有一些属民，在到达库伦境内后，他们的贵族身份与特权被解除，带到库伦的属民们与他们之间的人身依附关系也被解除，都成为库伦旗喇嘛们的普通属民。

1636年八月，阿兴喇嘛去世，清廷封其弟囊苏喇嘛为锡勒图达尔罕绰尔济，掌管库伦旗宗教事务。从此，库伦地方称"锡勒图库伦"。1646年囊苏喇嘛去世后，清廷授实胜寺喇嘛西布札衮如克"盛京锡勒图库伦札萨克大喇嘛"印，赐"锡勒图绰尔济"封号，统领库伦政教。从此，库伦旗正式成为政教合一的喇嘛旗。西布札衮如克晚年去职后，锡勒图库伦旗札萨克大喇嘛一直由阿兴喇嘛的族人担任，直到1931年政教分离。据库伦旗本地学者齐克齐估计，从呼和浩特迁到库伦的人口至少占现全库伦旗人口的1/3。清朝时的库伦旗设有3个佐领，据此估计，1635年底或1636年初进入库伦旗的土默特部人数在450人左右。2017年，库伦旗蒙古族人口约为12万人。按照齐克齐先生的估计计算，这12万人中最少应有4万人的祖先为土默特部人。

清代绥远城概论

刘蒙林

绥远城（俗称新城）乃草原军镇，为满蒙八旗驻防城，和归化城同为清代呼和浩特地区的政治、军事和经济中心。研究其规制和繁荣之发展轨迹，颇有历史价值。现据所掌握的史料，对绥远城建城背景、基本概貌和历史地位述论如下。

一、绥远城的修建背景

清朝历任皇帝一再声称"我国家以武功定天下"，表明了军事在建立政权和巩固统治方面所占据的重要地位。清廷八旗有禁旅和驻防之分。本着居重驭轻的原则，清廷将精锐旗兵集于京城，达十多万人，平时镇守拱卫京师，有事调集出征。清廷为便于对全国广大地区的控制，除设置绿营外，还在水陆要冲设置了十数万人的驻防旗兵，这对地方起着巨大的震慑作用。据史书记载："我朝以八旗精兵平定海内，按部分

　★刘蒙林：男，满族，1958年4月生，内蒙古社会科学院历史所研究员。1982年毕业于兰州大学历史系，先后在院民族所、图书馆和历史所工作。发表专著：《内蒙古古城》《清代绥远城八旗驻防研究》。

统，拱卫京师，其于居重驭轻之道，固已得矣。复于天下关隘险要之处，除设提镇、副参等官兵防守外，审时度势，更设禁旅驻防控制，绸缪未雨，区画尽善。"[1]这一独特的建立在民族和等级统治基础之上的八旗制度，正是清廷用来对外保卫国家疆域，对内维护统一近300年的最得力工具。

绥远城八旗兵主要来源于右卫八旗驻防城和北京城。右卫城的设置有其深刻的历史背景。顺治六年（1649年）初，全国各地风起云涌，出现了抗清斗争的高潮。姜瓖在山西大同倒戈抗清，宣布奉永历正朔，自称大将军，然后分兵攻陷了朔州、忻州等地，控制了晋北长城沿边地区，极大地威胁着清朝在北方的统治。清廷速派八旗兵进剿，九月，抗清义军被镇压。从这次事变中，清廷充分认识到蒙晋长城沿边地区的重要性，遂加强了对这一地区的政治和军事控制。康熙十二年（1673年），吴三桂发动的"三藩之乱"爆发，清廷倾全力用8年时间将其削平。从中清廷得到两点深刻的教训：一是"八旗满洲系国家根本"，只有自己民族的武装才可真正信赖。康熙帝曾云："凡地方有绿旗兵丁处，不可无满兵。满兵纵至粮缺，艰难困迫至死，断无二心。若绿旗兵丁，至粮绝时，少或窘迫，即至怨愤作乱。"[2]二是为有效地控制全国，需在要害之地增设八旗驻防兵，从而形成一个控制和震慑地方的军事网络。这套八旗驻防军事体系，主要有三大部分：沿长江、大运河、黄河、沿海地区的为防止汉族人反抗的驻防体系，为对付蒙古族而于长城沿线设立的控制体系，为防止沙俄扩张而在东北故里设置的防御体系。基于以上两点认识，用八旗兵的力量控制全国，已成为清廷的当务之急。

康熙中期，漠西蒙古准噶尔汗国兴起，在首领噶尔丹的统领下，于1688年占领漠北草原，长城沿线成为清朝抗击准噶尔汗国的后方阵地。康熙二十九年（1690年）八月，双方在克什克腾旗爆发了"乌兰布通之战"，噶尔丹战败北退，这标志着清廷的军事重心开始从内地转向北方地区。北京的重要性是众所周知的，"居重驭轻"为历代用兵的首要原则。从历史上看，包括将北京作为国都的明朝，无不考虑它在防御北方游牧民族南下方面的特殊位置。对清廷而言，蒙古稳定，可二者联合面对汉族的反抗而无后顾之忧；一旦蒙古有变，从京城发兵进击，路途也不遥远。所以，为京城安全计，从康熙初年起，清廷陆续在其周围设立了许多小型八旗驻防点，形成众星拱月之势。为加强北方地区的防务力量，更为进击准噶尔汗国方便和巩固内外蒙古地区的政治统治，在长城沿线设置大型八旗驻防城就提上了清廷的议事日程。清廷一改历史上封建王朝修筑长城戍守之成规，主动出击，变军事防御为军事进攻。规模较大的右卫八旗驻防城就是在这种历史背景下设置的。

康熙三十一年（1692年），康熙帝开始着手右卫驻防的具体事宜，他先后派大员往勘右卫城（今山西右玉县右卫镇）和归化城（今呼和浩特市旧城）一带的地形风貌。几经周折，最后决定在右卫城设置八旗驻防，随之授都统希福为建威将军。建威将军的全称为："钦命镇守朔平等处地方、统辖满洲蒙古汉军八旗官兵、建威将军"。[3]右卫城地处草原文化和农耕文化的南北交通孔道，具有重要的战略地位，

右卫八旗驻防与其他驻防城相比较，有着特殊的驻防布局，这就是将军衙署建于城中央，少数旗兵住于城内，多数八旗将士居于城外四周。同时，城内外还置有印房、库房、教场、税厅、班房、商铺、寺庙、学校、戏台、佛塔等建筑设施。雍正九年（1731年），清廷对右卫城重修完毕，城"周共九里十三步（后绥远城亦同），高连女墙四丈二尺，厚一丈五尺"，并对四座城门分别予以命名，"东曰和阳，南曰永宁，西曰武定，北曰镇朔，上各建楼。角楼三，缺西南角。敌台二十八，垛口五百六十四。守铺八。城外各有月城。西月城近河，筑堤以固。"[4]此外，城中修有十字大街，大街中心建有高大的钟鼓楼。整座城池巍巍壮观，虎视着塞外，守护着北疆。

康熙三十二年（1693年）五月，清廷为了应对准噶尔汗国的战事，在归化城又设了安北将军，协同右卫建威将军共理塞北军务。史书记载："庚戌兵部题：归化城乃总要之地，增戍之兵甚多，应专设将军一

员，总管归化城都统、副都统训练官兵。凡有当行事务、协同右卫将军而行。得旨：归化城初设将军，总管官兵，整饬训练，关系甚重。着领侍卫内大臣伯费扬古，为安北将军管理。"[5]日后，费扬古率领右卫八旗官兵，在"昭莫多之战"中立有骄人的战绩。

康熙三十三年（1694年），右卫城共有满蒙汉八旗官佐407人，八旗兵4903人，合计5310人，其中来源于喀喇沁部的八旗蒙古马兵为3000人（编为30佐领）。[6]右卫城"禁旅五千"之说盖源于此。右卫城的建立，使清廷达到了"以控扼杀虎口，屹然西北金汤"[7]的目的。该城依山傍水，成为八旗兵云集长城沿线最大的驻防城，并"与西安、宁夏互为犄角"，此所谓"三晋为天下之脊，而朔郡又为三晋之脊"。[8]

雍正末年，随着清准战事的发展，清廷深感右卫驻防城太靠南，不利于进击准噶尔汗国和控制漠南西部诸蒙旗，驻防重心需北移。乾隆二年（1737年）初，绥远城动工兴建，不久清廷谕令右卫建威将军率部分八旗兵调迁绥远城。右卫建威将军改称绥远城将军，其全称为"钦命镇守绥远城等处将军、兼管右卫归化城土默特官兵、调遣宣大二镇绿旗官兵"。清末，又改称"钦命绥远城将军督办垦务事宜节制沿边道厅"。至此，蒙古草原又多了一座草原城市。

二、绥远城的建筑格局

绥远城始建于乾隆二年二月初七日，竣工于乾隆四年六月。绥远城地处归化城东北五里。将军初辖范围，东界至察哈尔镶红旗，西界至鄂尔多斯，南界至山西朔平府，北界至乌兰察布部落。[9]城内有将军衙门、副都统衙门、协领衙门、佐领衙门共75所，防御衙署、骁骑衙署、笔贴式衙署共124所，另有八旗兵房共12000间。[10]修建绥远城共耗银1358380两。[11]现将绥远城的建筑格局分述如下：

面积：据《绥远旗志》记载，绥远城周为"九里十三步"。经1955年呼和浩特市城建部门实测，城墙东西宽1570米，南北长1580米，基本为一方城，占地面积约248.1万平方米。再加上城外四座瓮城、城外40

个护城墩、四个角楼外沿和四面护城河的占地面积，约合为36.9万平方米。两项合计，绥远城占地面积约285万平方米。

将军衙署：将军衙署是绥远城内最高的军政指挥部，亦是城内最重要的建筑。它建在钟鼓楼的西北侧。衙署门前正南为大型照壁、东西辕门、鼓炮房、石旗杆、石狮等。将军衙署的前院为公务厅院，朱红大门3楹，八字墙，左右便门供官员出入。进大门院后，迎面是仪门3楹。第二进为大堂大院，大堂为5楹，是将军接待来宾和处理一般事务的地方；大堂前为大平台，可散步休息。第三进为二堂大院，二堂为5楹，是将军处理军政要务的密室。三堂主要是将军的家人及仆人的住处。四堂为将军的起居室。整个大院为五进，每一进院都有东西厢房3间，故每一进院都为四合院。每堂左右各有小门以供出入。衙署共建房132间（后有增减）。所有的建筑均为砖木结构，各厅堂的大梁、横木和立柱为红松木料。房顶为悬山五脊飞甍。厅堂建筑高大雄伟，为归、绥两城官衙之首。

绥远城厅同知衙门：俗称粮饷府，为旗人发放钱粮之地。八旗兵驻防初期，该衙门为绥远城将军所辖，后隶为山西归绥道道员。据《绥远旗志》载图所示，该衙门位于绥远城东南方，东西宽约50米，南北长约100米，为三进院。大门前有影壁，大门与影壁之间围以鹿角栅，并设东西辕门。大门前有八字墙。大门后为仪门。进仪门后为前院，院内建有堂屋三间，中间者高大，为粮饷同知处理一般公务和接待来客的场所，两旁者似为耳房。前院有东西厢房各一间。前院后为中院，此为同知处理机要事务的场所；院内建有三间堂屋。有东西厢房各一间。中院后为后院，此为同知的宅院，建有寝屋一大间，屋两旁砌有隔墙，以辟出池地种植花草。后院有东西厢房各一间。前院、中院和后院四周，环以围墙，以保安全。前院和中院之间有一隔断墙，东西直达围墙，将大院一分为二。全院有三处值班房。该衙门的规模在绥远城仅次于将军衙署。

钟鼓楼：它是绥远城内最高大和最壮观的建筑物，位于城内东南西北四条大街交叉之中心。楼共三层，通高约20米，建筑质量非常坚固。

一层为台基，呈棱台状，底三层由花岗岩条石砌成，条石上为大青砖砌筑，高约8米，长宽各30米。台下正中开东南西北四个券门，石砌拱券，每门高约6米，宽约4米，拱顶部为一青色圆形巨石，上刻一精美的八卦图。台基上为阳台，亦为二楼，四周筑青砖女墙，左边小亭吊一大钟，右边巨型红漆木架上置一大鼓。每天初更（晚九点）时鸣钟108响，后每隔两小时击鼓一次。五更天亮时（早五点）又鸣钟，钟声浑厚深沉，可远扬20余里。钟鼓楼的主要功能就是号令旗民作息。二楼上通三楼，斗拱密檐，楼顶为歇山九脊飞甍。南檐下中间悬一木匾，上刻定安将军手书"帝城云里"；北檐下木匾刻有兵部所颁"玉宇澄清"；西檐下木匾为"震鼓惊钟"；东檐下则无匾。三楼内有"玉皇弥罗阁"，南檐下悬有"弥罗阁"巨匾，阁内供有檀香木雕刻的一尺多高的玉皇大帝像一尊。楼顶，插檐飞挑，青瓦覆盖，为鹊鸦燕雀之乐土。每年重阳节，楼门开放，人们可登高沿游廊眺望城周之青山黑水美景。

城墙：绥远城的周长为1960丈，按清制合9里13步。城墙高2.95丈，顶阔2.5丈，底宽4丈。城墙构筑很特殊，分立体三层（外墙、夹墙、内墙）为一体。墙基为"白灰三合土"，上铺花岗岩石条，明3层暗2层，再上为城砖和夯土。现残存于旧内蒙古党委大院的北、东城墙共约671米，虽经近280年的风吹雨打，但仍基本保持原貌，由此可见其坚固。城墙顶上铺有砖面，上建女儿墙，高3尺5寸。城之四角建有角楼，面宽各七楹，斗拱飞檐，蔚为壮观。城墙上有炮位44座，分布在城墙四周。这些都充分展示了绥远城军事防御体系的建筑风格。

城门：绥远城座北朝南，城周设东南西北四座城门。东门曰迎旭门、南门曰承熏门、西门曰阜安门、北门曰镇宁门。城门名均由乾隆帝钦定，刻在一长方形汉白玉石上，均为部颁楷书，有满汉蒙三种文字，置于各城门之上方。

各城门有城门楼，均为三层。一层以城墙为券门，券门石拱，高约6米，宽约4米。二层以城墙为平台，四周砖砌女儿墙，城楼面阔5楹，深3楹，二滴水檐为斗拱飞檐，明柱回廊，内设楼梯可上登之。三层楼亦面阔5楹，深3楹，形同二楼，但周围环以栏杆，楼顶为歇山九脊飞甍，颇为壮观。东南西北各城门楼均有命名，分别曰"得树""仰日""控河"和"吞山"。这四个楼名各刻在一木匾上，悬于各城门楼的第二层中间楼檐下。城门内侧两旁，各有一石条所砌的城墙马道，约30阶，以供旗兵上下城墙。

瓮城：绥远城的四座城门外均有瓮城。瓮城是为了加强城堡或关隘的防守而在城门外修建的半圆形或方形的护门小城，属于城墙的一部分。瓮城与城墙连在一起建立，设有箭楼、门闸、雉堞等防御设施。瓮城城门通常与所保护的城门不在同一直线上，以防进攻者用攻城槌等武器直接进攻。四城门对正的箭楼，墙体上又置2层，面阔3楹，二楼至三楼砌有箭窗12孔，可向敌人射箭反击。箭楼的楼顶与城门楼顶基本相同。瓮城为弧形，都旁开城门。北城门的瓮城门向东开，东城门的瓮城门向南开，南城门的瓮城门向东开，西城门的瓮城门向南开，以方便旗民内外行走。各瓮城的拱门大小与城门相等。每一瓮城上都建有一座祠庙和队子（值班）房等。

马面：绥远城四周城垣外筑有护城墙墩（俗称马面），共40座。东城门虽偏南，但城门南北各为5座；南城门偏东，城门东为4座，城门西为6座；西城门偏北，城门南为6座，城门北为4座；北城门居中，城门东西各5座。城墙上的火炮都列于马面之上，每面城墙列10门，城之角楼各列1门，使进攻者望而怯步，不寒而栗。即使其攻到城墙之下，也要受到三面火力的猛烈夹击。

哨房：据《绥远城驻防志》记载，绥远城的每面城墙上建有昼夜巡查旗兵所居住的"堆汛"8处，每处建房3间。"堆汛"乃满语，为哨所之意，也称"堆拔""堆铺"等。哨屋的墙上悬挂着弓箭、腰刀、长矛，枪架上插着枪械。堆汛兵的职责很杂，除站岗巡逻外，还负有维护社会治安、盘查行人和修整市容街貌等职责。

护城河：在绥远城外四周有护城河。据档案记载，护城河范围约为25丈。其中，从城墙根至河面留出10丈，河面宽8丈，河外土路宽7丈。[12]

护城河水深七八尺至丈余不等。正对着四城门之河面上各建有木桥，西门和南门外还建有石桥各一，以通城之内外。民国年间，护城河逐渐变窄，加之连接归、绥两城大道间的西门外木桥已经腐坏，故只好将西门外石桥拆建于木桥的位置上。至1929年修建西门外石桥（时称绥远桥）时，桥长只有2.2丈，宽4丈，空宽0.9丈，桥高1.15丈。[13]护城河是加强防御作战能力的一种工事。古代的军事防御体系一般是有城必有护城河，其目的就是在敌人进攻城池时，可有效地防止敌人靠近城墙，或增加进攻者的难度。护城河之两岸长满了各色野花，垂柳随着微风轻柔曼舞，绥远城时隐时现，构成了"归绥八景"之一的"柳城荫绿"[14]。

教场：绥远城内外有两处教场，为八旗兵操演习武之场所。城内西南角为小教场，为考试旗丁披甲为伍之考场，建有马道、检阅台、武器库等。城之西门外有八旗大教场，为将军检阅和操演八旗兵的校武场；场为正方形，每边长600米，计为36万平方米。场之北为演武厅（亦为将军阅兵台）、武器库，为八旗兵练武比艺的地方；场之南为一高大的影壁。大校场四周密环榆树或柳树，是鹊鸦之乐所。

街巷：绥远城内的街坊格局是以将军衙署和钟鼓楼为中心而规划的。街道直南直北，直东直西，呈棋盘状。其目的是为了八旗兵有军事行动时，能快速集合和乘骑突驰。全城以钟鼓楼为中点，向四个方向辐射出东街、南街、西街和北街（各宽25米）。再以这四条大街为主轴，排列着贯通南北和东西的24条宽街（10米）、46条小巷，这有利于各旗佐的分片管理和旗兵的迅速聚合。四条大街将全城划分为四片区域，但南部区域大于北部区域，西部区域大于东部区域。

寺庙：满族入关前主要信奉萨满教，入关后因势利导崇尚佛教、儒教和道教，故清廷在修建绥远城时建有许多寺庙，形成各种宗教相生共存的局面。这反映出清朝统治者强烈的文化功利主义思想和远见卓识，也反映出绥远城旗民丰富多彩的精神文化生活。绥远城的主要寺庙有：圣庙、观音庙、菩萨庙、财神庙、关帝庙、东岳庙、文昌庙、弥罗阁、太清宫、真武庙、城隍庙、行宫庙、五道庙、土地庙、龙王庙、奶奶庙、药王庙、火神庙、山神庙、灶神庙、大仙庙、马神庙、旗纛庙、万寿宫、家庙。

兵房：在绥远城每两条东西方向的街巷间，有八旗兵房两排，前排院门南向，后排院门北向。院门朝南者称"正向"，朝北者称"倒座"。每排宅院四至五户相连。宅院基本呈正方形，占地均为0.33亩（俗称三分三）。居室为两间正房。正房位于宅院北部，为砖瓦结构，房顶呈马鞍状。居室开门之屋称外屋，面积稍大，兼为厨房和会客室；里屋稍小，多设南炕。顶棚为白麻纸糊成。门、窗均为木制。房门上部多镶有玻璃，下部为木板。窗户分上下两层，上层为窗棂，为关东式，有横格、竖格、方格等样式，从内糊以麻纸；下层多为玻璃窗，以便采光和观察。院内建有东厢房或西厢房不等，厢房的磨砖山墙兼为影壁，墙中央设有神龛，多供土地爷神。

"倒座"正房的一侧为宅院门楼，为砖土混建，顶部起脊，两头翘起，造型精美；院门为木制，色多黑色，双扉对开，安装在门框上，从里可横木以闩，隔绝内外。官佐人家，门楼东侧多有上马石，西侧则有拴马桩。正房的另一侧为箭道，为平时旗丁练习射箭之处。从箭道可绕至正房后，这里置有厕所。宅院东南角立有祭祀用的索伦杆，俗称神杆，置于长宽高各约50厘米中间有眼的青石座上。"正向"的宅门开在南院墙上，余与"倒座"基本相同。

正房和厢房门、窗前铺有青砖甬道，余为土地，遍植花草果木，尤以葡萄为多。入夏满眼浓荫，花红叶绿，蜂飞蝶舞，香飘四溢，宛若一座座小花园。满族自古为渔猎民族，故旗户多有养狗、猫、鸟、鸡、兔、鱼之风气，所以城内到处交融着兵营和民居的双重气氛。

其他建筑：绥远城初建时，还建有许多官衙，主要有副都统署2所，协领衙署12所，佐领、防御、骁骑校衙署各60所，笔贴式衙署4所；还有左司、右司、旗库、丰裕仓、宁盈库、学堂、前锋营、仓库大使等200余所，用房8760间（多为砖瓦房）。此外，还有兵房1.2万间；四大街八面铺房1530间。各衙署、兵房、店铺等建筑房屋总计约2.25万间。[15]

总之，绥远城建设规模之浩大，规划功能之协调，布局之严整，城垣之坚固，睥睨之高大，城楼之雄伟，箭楼之壮威，钟鼓楼之高耸，将军衙署之威严，在我国北疆古城建设史中甚属罕见。

三、绥远城的历史地位

城市的产生和发展，是人类文明进步的产物，也是历史的见证。中国历史上长期稳定的中央集权统治形成了具有严格等级层次的行政管理系统，并由此而形成了级别不同的行政中心城市。绥远城其行政职能产生的辐射力和向心力，形成了与其行政职能相一致的军事职能。回顾历史，历代中央政权在阴山山脉和长城沿线设置军镇由来已久。北魏时期设有沃野、怀朔、武川、抚冥、柔玄、怀荒等六镇，以防御北方草原柔然等民族的南进。唐中宗景龙二年（708年），唐朝在呼和浩特地区至河套一线修筑了东受降城、中受降城、西受降城，以御突厥民族。清朝继承了北魏和唐朝的治边方略，修建绥远城和设置将军衙署以控制漠南中西部地区（绥远地区）。所以，绥远城的历史地位主要有以下三点：

首先，绥远城是清代内蒙古中部重要的政治中心，由此产生的军府制度保持了辖区近180余年的社会繁荣和安定。军府制度是清廷在北方和西北地区采取的一种军政合一的行政管理体制，是清朝边疆治理政策的重要组成部分。绥远城将军的事权统一，对巩固清朝在漠南蒙古的统治，促进蒙古地区社会经济的发展，巩固北疆的边防和安全，遏制沙俄的侵略势头，都起到了积极的作用。同时它也便于中央政令的贯彻和执行，有利于清廷对蒙古地区的直接管理，稳定了蒙古地区的社会秩序，使各族人民得以安居乐业，从而加强了蒙地与内地的经济文化交流。可以说，清代边疆地区军府制度的形成，反映了清朝对边疆诸族政治统治的加强，也反映了多民族统一国家的发展和巩固，还反映了蒙古诸部与清朝关系的日趋紧密。

绥远城将军初来驻防时，只辖本城兵马和右卫旗兵，对归化城土默特部、伊克昭盟、乌兰察布盟只是在军事上予以节制。后随着清廷政治形势的需要，清朝后期时，绥远城将军的权力日趋膨胀。先是有干预蒙旗司法、人事之权，后则先后掌控了归化城土默特部、伊克昭盟、乌兰察布盟的军政大权。归绥道是民治机构，属山西巡抚管辖，下辖12厅（归化城厅、萨拉齐厅、和林格尔厅、托克托城厅、清水河厅、丰镇厅、宁远厅、兴和厅、陶林厅、武川厅、五原厅、东胜厅），一般政务由道员处理，但遇军机要事则由绥远城将军节制。另外，绥远城将军还具有弹劾废止山西省归绥道及所属诸厅的人事之权。[16]同时，绥远城将军还插手干预处理归化城的商事，[17]并掌握着从事南北经济贸易的部票，故其牢牢地控制着北疆的商贸之权。

此外，清朝初中期，归化城诸喇嘛庙的具体事务由理藩院负责处理，官府基本无权干涉。但从嘉庆二十四年（1819年）起，绥远城将军开始管理归化城喇嘛事务，致使归化城札萨克达喇嘛的权力大为旁落。史书记载，嘉庆帝"谕内阁：归化城土默特旗呼图克图喇嘛，人数众多，近年亦多窃盗案件。嗣后将该呼图克图喇嘛等，交绥远城将军兼管。该呼图克图喇嘛等如有应报理藩院事务，著呈报将军转咨该院。如该院有应行呼图克图喇嘛等事件，亦咨该将军转饬。"[18]至此，绥远城将军又控制了呼和浩特地区的宗教权力。

其次，绥远城是清代内蒙古中部重要的军事中心。八旗军制是清朝特有的兵制，八旗驻防也为清朝所独有。绥远城3300名职业军人相聚一起，装备精良，机动性强，在冷兵器时代是一支十分可怕的武装力量，足以弹压地方，维持正常的社会秩序。同时，绥远城将军在非常时期，还有节制和调动宣化、大同两镇绿旗兵的权力。八旗兵在与准噶尔汗国和捻军的战斗中，南征北战，东拼西杀，为清朝的政治统治立下了汗马功劳。八旗将士的实际行动说明，中国北方民族的军事文化是草原文化的重要组成部分，也是北方诸族为何能长期活跃在历史舞台上的最重要的文化内涵之一。

注释

[1] 刘士铭《朔平府志》卷8《武备志·兵制》，第508～509页，东方出版社，1994年。

[2]《清圣祖实录》卷274，康熙五十六年十月己亥条，中华书局，1986年。

[3]《朔平府志·申穆德序》。

[4] 王轩《山西通志》卷28《府州厅县考六》，第2517页，中华书局，1990年。

[5]《大清圣祖仁皇帝实录》卷159，康熙三十二年五月庚戌条。

[6]《朔平府志》卷8《武备志·兵制》，第512页。

[7] 申慕德《重修朔平府北岳庙碑记》，载《朔平府志》卷12《艺文志·碑记》，第998页。

[8]《朔平府志·刘士铭序》。

[9] 佟靖仁校注《绥远城驻防志·城垣》，内蒙古大学出版社，1991年。

[10]《绥远城驻防志·衙署》，内蒙古大学出版社，1991年。

[11]《清高宗实录》乾隆四年六月辛丑条，乾隆四年九月己酉条。.

[12] 土默特左旗档案馆藏档案：乾隆三年二月初四日建威将军为新城驻防兵无处安葬事咨文归化城都统，第76卷，第135号。

[13]《绥远建设厅路工局拟修新城西门外石桥标准说明书》，载《绥远省建设季刊》1929年第2期，第14～15页。

[14] 清末的"归绥八景"为：沙溪春涨、石桥晓月、青冢拥黛、白塔耸光、柳城荫绿、杏坞翻红、虎头瀑布、牛角旋风。

[15]《绥远旗志》卷5《经政略》，光绪三十四年刻本。

[16]《大清宣宗成皇帝实录》卷200，道光十一年十一月壬子条。

[17] 载《归绥县志·金石志·绥远城将军克（克蒙额）整顿钱法碑》，第289页，内蒙古远方出版社，2012年。

[18]《大清仁宗睿皇帝实录》卷354，嘉庆二十四年二月癸酉条。

俄国人眼中的呼和浩特

翁衮山

　　明万历四十六年（1618年）春，俄国沙皇米哈依·费奥道为了向东扩张势力，命令托博尔斯克总督库拉金派出使者前往北京，探听中国方面的情况。于是库拉金派遣了托博尔斯克的哥萨克伊万·彼得林出使中国。彼得林在完成使命后，回到了俄国，他在写给沙皇政府的报告中，曾提到了土默特部落的一些情况。报告中写道，他们是在一段"令人生畏的山间峡谷中行走了两天"才来到土默特部的。"出了峡谷就来到了蒙古地方。山口有两座用砖石修筑的蒙古城市，名'板升'。一座城市内住着达赖台吉，第二座城内有翁达台吉。蒙古地方还有一个第三座城，是砖石修建的喇嘛城，由玛勒齐哈敦王妃治理。她统治着全蒙古和所有的城镇。凡是去中国的人来到她那里，须由她发给一份文书并签注上你所要前往的城镇。到了边境，边卡验看了文书和签署，才能让你经过边境进入中国。"报告接着记述了土默特部的城市情况："蒙古城市是方形的，四周建有塔楼。城墙底部以粗石为基，其上砖砌，城门和俄国的一样是拱形的。城门楼里有一个重达二十蒲特（一蒲特为16.38公斤）的铜钟。城楼上铺着瓦。蒙古地方的房舍是砖砌的，呈方形。庭院四周有高大的围墙。院内房舍虽然不高，但室内的天花板上画有各种图案和彩绘，饰以千姿百态的花卉，真使人流连忘返"。

彼得林还特别记下了他所见到喇嘛庙的情况。他说："当你进入庙内时，你会看到闻所未闻的令人惊异的景象，对着庙门坐着三尊巨大的女像，每尊都有一丈余高，从头到脚贴着金箔。他们高坐在各种不知名的彩色兽背上。神像手中端着盛满麦粥的碗盏。像昼夜不停的燃着牛油灯烛。右侧站立着八尊男像，但左侧的八尊像全是女身，从头到脚也都贴着同样的金箔，他们都向前方伸着双臂，躬身作施礼状，如同蒙古人向神敬礼一样。除了那三尊女像外，在庙前，还有两尊裸体神像站立在兽背上，活像真人一样，距离稍远一点，你就分辨不出它们是泥塑的，还是活的真人。神像前的蜡烛细的像麦茎，只冒烟不发出火焰，他们吹的大喇叭足有一丈来长。他们一面吹喇叭，一面敲鼓。他们跪倒在地，双手合什，然后俯身下拜，匍伏在地半小时之久。当他们念经时，走入庙宇是非常可怕的。庙内有一种说不出的使人惊异之情。"

"蒙古地方出产各种谷物：谷子、小麦、黑麦、大麦、燕麦和许多其他不知名的谷物。面包很白。蒙古地方还有各种园圃，水果、蔬菜很多，有苹果、樱桃、甜瓜、西瓜、南瓜、黄瓜、葱、蒜和其他蔬菜。蒙古地方的妇女非常清洁，她们穿着丝绒绸缎的、漂亮的本民族服装。无论男女都在长袍外面，肩膀上戴着大项圈。他们穿的靴子也是独特样式的。蒙古地方没有好马，但有很多骡子。他们使用的犁，很像托博尔斯克鞑靼人的犁，但犁铧狭长。他们从各种粮食中蒸馏出酒来，不用酒花。蒙古地方没有宝石、黄金和珍珠。但白银很多，都来自中国。

"他们的呼图克图（活佛）就像我们俄国的大主教一样，只是他们有两位，他们不留胡须。在召庙内有为他们设立的法座。他们进入庙内就坐到法座上，所有的王公都要向他们行礼……喇嘛在十岁时接受剃度，剃除和拔掉胡须。他们不着下衣，每天吃各种肉食。他们身穿各色绸缎的长袍，僧帽是黄色的。"

彼得林的上述记载，记录了他经过土默特部的情况，特别是其记录的第三座城，即用砖修建的喇嘛城，即是大成妣吉夫人人佛共居的弘法中心美岱召，而报告中记载的"玛勒齐哈敦王妃"正是晚年主政东西两哨的大成妣吉夫人。

此外，在俄国人的史料记载中，还有距彼得林之行36年之后，俄国使节巴依科夫的《出使报告》也有关于呼和浩特的记载。那时呼和浩特的情况已经发生了很大的变化，北元政权和明朝已经灭亡，清朝已经统一了中国，土默特部归降于清朝，统治清朝的皇帝是顺治皇帝。

清顺治十一年（1654年），俄国沙皇阿列克赛·米哈依洛维奇，首次从莫斯科派遣了巴依科夫·费奥多尔·依萨科维奇为正式使节，携带沙皇的国书和礼品前往中国。巴依科夫一行在蒙古境内受到阻隔，直到1656年初才来到呼和浩特。

在巴依科夫的《出使报告》中写道："从阿布琥那里到达第一座中国城市呼和浩特，用游牧方式走了两星期零五天（穿越了丛山进入城市）。那里没有雪，也没有严寒。只是在夜间冷，白天很暖和。白昼比我们那里长一倍。居住在这座中国呼和浩特的土默特蒙古人，他们说蒙古语，有两名从北京派来的将军驻在这里。"

"巴依科夫于（1656年）1月21日离开第一座城市呼和浩特，呼和浩特城是土筑的。城楼很大，是砖砌的。每座城楼有两个门。城门洞很宽，城门是橡木的，包着铁皮。共有六座城楼。他们没有火器，既无火炮，也没有滑膛枪。但城内有许多寺庙。寺庙用砖砌成。庙顶是俄国式的，铺着琉璃瓦。"《出使报告》接着记述了当时呼和浩特商业繁荣、农业发达的情况。"街道两旁商店林立，店铺后面是庭院……他们用茶叶购买小宗物品，十四包茶值一两白银。商店中出售各种中国颜色的绸缎布匹，各色丝绸非常丰富。他们有很多铁器和铜器。干柴和木材用大车拉到城内。他们的农田也和俄国的一样。他们种植谷子、小麦、大麦、燕麦、亚麻和大麻。水果和蔬菜有：大蒜、萝卜、核桃和大量的油料籽。各种木料有桦木、松木、杉木、菩提树和桧木。没有雪，城市位于大盆地的低处，周围是山石。城市附近有一条不大的河，向西流，城市四周的土地已开垦。"

"当巴依科夫离开呼和浩特时下起雪来，一边走一边下，下了有半尺深。天气很冷。"从以上记载可以看出，清初，虽然呼和浩特遭受过破坏，但到了1656年已基本得到了恢复。以上出自彼得林、巴依科夫的出访，见证了土默特部的社会经济发展状况。

斯人已去，往事如烟。彼得林、巴依科夫记录了美岱召城、呼和浩特蒙汉人民和合、友好的佳话，他们的文字是岁月沧桑在历史中的印证。"从北京，到南京，红火不过个归化城。"这个传承了300多年的口语至今仍是一些老年人乐此不彼的话题，由此可见呼和浩特在历史上的影响之大。

呼和浩特的五个民间故事与传说

高培萱

一、王昭君美丽的故事与传说

大家都知道中国古代有"四大美女"之说，并把这四大美女分别比喻成沉鱼、落雁、闭月、羞花。"沉鱼"指的是西施，"闭月"指的是貂蝉，"羞花"说的是杨贵妃，而"落雁"呢？就是指王昭君。为什么把王昭君比喻成"落雁"呢？原来有这样一个美丽的传说，说昭君出塞途中，遇到远归的大雁，大雁看到如此美貌的女子，惊呆了，忘记了飞翔，于是从空中掉了下来，因此昭君便有了"落雁"的美称。比起其他三位美女来，昭君不仅美丽，而且为中国历史上的民族团结做出过重大贡献，所以在各族人民中关于昭君的传说数不胜数。

王昭君，西汉南郡秭归人（今湖北省宜昌市兴山县），名嫱，字昭君，晋代因避司马昭讳，改称为明君或明妃。西汉元帝时，昭君以"良家子选入掖庭"，"掖庭"就是后宫，昭君入后宫的级别是"待诏"，地位是比较低的。

史书记载，昭君"入宫数岁，不得见御，积悲怨"。王昭君既然是中国古代四大美女之一，为什么没有得到皇帝的宠幸呢？相传汉宫画师毛延寿给后宫美女画像，元帝通过画像选召宫女，对一般宫女来说，她们入后宫后最大的心愿就是得到皇上的恩典，在后宫争得"三千宠爱集于一身"的优势，因此她们纷纷用财物贿赂毛延寿，请他把自己画漂亮些。昭君对毛延寿索贿的做法非常不满，没有贿赂毛延寿，得罪了他。于是，毛延寿便在昭君画像的眼角底下点了一颗"伤夫落泪痣"，在当时的封建观念中，人们认为有这种痣的女人是丈夫的克星，作为封建君主，当然不可能宠幸这样的女子了。

汉元帝竟宁元年（公元前33年）正月，匈奴国君呼韩邪单于第三次来到京城长安，朝见汉元帝，提出"愿婿汉氏以自亲"。汉元帝听了很高兴，答应了他的请求。王昭君自愿出塞，决定远嫁匈奴。但是，当汉元帝看到昭君本人时，发现她"丰容靓饰，光明汉宫，顾景裴回，竦动左右"（《后汉书·南匈奴传》），并没有那颗"伤夫落泪痣"，"帝见大惊，意欲留之，而难于失信，遂与匈奴"。汉元帝见到王昭君比画上的像要美上千倍，但皇帝金口玉言，不能反悔，只好让王昭君和呼韩邪结婚了。

昭君出塞和亲，对汉匈双方来说都是政治上的一件大事。汉元帝为纪念这次和亲，改元为竟宁，意为和平安宁。呼韩邪单于把昭君封为"宁胡阏氏"。"宁胡"就是使匈奴民族安宁的意思，"阏氏"即皇后。在包头市的汉墓中出土的瓦当上，有"单于和亲""千秋万岁""长乐未央""单于天降"等文字，反映了西汉建立后同匈奴和亲并和睦构处的史实，更是当时热情颂扬和纪念汉匈两族和亲的实物见证。

民间传说，昭君原是天上的仙女。她出塞时，和呼韩邪单于走到黑河边上，只见朔风怒吼，飞沙走石，人马不能前进。昭君款款地弹起了她所带的琵琶，顿时狂风停止呼号，天上彩霞横空，祥云缭绕，地下冰雪消融，万物复苏。一会儿，遍地长满了鲜嫩的青草，开遍了绚丽的野花。远处的阴山变绿了，近处的黑水澄清了。还飞来了无数的百灵、布谷、喜鹊，在她和呼韩邪单于的头顶上盘旋和歌唱。单于和匈奴人民高兴极了，于是就在黑水边定居下来。后来，王昭君和单于走遍了阴山山麓和大漠南北。昭君走到哪里，哪里就水草丰美，人畜两旺。在缺少水的地方，昭君用琵琶一划，地上就会出现一条玉带般的河流和片片绿茵茵的青草。昭君还从一个漂亮的锦囊里取出五谷种子，撒在地下，从此塞外便有了五谷杂粮，她还从袋里取出一把金剪子，用羊皮剪成犁、车、羊、马，放在地上，就成了铁犁和木车，木车周围还出现了成群结队的羊群和马群、骆驼群。

昭君和亲后，呼韩邪单于视昭君为掌上明珠，宠爱异常。不幸的是，王昭君与呼韩邪单于结婚仅两年，呼韩邪单于就去世了。她和呼韩邪单于生了一个儿子，名叫伊屠智牙师。呼韩邪单于死后，昭君又依据匈奴"父死妻其后母"的习俗，改嫁呼韩邪单于第一阏氏所生的长子复株累单于雕陶莫皋。昭君与雕陶莫皋生有两位公主，长女名叫须卜居次，次女名叫当于居次。

后来过了好多年，一天夜里，突然天上闪过一道红光，接着是一声巨响，第二天早晨，人们发现，平地里长出了一座土山，山顶上飘浮着五彩祥云……老百姓们传说：这是昭君完成了玉皇大帝交给她的使命，回到天上了。这座土山就是现在的昭君墓。

王昭君在匈奴生活了几十年，巩固了汉同匈奴当时的宗藩和睦关系，起到了安定边疆的进步作用，所以她的事迹被千百年传颂。

二、杨六郎射在大青山上的"定边神箭"

呼和浩特境内的阴山山脉叫大青山，在风光秀丽的大青山里有一条哈拉沁沟，历史上这条沟里有过许多寺庙，七大召之一的尊胜寺和关帝庙、乾通寺曾经香烟缭绕，香客络绎不绝，但随着清王朝的灭亡，这些寺庙也走向了衰败。可是沟内的料木山上有一个神奇的传说却世世代代经久不衰——这就是杨六郎射出的"定边神箭"。

料木山山高林密，峭壁突兀，各种树木极多，所以当地人称这座山为料木山。现代著名蒙古族作家李准曾经登上料木山顶极目远眺，感叹此山的雄伟和壮观，挥笔写下了"了目山庄"四个大字。

在料木山上有一处非常神奇的地方，有一支一丈二尺高，顶端有一大铁镞的"箭"直插在坚硬的山岩中，令人称奇不已……这就是杨六郎射在大青山上的"定边神箭"。

北宋时期，辽国频频侵犯中原，杨家将中最著名的三关大帅杨六郎镇守在雁门关一带，抵御着辽国的入侵。杨六郎除了加强关隘的防范之外，还在一些要道上设有绊马索、铁蒺藜等物，让入侵的辽兵吃尽了苦头。为了攻破宋军的阵地，辽国元帅韩昌亲自率兵来犯，但双方交战数月，韩昌还是不敌杨六郎，损兵折将大败而归。为了避免杨六郎乘机追击，韩昌想了一个办法，他派使者给杨六郎送去一封信，说愿意与宋军罢兵讲和，今后互不侵犯。杨六郎答应了韩昌的请求，但他强烈要求韩昌归还辽国侵占的宋国土地。韩昌心里虽然不愿意，但迫于失败的处境，就假惺惺地答复杨六郎说："本帅可以让杨元帅射三箭，三箭之内的土地全归你宋国了。"他嘴上是这么说的，可心里却暗暗想：就算你杨六郎的箭术再高明，又能射多远呢？韩昌原本以为杨六郎根本就不会答应他提的这个条件，没想到的是，杨六郎连想都没想就满口答应了下来。韩昌暗自高兴，以为杨六郎中计了。到了约定射箭的这一日，只见杨元帅站在雁门关，向西北方向弯弓搭箭，奋力射出两箭，只见长箭飞一般地射向远方，转瞬即逝。杨六郎对韩昌说："本帅射两箭足矣，吾箭已至大青山！"宋辽双方立即派兵向西北方向寻找，结果，第一箭射在了一个叫井儿梁的地方，而第二箭竟然射在了千里之外大青山的料木山上，箭头直插山石间，两国将士无不惊叹杨元帅的神力。韩昌只好自认倒霉，宋辽遂以大青山为两国界线。

其实，所谓的"箭"只是一根顶部安有铁犁铧一丈多长的松椽而已。无论辽兵如何使劲儿拔，这支箭就是只摇晃却拔不出来。那么，这支"箭"真的就是杨六郎射到这里的吗？显然不是。原来"射箭退敌"是杨六郎定下的妙计。就在双方达成协议的当天，杨元帅就派了大将孟良连夜快马加鞭赶到料木山上，将这支"箭"安插在山上岩石的缝隙里。按照双方的协议，杨六郎的箭射到哪里，辽兵就将哪里的土地归还宋国。看到杨六郎有如此高超的箭术，韩昌服输了，并表示只要是杨六郎镇守边关，他就永远也不再侵犯宋国的边界。

从此以后的好长一段时间，这宋辽的边境地区一直平安无事。于是，民间就有了"六郎站在雁门关，一箭射在大青山"的传说和歇后语"六郎的箭——干摇不动"。至今，这只巨大的箭仍插在料木山的岩石中，吸引着众多的游客前来观光。

三、康熙皇帝在归化城留下的传说

康熙皇帝在归化城的时间虽然不长，但却留下了许多传说。

呼和浩特大召前的玉泉井，被誉为"九边第一泉"。据传说，康熙皇帝未到归化城前，此处并无井水。康熙皇帝路过大召时，"过此，马蹄踏地，有泉涌出，味清而甘，四时不竭，居民建神祠于其上。水侧流数步北汇为池，上盖巨石作井眼，寺前一带咸取汲焉"。此后才有了玉泉井。因为传说是康熙皇帝御马踏出之泉，所以玉泉井又有"御泉井"之说。自从大召前有了玉泉井后，来玉泉井汲水者，从早晨到夜晚几乎无片刻休止，经常见各式各样的水桶排成长龙等候打水。夜深之后，则是各家茶馆、茶摊来汲水。不少人家安放两口水缸，一口盛放甜水（玉泉井水）饮用，一口盛放其他井水作洗涮用。谁家来了稀客，先要敬上玉泉井水泡的茶；妇女生育后，常用玉泉井水熬稀粥喝；朋友们聚餐喝酒多了，也要用玉泉井水泡茶以解酒。甚至民间传说玉泉井水能治百病。

另一个与康熙皇帝有关的传说是有200多年历史的著名古画《月明楼》。

月明楼传说是大召前街的一座豪华酒楼兼戏馆子，古画画的就是该酒楼。现在在大召前街还有此酒楼，当然不是过去的月明楼，而是后来照古建筑重新建的。

《月明楼》的画面上共有100多个人物，这些人物神态各异，栩栩如生。传说画面上的主要人物都有名有姓，从而为此画增加了神秘的色彩。画面的内容主要是：正中的二楼戏台上，梨园弟子正在演出，客人们都在兴致勃勃地看戏。突然楼内发生了骚动，原来是康熙来归化城后，微服私访大召前街，顺便到月明楼就餐，酒足饭饱后，正欲离去……店主恶霸安三泰，见康熙雍容华贵，又是外乡人，顿起歹意，想要讹诈。他唆使手下人，口出狂言，强行要八两三钱银子，并声称不给钱，就要剥脱衣服，扣留马匹，而康熙身上没带那么多钱……正在危难之际，月明楼的小伙计刘三看不惯主人的敲诈行为，挺身而出，护住了康熙，并提出，用自己一年的工钱，替客人付款……

画卷再现了清代归化城大戏馆子的面貌，楼内悬挂着各式各样的灯笼，装饰得华丽气派，喝茶、吃饭、饮酒、看戏者，身着长袍马褂的居多，还有头戴红缨帽的官员，短衣襟小打扮者寥寥无几。画中人物刻画细腻，生动形象，康熙身着红色长袍，在底层大堂上进退两难；堂倌刘三站在他的左面，正在仗义执言；安三泰撸胳膊挽袖子，凶相毕露；几个狂徒，有的赤裸背膀，正欲大打出手，有的怒目攒拳，跃跃欲试；食客们有的拦挡狂徒，平息事态，有的莫名其妙，露出惊诧的目光；有的凑在一起，谈兴正浓，尚不知晓这突发事件……100多个人物，衣着不同，神态各异，人各一面。

与康熙皇帝有关的传说还有呼和浩特的地方风味食品——烧卖。

烧卖，人称"玻璃饺子"，其外形晶莹透明，皮薄如蝉翼，柔韧而不破；用筷子夹起来垂垂如细囊，置于盘中团团如小饼；吃起来清香爽口，味浓而不腻。

归化城烧卖是谁发明的？种种传说很多。传说最广的是月明楼的小伙计刘三发明的。刘三开始是做天津包子的，掌柜安三泰给的工钱很低，于是刘三提出在每笼包子出笼后，下一笼包子还没上笼前，自己捎带蒸几笼包子卖。为了留住这个手艺高的厨子，安三泰只好答应了。于是，刘三在天津包子的基础上，发明了这皮薄、馅精的"小包子"。由于蒸两笼包子之间间隔的时间很短，刘三等安三泰的第一笼包子一出笼，就飞快地拿起皮子包上馅，连口都来不及捏就放进了笼里，旺火蒸几分钟就出了笼，没有耽误安三泰的第二笼包子。这小包子出笼满堂香，吃在嘴里更香，一下子吸引了众多的食客。大家说："你这比包子还好看还好吃的叫什么呀，不能也叫包子吧？"刘三一想，自己发明的这食品只是在给安三泰打工时捎带做的、卖的，就随口说道："这叫'捎卖'。"于是，"捎卖"之名就传开了。后来有人觉得这小包子的边稍皱折如花，就又将其称之为"稍美"，意即"边稍美丽"之意。再后来，由于是由小麦面粉做成的，人们又将其称为了烧麦。

后来，康熙回到京城以后，把刘三也调到了北京，要封他四品官。刘三认为自己不是当官的料，请求皇帝赐他一处店铺，开个烧卖馆。康熙同意了。于是归化城的烧卖就落户到了北京，并很快就誉满京城并传到了天津一带。

刘三到了北京，但他发明的烧卖在呼和浩特继续发扬光大，成为呼和浩特几百年来驰名遐迩的风味食品。

但传说终归是传说，烧卖是遍及全国的食物，只是各地所用的馅儿不同，呼和浩特的烧卖之所以出名，应与使用牧区的优质羊肉和当时当地红葱有关。

四、慈禧太后与呼和浩特落凤街的传说

慈禧太后（1835—1908年），满族，叶赫那拉氏。慈禧从清咸丰二年（1852年）17岁时被选入宫，在清宫中度过了58个春秋，是清朝末年在中国政坛上呼风唤雨、闻名中外的大清皇太后。有关慈禧"垂帘听政"的故事史料记载很多，但她入宫前的有关情况史料上基本没有记载。慈禧出生于何地？17岁前在哪里度过其童年和少女时代？只有大量的民间传说。

慈禧生于何地？众说纷纭。有民间传说，慈禧太后出生于绥远城（今呼和浩特新城）的落凤街。落凤街，顾名思义是落下了凤凰。凤，非皇后莫属，就是连嫔妃也不敢使用。无"凤"而起此名，按大清律是大逆不道的"叛逆罪"，而此街名在清朝就有了，所以说，此传说可能不是空穴来风。还有说慈禧是满族叶赫那拉氏，所以出生于吉林省叶赫

（今四平附近），此传说应该也有一定的根据。更有传说说慈禧出生于安徽芜湖，这是因其父惠征在安徽做过地方道员，还有传说慈禧出生于北京西单牌楼北的劈柴胡同。还有慈禧出生于兰州说和浙江乍浦说及山西长治说。不管慈禧出生在哪里，总笼罩着一种神秘的色彩。

有关慈禧在呼和浩特的传说是，慈禧的父亲惠征是京师满洲镶蓝旗人（后抬入镶黄旗），惠征于道光二十九年至咸丰二年曾在绥远城（今呼和浩特新城）做过官，任山西分巡归绥兵备道的道员，辖山西口外各厅，其职务是仅次于省，而高于府、州、厅、县的二级行政区官员，官级是清朝的正四品。所以说慈禧并非是许多传说中的贫家女，而是家境殷实的官宦子弟。据说，慈禧童年和少女时就随父住在归绥道署内宅。光绪年间高赓恩所撰修的《归绥道志》抄本残册中有"圣迹"一目，记有懿览亭之由来。所记叙的是，归绥道署内宅花园中有一六角亭，名树滋亭，可供休憩，因慈禧年幼时常在这里玩耍闲坐，所以在她贵为皇太后之后，历任道员便把树滋亭当做"圣迹"来对待，都是精心保护、修整。光绪十三年胡孚宸道员上任，为了巴结慈禧，便将此亭改名为懿览亭，因慈禧曾被封为懿妃，故起此名。所以说，慈禧是否生于呼和浩特如果还不能定论的话，但慈禧在呼和浩特生活过应该是没问题的。民国初年，归绥道员官邸改为学校，即现在的呼和浩特第一中学，历经岁月沧桑，原归绥道员官邸中的建筑及懿览亭都已荡然无存。

慈禧太后于清咸丰二年（1852年）被选入宫，封兰贵人。咸丰六年（1856年）生载淳，封懿妃。次年晋封贵妃。咸丰十年，英法联军进逼北京，她随咸丰皇帝逃往热河。咸丰皇帝病死在热河行宫，遗命载垣、端华、肃顺等八大臣为"赞襄政务王大臣"总摄朝政，辅佐慈禧所生的6岁儿子载淳为帝。母随子贵，慈禧被尊为慈禧太后，俗称"西太后"。慈禧利用权术发动政变，将八大臣中的载垣、端华、肃顺处死，其他5人革职或遣戍，从此开始了她"垂帘听政"、大权独揽的时代。由于慈禧的专权，大部分清朝的高官显宦唯命是从，在其周围形成了实际掌握政权的"后党集团"。慈禧也就成为同治、光绪两朝实际的最高统治者。

慈禧这个女人统治中国达半个世纪，从咸丰末年一直到宣统年间，参与和掌握三任皇帝的统治权。她一生嗜权如命，无比自私、固执且又不择手段。在她的统治下，清廷对外妥协退让，对内进行残酷的镇压。她既推行洋务运动，又支持顽固派对洋务派进行牵制。由于她的专制，使一心梦想改革的光绪皇帝郁郁不得志，在压抑中度过了一生。在慈禧的统治下，清廷与帝国主义列强签定了一系列丧权辱国的卖国条约，大肆出卖国家主权和领土，但她却恬不知耻地向帝国主义列强表示要"量中华之物力，结与国之欢心"。对内，她则依靠曾国藩、李鸿章等汉族官僚势力，勾结外国侵略者，先后镇压太平天国、捻军和苗民、回民起义，使清王朝的统治得到了暂时稳定。

光绪三十四年十一月十五日，慈禧在中南海仪鸾殿"驾崩"。慈禧在对清朝长达半个世纪的统治中，干了许多出卖国家民族利益的坏事，给中国封建统治的灭亡敲响了丧钟，写下了一页封建社会末期皇太后执政的闹剧，在历史上遗臭万年。

五、蜈蚣坝的动人故事

连接呼和浩特平原和大青山后山有一条蜿蜒盘桓10多里的交通要道，这条要道地处山区，穿行在大山之间，弯弯曲曲，十分险峻。因此路山道土色皆白，所以北魏地理学家郦道元在其《水经注》中谓之白道。白道的最高处，郦道元称之为白道岭。白道岭是因为此路是几千年来从阴山南麓通往阴山北麓的必经之地，其两侧皆绿色青山，独中间险道为白色石灰质地层，所以郦道元称其为白道岭。白道岭历史上的称呼很多，辽时称为渔阳岭，元代称为翁滚达不嘎，明清时又称为蜈蚣坝。蜈蚣坝也是古战场，战国时期，赵武灵王就曾在白道上修筑长城，修武练兵，以阴山为屏障，北拒林胡、楼烦。唐太宗贞观三年至四年，大将李靖和徐世勣等率唐军大败突厥于白道口。

关于蜈蚣坝由来的民间传说很多，其中流传最广的传说是：古时候，大青山中窜出来一条大蟒，盘踞在山头，为害当地百姓。一天，一个叫兰子的姑娘在山下放牧，被凶猛的大蟒吞吃了。兰子的未婚夫是位武艺高强的骑手，他得到这个消息，悲痛异常，发誓要为兰子报仇，为民除害。于是他带着武器骑着马在大青山里日夜寻找大蟒。在深山老林里，他遇到一位鹤发童颜的老道，老道被他为民除害的勇气所感动，决心助他一臂之力，送给了他一张护身符，并嘱咐他说："要除大蟒非得有七只蜈蚣不可。"第二天，骑手捉了七只蜈蚣，藏在刀鞘里，当他行进到蜈蚣坝顶时，突然一阵冷风平地而起，他的坐骑受惊，腾空长嘶。冷风过后，草木丛中窜出一条几丈长的大蟒，张开血盆大口，直向骑手扑来……骑手连忙拔出宝刀与之搏斗，正难分胜负时，七只蜈蚣"呼"的一下从刀鞘中冲出，扑向大蟒的的七窍，猛咬猛钻，大蟒措手不及，痛得满地翻滚，骑手乘机挥刀将大蟒砍成七段，为未婚妻报了仇，为民除了害。从此，蜈蚣坝上安全了，老百姓又开始放心地走这条大道了。后来，人们对骑手和蜈蚣勇斗大蟒的英雄气概赞不绝口，就将此坝改名为蜈蚣坝了。也有的人认为，因这条坝形似蜈蚣而得此名；还有人说，是辽金时期称其为"翁滚"而演绎成此名的。

　　蜈蚣坝地势险要，山道崎岖，但因是一个交通要道，从古到今，几千年来，人畜货物几乎天天从这里通过，使其成为迎八方客商、过无数货物的重要交通要道。《绥远通志稿》记载，蜈蚣坝是通过大青山南北的必经之路："石径逼仄，不通方轨，自清嘉庆、道光间，历经修治，始克车行，然山路崎岖，挽载维艰，且车马拥塞，时虞颠覆，而在天寒地冻之时，车辆屯集，进退两难，车夫守候而殭仆者比比也。"充分说明了通过蜈蚣坝的危险和艰辛。时任绥远省警务处处长的民族英雄吉鸿昌经常接到蜈蚣坝发生交通事故的报告，心情异常沉重，为了排除险情，疏通道路，民国十五年，吉鸿昌亲自率领1000多名官兵，在蜈蚣坝上劈山开道，移石填沟，拓宽道路，苦干数月，历尽了艰险。工程竣工时，吉鸿昌将军亲笔题写了"化险为夷"四个大字，刻在了坝顶公路的岩石上。

　　如今的蜈蚣坝早已变成了通衢大道。

呼和浩特市中华人民共和国成立前的戏院

曹建成

呼和浩特市解放前也即称为归绥市时，曾经有戏院四座，均建于旧城（归化城）。一是大观园戏院，二是同和园戏院，三是财神庙戏院，四是民众戏院。

一、大观园戏院

大观园戏院亦称大观园、宴美园、嘉乐会馆。位于旧城小东街中段路东，由成吉思汗二十四世孙喇嘛札布于乾隆二十五年（1760年）兴建。乾隆二十年（1755年）清廷征准噶尔达瓦齐时，喇嘛札布献马三百匹，叙功一等台吉命乾清门行走，后又因擒其叛乱的女婿青衮咱卜，被封为辅国公授札萨克。乾隆二十五年（1760年），喇嘛扎布被以不入觐及违例妄行，削爵，饬回旗效力赎罪。在被削爵成为闲散王公当年，喇嘛扎布回到呼和浩特修建了自己的宅院。由于喇嘛扎布王爷平时爱吃、爱喝、爱红火，还爱听戏，故在建府邸时没有把辅国公府建在城里，而是建在城外东南一带，建府时把地基缩小，迎街地段建起一座既能吃饭又能唱戏的会馆——嘉乐会馆。

清光绪三年（1877年）嘉乐会馆租给一个叫王泰祺的山西忻州人，王泰祺把嘉乐会馆交给侄儿王禄管理，并把它改建成一座集餐饮娱乐为一体坐东朝西开门的戏馆子，更名宴美园，成为归绥第一家大戏馆子。1927年王禄将宴美园交于侄儿王泰和。并向房东关仁多（满州旗人）再租25年，随后对宴美园又进行了修缮，改成茶楼，名大观茶楼。从此以后，以演出山西梆子（晋剧）为主，专靠从山西请名角来演出，大观园也就此叫了出去。

1952年合同到期，王泰和把大观园交给关仁多之子关贻秀。1956年公私合营，大观园成为呼和浩特市晋剧团专业演出场地。

大观园二层是中西结合的近代建筑，楼顶女儿墙系木制两条龙（二龙戏珠）。大门上方建有出檐的木制栏杆，南北两侧是圆形窗户，显得非常典雅古朴。内设观众席位700多，并设有乐池。1968年大观剧场更名为反修剧场。1971年大观园拆除并修建文化局宿舍。

二、同和园戏院

同和园戏院是归绥市仅次于大观园的戏院子，位于旧城原来的大西街东段路南一所大院内。单从外表看根本就看不出是座戏园子，只是演出时在大门口贴出用红纸写的戏剧节目单时，过往行人才发现原来在这座大院里还有戏院。同和剧场东挨著名的茶馆德顺源（中华人民共和国成立后改名为德兴源），西是海泉澡堂（中华人民共和国成立后改名为大西街浴池）。

同和剧场最初是一家清酒馆子，字号是公庆园。清光绪五年（1879年），被一位叫陈旭的生意人买下重新装修改成即能吃饭又能看戏的戏馆子，取名同和园。进入民国后，陈旭子陈子胜接管同和园，在1927年停设酒席，改为喝茶看戏的茶楼，更名为同和茶楼，但人们仍习惯称为同和园。从此同和园成为单独演戏剧场。日伪时期的同和园是归绥最有名的戏园。1939年山西中路梆子艺人盖天红（王步云）、说书红（高文翰）到同和园演出，曾在归化城掀起"盖天红""说书红"热。1950

年，同和园改名为同乐剧场。成为接待全国各剧团来归绥市演出的演出剧场。1956年、1958年北路梆子著名演员小电灯（贾桂林）曾在此演出。1963年该剧场因年久失修被拆。它是呼和浩特市4个老戏园子中第一个被拆的剧场。

三、财神庙戏院

财神庙戏院位于旧城大召前路东的财神庙巷内。初是财神庙庙会上搭的戏台，是山西北路梆子的主要演出场地，据说形成于清咸丰年间。光绪年间建成戏院，民国时期重新翻建成为土木结构的近代建筑剧场，该戏院建筑面积600多平方米，大门朝北开。因戏院北是财神庙，所以人称财神庙戏院。戏院建国前是山西右玉人武俊清、武俊英弟兄二人的产业。1949年前的财神庙戏院是山西北路梆子、中路梆子共同演出地。在此戏院登台演出的著名演员中路梆子艺人有花女子（李桂林）、三女红（宋玉芬）、八岁红（常艳春）、小果子（冀素梅）等。

中华人民共和国成立后，财神庙戏院更名为共和剧场，并成为二人台及民间小戏演出剧场。民间艺人班玉莲、刘全、亢文彬等在此登台演出。1964年，共和剧场因年久失修倒塌。

四、民众戏院

民众戏院坐落在大召山门前15米的地方。1936年在原绥远省市场的旧址上改建而成。晋商投资创建，山西介休商人柴万荣是戏院投资者之一。1945年后一度称庆和戏院。1950年更名民众剧场。剧场建筑面积500多平方米，剧场入口、售票窗口均在东边。在民众戏院表演的著名晋剧艺人有任翠芬、亢金蕊（小梅梅）、冯金泉（十六红）、杨盛鹏、武仙梅等。1971年民众剧场与大召西夹道的和平电影院重新组合，剧场翻建更名为向阳影剧院。1990年后，旧城区改造，向阳影剧院拆除，从此呼和浩特市清、民国时期建的4座戏院全部拆完。

云双羊与土默川地方戏曲二人台

张继龙

二人台是形成于土默川地区即呼和浩特市、包头市的地方戏曲，因解放前一直由丑、旦二人演出而得名，是清朝末年由土默特地区的"蒙古曲儿"、山西朔州大秧歌形成的土默川大秧歌、山西祁县太谷秧歌剧小戏发展而成，流行于内蒙古中西部、山西、陕西、河北、甘肃、宁夏北部地区。二人台的创始人就是清末民初归化城（今呼和浩特）土默特部蒙古族人云双羊。

云双羊，清朝咸丰七年（1857年，丁巳蛇年）出生于归化城土默特部土默特右翼旗五甲二佐古雁村（今土默特左旗敕勒川镇古雁村），很多资料把云双羊的出生地记为"古雁圪力更"，有误。1859年成书的《古丰识略》、1907年成书的《归绥道志》以及《土默特旗民国二十一年户口册》和现在的《土默特史料》中，均明确记载古雁和圪力更为两个村子，不相隶属，没有任何关系。

云双羊出生的归化城土默特地区，即现在的呼和浩特市全境、包头市大部分地区，为清朝时西北军事交通要地。清康熙三十一年（1692年），清朝与噶尔丹战争期间，呼和浩特驻防军队增加，使清廷感到

"塞外积谷，甚属重要"。翌年，清廷开始在土默特地区屯田，屯田者主要为山西汉族农民。康熙四十三年（1704年），清廷实行借地养民的政策，山西汉族农民开始进入土默特地区，租种土默特兵丁的土地种植蔬菜粮食。同时，山西祁县、太谷等地的商人也开始进入土默特地区经商。清雍正元年（1723年），清朝解除边禁，招民进入土默特地区租种土地，山西汉族大规模进入该地区租种土地。随着汉族人口增多，蒙汉人交涉事件也越来越多。由于租地耕种的汉族人户籍都在山西，土默特左右两翼都统衙门不便处理这些交涉事件，就向清廷奏请派垦民原籍的山西地方官来管理这些民事。同年，清廷在呼和浩特设置由山西大同府管辖的正五品官员"归化城管理蒙古民事同知"，承办这些蒙汉人交涉事件，该机构于雍正三年（1725年）又改隶新设置的山西朔平府（府治在今右玉县右卫镇）。

雍正十三年（1735年），清廷为解决与准噶尔汗国噶尔丹策凌作战部队和归化城防边军队军粮，在土默特地区更大规模地招民开垦土地。几年中，将土默特地区4万多顷土地作为大粮地放垦，山西北部汉族大量进入土默特地区租种土地。乾隆四年（1739年）六月，在归化城城东北2.5公里处，建成驻防军镇绥远城。乾隆六年（1741年），清廷在呼和浩特设置由山西管辖的正四品"山西总理旗民蒙古事务分巡归绥兵备道兼管归化城等处税驿"的归绥道，掌管口外各厅蒙古民人（民、民人指汉族人）词讼、会审旗民命盗案件，征收钱粮田赋等事务。

乾隆年间，清廷又放垦土默特部境内大青山十五道沟官地、八旗马场地，以代买米粮地、鳏寡孤独地、穷苦蒙古地为名又放垦大量土地。随着时间推移，进入土默特地区的山西汉族，逐渐由春天来耕种土地，秋天收割完庄稼返回的"跑青牛俱""雁行"，发展为携带家眷定居的客民。到清嘉庆二十五年（1820年），归绥道五厅租地居住的汉族人口已达到12万多人。1884年（光绪十年），这些客民经山西巡抚张之洞向清廷奏请同意，在土默特地区正式落籍。在山西汉民逐渐进入土默川地区过程中，土默特部蒙古族人则由于清朝时土默特部蒙古族男子18至60

岁除残废、喇嘛外都为兵丁，春秋训练，随时应召从征、当差，自己不能耕种地。把土地"招垦收租、以租自养"租给汉族开垦耕种。但是，由于年长日久，渐渐地，后代不清楚地亩，永久性租地不增地租，遇事向租地人借债无力偿还，将地典给租地人的情况占到十之七八，这种典地情况尽管清廷发现后严格禁止，但根本不能禁绝，土默特部蒙古族人开始逐渐缺吃少穿。云双羊就是在这种情况下出生的。

云双羊出生地古雁村，位于大青山脚下，全村可耕地较少，几户蒙古族都只有为数不多的土地，靠收取一些微薄的租金和在山里饲养牲畜艰难度日。云双羊的家庭也和当时很多土默特蒙古族人一样缺吃少穿，更谈不上上学读书。已到披甲年龄的云双羊，连清廷规定的披甲需自备的鞍马、武器也无钱置办。据和云双羊两个孙子一起在土默特第五小学（包头召小学）上过学的巴靖远先生回忆文章《蒙古族二人台老艺人——云双羊》一文记载："云双羊在青少年时代，常年过着艰苦的放牧生活，所接近的，多是牧场上的放羊娃、牧马人等同行乡友。他们在日常生活中惯于打口哨、说串话、喜诙谐、爱逗乐，滑稽风趣善于歌唱。在性格上也活泼好动，不受拘束，十分旷达。所以蒙汉人民都爱和他接近。""他唱起歌来，音调柔和，能随心所欲地变音调，一些蒙汉歌曲，经他一调和，夹带着滑稽演唱就觉得与众不同，另有一番风味，使人听了感到新鲜悦耳。"

据二人台艺人秦有年回忆，其师父杨润成（会唱蒙古曲儿和二人台，1952年还在呼和浩特演出）曾告诉他，老双羊自己曾说过："我唱的是谁的？是图勒木扣的"。据此分析，云双羊应是跟着会唱蒙古曲儿的图勒木扣学唱的蒙古曲儿。

其时的土默特地区，由于汉族的大量进入，人口已远远超过蒙古族，很多蒙汉杂居乡村的蒙古族逐渐学用汉语，生活习惯逐渐汉化。除语言和生活习惯外，山西移民地区乡村的民间社火、大秧歌剧也传入土默特乡村。山西的秧歌种类很多，晋北地区的人们把登台表演的秧歌叫做大秧歌，也称为"耍耍戏""耍玩艺儿""玩艺儿"。据《土默特史

料》第九集崔殿月先生的文章《民间戏曲的传入与形成》介绍，土默特
地区最早接受大秧歌剧，并在村子里形成"戏班子"的是现在土默特左
旗的白只户村。约在1793年（乾隆五十八年），白只户村的大秧歌戏班
子形成。形成后，又将这一剧种传到相距二三里路的火（应为窑）子湾
村。土默特左旗的白只户村，与云双羊的出生、青少年生活地古雁村，
现在同属于土默特左旗敕勒川镇。同治年间，距古雁村更近的今土默特
左旗敕勒川镇道试村也成立了大秧歌剧团。到云双羊出生时的1857年，
大秧歌剧已进入云双羊家乡50多年了。半个多世纪中，经过当地演员不
断改革和创新的大秧歌剧，演唱声调、道白已经和传入时的大秧歌剧完
全不同，成为了有着塞北特色的土默川大秧歌剧。这也可以说，云双羊
在青少年时期是看着大秧歌剧长大的，但《民间戏曲的传入与形成》文
中没有介绍传入的大秧歌剧是哪里的大秧歌。

　　山西称为大秧歌剧的秧歌有晋北繁峙、朔州、广灵三个大秧歌剧
种，这三种大秧歌最初都只演二三人的小戏，后为了能在酬神、喜庆节
日演出，都大量引入小型历史剧，从而占据了晋北广大乡村市场。这三
种大秧歌剧中，广灵大秧歌传播区为山西广灵、浑源及河北的阳原、蔚
县一带，没有资料记载在内蒙古传播。繁峙大秧歌传播区为忻州、应
县、代县、崞县（今原平县）一带，资料也记载其大秧歌剧在内蒙古中
南部传播。但是繁峙大秧歌剧形成于清道光年间，成熟于同治、光绪年
间，乾隆年间也不可能在呼和浩特地区传播。所以，1793年在呼和浩特
传播发展的大秧歌剧戏班就只能是朔州大秧歌剧了。大秧歌剧在土默特
地区的传播，也为日后云双羊发展新式"蒙古曲儿"奠定了一定的基
础。

　　随着汉族大规模进入土默特地区，蒙汉杂居共处，当地蒙古族民歌
也形成了新的娱乐演唱形式"蒙古曲儿"。"蒙古曲儿"也被称为"鞑
子曲儿"。初稿完成于1937年的《绥远通志稿》中记载："又有坐腔、
小唱二种。坐腔即清唱也。善此者多为山西梆子。小唱则歌小曲。本
地称为'蒙古曲儿'。实则歌词内容并无蒙古情事。"《绥远通志稿》

在介绍土默特地区社会家庭及儿童娱乐方面时记载："曩年有'蒙古曲儿'一种。以蒙古语编词。用普通乐器如三弦四弦笛子等合奏歌之。歌时用拍板及落子以为节奏。音调激扬。别具一种风格。迨后略仿其调易以汉词。而仍以'蒙古曲儿'名之。久而汉人凡用丝竹合歌小曲者。亦均称为'蒙古曲儿'。实则所歌者皆汉曲也。民国以后。虽不盛行。仍未尽绝。居民遇喜庆事、则延致之。以娱宾客。歌者多不以此为业。酬以酒馔而已。城内多为汉人。若内地票友。乡间多为蒙古人。间有取值者。亦极少数。蒙古曲二人歌者为多。其语句亦多设为问答之词。单歌者甚少。"

在介绍《歌谚谣》时《绥远通志稿》又记载："土默特旗在前清盛行所谓'蒙古曲儿'。其起源传为清咸、同间，太平天国起兵抗拒清廷，本旗两翼官兵，奉调从征。当时以战功显者颇不乏人。有兵士某远役南服，渴思故土，兼以怀念所爱，乃编成乌勒贡花（盖所爱者之名也）一曲。朝夕歌之以遣怀。于是同营兵士触动乡思，此唱彼和。遂风行一时。迨战后归来，斯曲流传愈广。或编他曲，词中亦加乌勒贡花。于是'蒙古曲儿'之名遍传各厅矣。今自省垣以西各县尚有歌者。无论何曲句中，每加入海梨儿花、乌勒英气花句。盖即乌勒贡花之演变也。遂统名之曰'蒙古曲儿'。城乡蒙汉，遇喜庆筵席，多有以此娱客者。惟近年以来，'蒙古曲儿'词猥亵鄙俚，官厅时加限制焉。又本旗有一种'蒙古曲儿'，名曰摩登。昔年蒙古人护送西藏活佛时所编者，皆纪念颂扬之词，词与前所述者大异其趣。然今已罕有歌者矣。"

根据《绥远通志稿》记载分析，早期土默特地区的"蒙古曲儿"，应为蒙古民歌和蒙古语即兴编唱的歌曲，后期随着土默特地区蒙古语使用越来越少，蒙古民歌失传。"蒙古曲儿"也从纯蒙古语演唱发展为用汉语演唱，但仍用"蒙古曲儿"原来的唱腔、乐器演唱，为类似于现在鄂尔多斯市准格尔旗、达拉特旗仍在流传的"漫瀚调（也叫蒙汉调）"歌曲。根据《绥远通志稿》的记载和巴靖远先生的回忆推测，年轻时的云双羊应该是一个唱"蒙古曲儿"的爱好者，他的青少年时期正是清朝同治年间，是"蒙古曲儿"刚产生用蒙古语演唱时期，这时出生的土默特部蒙古族，还都会说蒙古语。云双羊对演唱"蒙古曲儿"的乐器枚、四胡、三弦、四块瓦也样样精通，其演唱"蒙古曲儿"的师父图勒木扣则应是第一代唱"蒙古曲儿"的爱好者。

云双羊出生时的土默特地区，清朝政府还不允许蒙古族有汉姓，"双羊"一直是云双羊从小到民国初年的名字，在开始组班演出后，随着名气增加，人们把他广泛地称为"老双羊"。进入民国后，他以自己的蒙古姓氏或亲戚们的蒙古姓氏"永谢布"的首字音，取"云"为姓。此后，被称为"云双羊"。但人们日常还是叫他"老双羊"。

1877年，云双羊20岁时，正是清朝以山西为主的饥荒年"丁戊奇荒"年的丁丑年，这场饥荒从1875年开始到1878年，华北地区几乎都遭遇了旱灾、蝗灾，农作物大部分绝收，1000多万人饿死，2000多万人逃荒到外地。土默特地区也一样遭到奇荒。《土默特志》记载："1877年（光绪三年），口外各厅大饥，萨、托、和、清尤甚。春夏复亢旱，秋苗未能播种，各厅开仓放赈，饥民日多，仓谷不敷，饥殍遍野。蒙旗亦大饥。1878年（光绪四年），口外各厅又遭荒旱，斗米价自100文涨到2000文。各地卖妇孺者成市，运粮车常被灾民抢夺。行人屡遭抢劫，甚至被用麻绳勒死（俗称套白狼）。"由于土地绝收，收不回出租地的粮食，云双羊于这年来到土默特右翼旗的六甲一佐协盛永窑子村当雇工，协盛永窑子位于现包头市东河区大青山莲花山西的山脚下，莲花山山峰奇秀、宛如莲瓣，被称为莲花山。莲花山的山腰台地上，建有呼和浩特八小召之一的喇嘛洞召属召沙尔沁召，沙尔沁召分为明朝建的旧召和清康熙年间建的新召，是土默特西部地区藏传佛教寺庙规模仅次于五当召的寺庙。沙尔沁召得名于莲花山脚下的沙尔沁村，沙尔沁村靠近清朝早期的黄河渡口，是清朝驿站和土默特右翼六甲一佐衙门所在地，清咸丰年间就有铁匠铺、木匠铺、粮杂店等店铺，到光绪年间有粮食杂货店、绸缎布料店、印染店、六陈行、杂货店、当铺等十几个商铺，是清末时土默特地区西部最大的村庄。协盛永窑子的"协盛永"，为山西平鲁人赵维德弟兄五人开的经营粮食杂货兼营农牧产品的商铺名，协盛永窑子即是因他们商号的生产、加工作坊、收购的牲畜都放养在此处（店铺在沙尔沁）而得名。云双羊迁到协盛永窑子村时，该村分为东窑子村（今阿都赖村）和西窑子村（今永富村），东窑子村就在莲花山西的山脚下，清末该村居民全部是蒙古族，1931年有蒙古族人口100多人，当时同情、支持革命并参加共产党工作的恒生即该村人。西窑子村距离东窑子村约半里多路，清末时该村居民全部是汉族。云双羊迁到协盛永窑子村时，先住在东窑子村，组班演唱后因演唱人员都住西窑子村，于是又迁到西窑子村居住。清末民国时期的协盛永窑子东、西窑子村，都十分贫穷，能够耕种的土地很少，当地流传有"穷窑子、饿海岱，灰土合气、沙巴拉盖"的俗语。穷窑子指的就是协盛永窑子村。根据该村的情况，云双羊迁到协盛永窑子村应是给协盛永商号当雇工。

距协盛永窑子村不远即为包头镇（今包头市），包头镇与协盛永窑子同为土默特右翼六甲一佐。包头镇这时已有祁县和太谷县人组成的祁太社，在祁太秧歌剧中，还有著名的《上包头》秧歌剧。《绥远通志稿》在介绍这一带汉族居民时记载："萨县（指萨拉齐县，协盛永窑子当时在此范围）城乡语言较劲直，原籍亦以忻州、定襄为主，晋之中部，如祁县、寿阳等处者，亦有之。"光绪年间，祁县、太谷县的秧歌剧已随着本地商人四处演出，在此期间，也应有祁县、太谷县的秧歌剧艺人来商铺较多的沙尔沁村演出，或有搬到这一带居住的祁县、太谷人组班演出祁县、太谷秧歌剧。云双羊也应在做雇工时接触了祁县、太谷县的秧歌剧。作为商铺雇工的云双羊，在日常的雇工工作中，也应经常到当时的商品集散地祁县、太谷县送货、拉货，看到过祁县、太谷县的大秧歌剧。

这个时期，在做雇工的同时，云双羊仍经常为东窑子村的蒙古族办喜筵助兴演唱"蒙古曲儿"，并根据村里一般的喜筵都有汉族参加的情况，在蒙古语歌曲中掺入汉语，在汉语歌曲中掺入蒙古语演唱，使人们感到新鲜活泼，被人们称为"风搅雪"。从1877年到协盛永窑子当雇工后，云双羊就一直居住在协盛永窑子村，靠做雇工过着艰辛的生活。冬闲时，云双羊教会了协盛永窑子西窑子村汉族青年张润月等人演唱"蒙古曲儿"及唱"蒙古曲儿"的演奏乐器，一有时间就聚在一起娱乐。

1885年，云双羊29岁时，其长子特孟达赖已经出生。为了让儿子长大后摆脱吃苦受穷受气的境地，云双羊决定培养儿子读书识字改变命运。但是，长年给人做雇工除了刚好吃饱，也没有多少余钱。于是，云双羊想出了演出"蒙古曲儿"赚钱的想法。这年冬天，云双羊和张润月等几个经常演唱"蒙古曲儿"的年轻人，一改以往的坐着演唱，采用站着演唱，并加入一些简单表演动作演唱"蒙古曲儿"，用蒙汉语混唱唱"蒙古曲儿"。

1886年正月，在协盛永窑子的闹元宵红火中，云双羊等人在看红火的乡亲们面前表演了他们一冬排练的节目，尽管初次在大众面前演出，几个人还有些难为情，但原生态接地气的一字多音、跌宕起伏、持续、跳荡、婉转悠扬的的曲调、唱词，用汉语演唱"蒙古曲儿"和蒙汉语混唱"蒙古曲儿"，立即吸引了蒙汉族乡亲们，逗得人们驻足观看，不时喝彩。

元宵节的成功演出，也给云双羊几个人增添了信心。此后，他们开始赴各地赶庙会、走烟市、串码头、奔集市演出，并不断进行尝试，把土默川大秧歌用本地语演出的表演形式；把山西祁太秧歌剧中的小曲、杂说（即二人台中的呱嘴）、戏曲、歌舞小戏内容和表演方法。用演唱"蒙古曲儿"用的蒙古四胡、枚伴奏，用演唱"蒙古曲儿"的唱腔排演新式节目。在演出时，还加入本地串话、顺口溜、歇后语。把秧歌剧中的曲子、蒙古民歌、蒙古曲儿曲子放在演出前演奏招揽观众，进而形成牌子曲，把秧歌剧中的霸王鞭、折扇、手帕、笤帚也吸收到演出中。演出多人戏时，因演员少来不及换装，就把帽子、头巾、胡子更换一下，来表示角色的变换，这种戏被群众称之为"抹帽子戏"。他们还学习祁太秧歌戏的戏曲戏和歌舞戏，发展出自己的"硬码戏（唱功戏）"和"带鞭戏（歌舞戏，又称火爆曲子戏）"。并不断移植新剧目，他们从祁太秧歌剧中引进的《走西口》至今仍为二人台演出的主要剧目。观众们把他们唱生、丑的称为"滚边的"，唱旦角的称为"抹粉的"。随着演出的成功，新人的加入，云双羊又把演唱"蒙古曲儿"的三弦、四块瓦也都加入到演出中来，并根据观众情况，以纯蒙古语演唱蒙古民歌和"蒙古曲儿"，或在蒙古语民歌、蒙古曲儿中加入汉语演唱，或在汉语演唱时加入蒙古语演唱，并把一些秧歌剧小戏翻译成蒙古语演唱。邢野先生主编的《中国二人台艺术通典》中介绍："据老艺人们讲《牧牛》《顶灯》《对花》《四大对》等二人台剧目都曾以蒙古语的形式演唱过。"这里举出的四个剧目都是云双羊经常演出的剧目，那么最早把这些剧目用蒙古语演唱的艺人也应是云双羊或是其师父图勒木扣。同时，云双羊还把祁太秧歌剧中平和的虚字衬词在剧目中改为高亢唱腔，用汉语、蒙古语或蒙汉语夹杂着演唱，使得剧目表演形式逐渐由简到繁，演唱的技巧也逐渐提高，受到人们喜欢，此后又加入扬琴演奏。土默川上的蒙汉乡亲们把他们演出的节目仍称为"蒙古曲儿"。因他们的演出有着秧歌剧的特色，人们也像称呼大秧歌剧一样称他们的演出团队为"玩艺儿""小班"。

1788年，天生一副好嗓子、爱唱民歌小曲的张根锁也到协盛永窑子村做雇工，看到云双羊的演出后，被云双羊的演出所折服，拜云双羊为师学唱旦角。张根锁长相清秀，平时注意观察各种类型妇女的举止言语，从生活中吸取素材提炼加工，妇女形象被他演得真切动人、妙趣横生。在唱腔上，他增强了抒情性和戏剧性，使节目表演艺术日趋成熟和完善，张根锁也逐渐被观众称为"万人迷"。

云双羊经常演出的蒙古语、汉语、风搅雪剧目有《海莲花》《阿拉奔花》《乌苓花》《四公主》《森吉德玛》《巴音察罕》《喇嘛苏》《三百六十只黄羊》《亲家翁相会》《走西口》《打金钱》《打秋千》《牧牛》《下山》《钉缸》《打后套》《打樱桃》《顶灯》《小寡妇上坟》等。因当时剧目少，为了拉长演出时间，云双羊也在一些剧目中大量加入内容，他演出的《走西口》能演出几个小时。云双羊的徒弟越明在回忆1919年云双羊到准格尔旗"赶烟市"，在演唱《下山》时，云双羊演唱的《下山》唱词有720句，唱了一个下午。而在现在的戏曲资料中，《下山》丑、旦唱词有的资料不到100句，有的资料200多句。据云双羊的孙媳云桂香1985年回忆，她18岁时（1925年），在后套亲眼见云双羊唱《打金钱》，舞"霸王鞭"。这时的云双羊已69虚岁，仍能灵活地表演歌舞戏。在演唱《顶灯》时，云双羊能头顶一盏油灯，进行趴卧翻滚表演，在各处演出时引起轰动。特别是用蒙汉歌曲互唱的"风搅雪"演唱，更是受到了蒙汉族群众的欢迎。它不仅促进了蒙汉人民语言的交流，更促进了蒙汉人民思想感情的交融，对二人台早期的语言、语调、声韵的发展，音乐、唱腔的发展，都起到了无可估量的积极作用。

随着演出的成功，这个"蒙古曲儿"班儿名气也越来越大，演出的剧目也不断地从山西秧歌剧、山西、陕北民歌中移植进来。远近不少人因喜欢和求生，不断有人向云双羊学艺，也有的土默川大秧歌艺人改唱蒙古曲儿。除培养了张润月、张根锁外，能从记载中看到经云双羊培养、指导过的艺人还有炳生子、板达子、何三旦、许云威、曹长有、云亮、越明、海水、聂金锁、孙恩、杨玉拉、奔颅旦等人。学成后，这些人中一部分人留下来随云双羊的班子演出，一部分在今呼和浩特、包头、鄂尔多斯、巴彦淖尔地区或组班或加入别的班子，大都成为名满一方的"蒙古曲儿"艺人。随着"蒙古曲儿"班儿越来越多，这一艺术逐渐传入山西、陕西北部地区。继张根锁成为出名旦角后，孙恩是云双羊培养的又一个优秀旦角。孙恩是蒙古族，云双羊培养孙恩，应是为了达到丑、旦角都能用蒙古语熟练地在蒙古族较多仍使用蒙古语的村庄演出。据云双羊徒弟越明回忆："孙恩扮相俊美大方，嗓音高亢甜润、唱功严谨，演出中扇子及舞蹈身段都很精到，能演剧目也多，他和云双羊的演出，深受观众喜爱，内行们也一致承认他唱功严谨，身手不凡。"

据和云双羊有亲戚关系的土默特右旗西老丈营子村蒙古族老艺人云贵回忆，在云双羊60多岁时，和他一起演出的艺人有吹枚的巴周（应为巴图）、打扬琴的雨生、拉四胡的喜奎；唱旦角的三子孙恩、万人迷张根锁、万人爱海水、包头石拐沟人奔颅旦等人。演出的地方有现在的呼和浩特市、包头市、巴彦淖尔市，鄂尔多斯市的准格尔旗、达拉特旗，乌兰察布市四子王旗。因云双羊蒙汉语兼通、善唱"风搅雪"，所以更受蒙古族观众的欢迎。在云贵老艺人谈到他的侄儿、云双羊的徒弟云亮（演丑角，艺名亮亮）时回忆："早先二人台的丑角，大多以灰说六道、庸俗表演来攫取观众。而亮亮截然不同于众。他除认真继承云双羊的风趣、幽默等表演风格外，努力以舒展大方的身段表演和优美传情的唱腔来取悦观众，从而使人们耳目一新，深受称赞。"云双羊的徒弟，时年88岁的鄂尔多斯准格尔旗二人台老艺人越明，1986年回忆他于1915年向云双羊学艺时说："孙恩与双羊住在一起，终日排腔练调，琢磨艺事。……是云双羊在其艺术实践中，创造了化装演出形式，熔歌唱、表演于一炉，超越曲艺的范畴，向戏剧道路上发展。双羊所会曲目很多，尤其擅长'蒙古曲儿'，他能以蒙汉两种语言翻唱，所以在蒙汉杂居地区，极受欢迎，双羊的念白，均采用萨拉齐、准格尔的语音，听来韵味醇正、富有浓郁的地方特色。"1915年的云双羊，已59岁，组团演唱也已29年，这也说明，此时的云双羊，仍在不断完善其演唱的"蒙古曲儿"。在越明的回忆中，他学艺期间，给云双羊伴奏的艺人有鲁三、鲁四、满贵等，其中鲁三和满贵都视力不好，人们称他们为"瞎鲁三""瞎满贵"。此外，云双羊的亲戚云海宇也在云双羊的玩艺儿班中打过扬琴。

在巴靖远先生写的《蒙古族二人台老艺人——云双羊》一文中，还记载云双羊经常住在召庙中承揽演出生意的事，如现在土默特左旗的喇嘛洞召，土默特右旗的美岱召等处，都曾留下了云双羊的足迹。

据1914年出生，21岁参加二人台演出的吹枚艺人张挨宾回忆，二人台老前辈们曾跟他说过，唱二人台最早的女演员叫双凤子，她曾跟随老双羊，和云双羊在一个小班唱过戏。呼和浩特、包头地区最早看到女演员登台唱戏，是在1913年秋。这年秋天，大青山哈拉沁沟的洪水把绥远城四面包围。曾任民国总理，时任绥远城将军的张绍曾上北城墙磕头许愿水退后唱戏，水退去以后，他从北京请来"京梆子"演戏，呼和浩特的人们第一次看到女人唱戏。此后，在呼和浩特、包头地区演出的北路梆子中才开始有女演员。从云贵回忆云双羊60多岁时戏班中还没有女演员推测，云双羊小班出现女演员，应是1923年包头通火车，社会信息多了以后。这个双凤子也应是云双羊和张根锁或他们戏班中旦角孙恩、万人爱海水、奔颅旦的徒弟。

在云双羊演唱的剧目中，还有《水刮西包头》《打后套》两个以内蒙古西部地区发生的真实事件编成的小戏。《水刮西包头》是以1904年水刮包头城的悲惨事实编成。《打后套》是以1905年发生于今巴彦淖尔市的刘天佑造反的事实编成。当时，居住在河套的山东曹州人刘天佑因不满其主人拜把子兄弟陈四被河套开渠恶霸王同春派人杀害，官府处理不公，领人造反。传说，这个戏由参与刘天佑造反的结拜老六阿斯楞和演唱"蒙古曲儿"的艺人编成。这个时期，演唱"蒙古曲儿"的艺人还不多，《水刮西包头》由云双羊和他的戏班编创的可能性较大。《打后套》由云双羊戏班编创或和阿斯楞一起编创修改完善演出的可能性也较大。

云双羊和他的"蒙古曲儿"戏班当时的演出，是一种没有戏价、没有舞台、不售票的"打土摊"演出方式，演出结束后，观众给什么要什么，有给钱的，有给粮的，也有给食物的，过的是一种半卖艺、半乞讨的生活，社会地位十分低下，生活极其艰难凄惨。因此，他的戏班又被人们称为"打地摊的""打土摊的"。因当时人们给的粮食以莜面为主，又被称为"挖莜面的"。如果风调雨顺年景好，戏班也能有不错收入，相比于长年给人当雇工要好了很多。由于演唱"蒙古曲儿"班子的增多，一些艺人为了迎合一部分人的低级趣味，也把很多祁太秧歌剧中不健康的剧目引进演唱，也使"蒙古曲儿"在清末、民初都曾被禁止演出，但因众多艺人不演唱这类内容深受基层劳动人民欢迎而得以在广大乡村继续存在。

云双羊组班后，他的次子云海寿出生。云海寿长大后，云双羊让他也和长子特孟达赖一样读书。特孟达赖因幼年生病一条腿残疾，成年后终生以教书为业，被人们称为"拐先生"。特孟达赖从小就学会打扬琴、拉四胡、吹枚，他生有一子，名叫萨计，也从小读书并能演奏二人台乐器。云双羊次子云海寿（小名二子）先在村里上私塾，后在包头、呼和浩特上学，也精通二人台的乐器。1925年春，中共北方区委派李裕智同志到包头组建党的工作委员会，并担任中国共产党包头工作委员会书记。云海寿和续娶的妻子（察哈尔蒙古族）和侄子萨计也参加了革命工作。1926年6月，内蒙古人民革命军成立，云海寿夫妇和萨计都加入了内蒙古人民革命军。1926年10月，云海寿夫妇二人同时在今鄂尔多斯市达拉特旗牺牲。1927年10月，李裕智在鄂尔多斯被叛徒白云梯杀害。随李裕智在内蒙古人民革命军中的萨计当时正在生病，闻讯后连夜带病返回家中。丧子丧媳之痛和看到长孙也东躲西藏，很快压垮了云双羊，1928年，云双羊在协盛永西窑子村家中去世。

云双羊去世后，"打玩艺儿"的艺人们为了糊口仍旧四处奔波演出，演出技艺也不断提高。民国初，在今内蒙古乌兰察布市和河北北部一带又产生了与呼和浩特、包头等中西部地区"打玩意儿"艺术风格、语言特点、音乐唱腔、表演方面大体相同，又有差异的"打玩艺儿"班子。

1930年左右，山西中路梆子也即晋剧开始在呼和浩特、包头市广大农村兴盛，有着小型北路梆子特点的土默川大秧歌剧逐渐退出舞台。1937年，今呼和浩特市土默特左旗善友板升村女子周文义进入"打玩艺儿"班参加演出，成为有明确记载的二人台戏班的第一位女演员。

日伪蒙疆政府时期，由于一些艺人演出的"蒙古曲儿"演出带有色情因素，因此被伪蒙疆政府认为有伤风化有辱蒙古而被禁演，也不再被称为"蒙古曲儿"。加之当时呼和浩特、包头地区广大农村白天受特务汉奸敲诈勒索，夜晚被国民党游杂部队抢掠洗劫，农民生产遭受破坏，生活陷入饥寒交迫境地，也无法组织演唱，多数演出小班纷纷解散，个别小班转到日伪蒙疆政府未占领的今巴彦淖尔市、鄂尔多斯市地区演出。个别仍在呼和浩特、包头地区坚持演出的"蒙古曲儿"戏班开始被称为"二人班""二人台"。在伪蒙疆政府于1941年编写的《萨拉齐县志》中，把这种二人表演的小戏称为"秧歌"。书中记载："本地村落除演野台戏（指梆子戏）外，尚有秧歌一种，似与江淮间花鼓戏异曲同工，淫词浪语，引吭高歌，通俗传情，诱人颠笑。如表随园诗话中所载赵飞鸾（应为燕）闺怨诗句云：'俗子不知人病懒，挨肩故意唱秧歌'是也。相见早年秧歌流行之实证。乡氓村妇嗜听成迷，农作丰收，藉名敛（同敛字）唱，甚或不分昼夜，连台弗辍，桑间濮上，难免趣闻。近年以来，地方有思虑伤风化并肇事端，曾经严令禁止演唱，卫郑余音，将成绝响，亦乡村娱乐中之怪象也。存以纪实，垂为殷鉴。"1941年的土默川大秧歌已经停演，而且土默川大秧歌所演出的剧目以小型历史剧为主，并无"淫词浪语"，那么，这个"秧歌"指的就是"蒙古曲儿"。因认为"蒙古曲儿"有辱伪蒙疆政府，而被伪蒙疆政府称为"秧歌"。

云双羊去世后，其长子特孟达赖继续想方设法支持云双羊次子云海寿的儿子赛音吉雅（汉名云文齐）读书。1930年赛音吉雅考入乌兰察布盟官费小学，1933年7月考入国立南京蒙藏学校，1936年毕业后任国立绥远蒙旗师范学校主任兼教员，1937年考到日本留学学习兽医。赛音吉雅除精通二人台乐器外，还精通很多乐器。他的同学回忆，赛音吉雅在日留学时，经常拉小提琴自娱自乐。1938年，从鄂尔多斯逃回后一直体弱多病未婚的云双羊长孙萨计病逝。1941年，赛音吉雅毕业回国，在伪蒙疆政府从事检疫、防疫等工作。1945年，赛音吉雅参加革命。1946年，云双羊长子特孟达赖在其教书的今包头市固阳县大榆树滩广业公司去世。1947年内蒙古自治政府成立后，赛音吉雅任锡盟副盟长。中华人民共和国成立后，赛音吉雅任内蒙古畜牧厅首任兽医局局长、畜牧厅副厅长等职，1966年病故。现在，赛音吉雅长女、90岁的云兰英（乌楞陶格啃）仍生活在昔日的协盛永窑子东窑子村（今阿都赖村），其他5子1女均已退休，生活在呼和浩特市。

　　1949年中华人民共和国成立时，这个由"蒙古曲儿"、秧歌剧发展形成的小戏已传承到第三代艺人，传播区全体艺人翻身解放。1951年4月，绥远省在归绥市举办第二期艺人学习会，时任绥远省副主席的杨植霖到会作了题为《二人台翻身》的讲话。从此，这种中华人民共和国成立前被称为"蒙古曲儿""玩艺儿""打地摊的""挖莜面的""秧歌""小班""二人班""二人台"的戏曲艺术正式称为二人台。后以呼和浩特为界，区分为西路二人台和东路二人台。归绥市（1954年改为呼和浩特市）、包头市党和政府从众多艺人中选拔部分精英成立专门剧团，艺人社会地位发生了翻天覆地的变化。同时，对剧团进行改制、改人、改戏，使有吸毒嗜好的艺人戒除毒瘾，对二人台剧目进行了整理、改编、审定。停演了一部分内容不健康剧目，从而使得这一戏曲艺术进入一个全新的发展阶段。1953年，二人台晋京参加全国民间音乐舞蹈汇演，代表着这一戏曲艺术被国家认可。随后，二人台在演出剧目、音乐、服装表演形式上也不断创新发展，演出人数也从过去的一旦一丑向多人剧、大型歌舞剧方向发展。1982年，包头市民间歌剧团在二人台的基础上，吸收其他剧种的优点，创排出新的地方戏剧漫瀚剧。

　　1984年，能用蒙古语演唱二人台剧目的第三代汉族二人台艺术家计子玉去世后，蒙古语二人台已无人演唱。蒙汉语混合演唱"风搅雪"也几近失传。蒙古语民歌《四公主》《巴音杭盖》《森吉德玛》《巴音察罕》《那布扎鲁》《大青马》《三百六十只黄羊》《喇嘛苏》《沙龙格包》《古鲁班巴》《敏金杭盖》等已不见于二人台舞台，歌词失传，仅音乐作为二人台传统牌子曲被保留并演奏。蒙古曲儿传统乐器枚、四胡、由三弦变成的洋琴仍作为二人台主要乐器。旷达、高亢、悠长、节奏自由、豪放不羁，由土默特蒙古民歌演变而来的蒙古曲儿唱腔仍是剧目唱腔。一些由蒙古语演变而来的唱词和虚字衬词也仍保留在二人台唱腔中，如《挂红灯》《顶灯》中的"崩巴、一巴、崩巴崩，崩巴一巴崩；红花一花红，红花一花红花红"中的"崩巴"，是由蒙古语"奔布勒"音转而来，是乖、心肝儿的意思；"红花"是由蒙古语"红胡勒"音转而来，意为情人、爱人。《十对花》等剧中的"赛呀赛嘚赛，呀、嘚、呀嘚、赛嘚儿赛"的"赛"是蒙古语"好"的意思。而"呀""嘚""嘚儿"则是原存在于祁县太谷秧歌剧中的虚字衬词。是蒙汉"风搅雪"遗留。由云双羊表演把蒙古语编入二人台呱嘴的《亲家翁相会》在舞台上现在已看不到表演，但在民间仍广为流传，最为人知的两段为：

　　玛奈（蒙古语"我"的意思）到了塔奈（蒙古语"您"的意思）家，
　　黄油酪丹奶子茶。
　　正赶塔奈经会"巴雅尔（蒙古语'喜庆'的意思）"啦。
　　玛奈的幸运多好啊！
　　中午的饭更排场，
　　玛奈坐在首席上，
　　塔奈敬酒我紧唱，
　　你看玛奈多喜色！
　　塔奈到了玛奈家，
　　正遇玛奈不在家，
　　进门碰上锁圪达，
　　对不起你冷淡了！
　　瞎眼的"脑亥（蒙古语'狗'的意思）"还咬塔奈，
　　塔奈急忙掏出大烟袋，
　　狠狠打了它"讨劳盖（蒙古语'头'的意思）"，
　　没好款待怨玛奈。

　　在祁太秧歌剧中，唱见闻、数典故、叙景致也是一大特色。云双羊在演唱《走西口》时，编入了男主角太春到土默川的见闻，看到的景致和路途发生的事情，使得《走西口》更具塞外生活气息和地方特色，深受广大人民的喜爱。在见闻中，他把太春进入土默川沿途经过的蒙古语村庄按经过顺序用呱嘴表演，受到观众喜爱，内容为：

> 从家出口外，
>
> 来到妥城（托县）北阁外；
>
> 哈拉板升来得快，
>
> 走五申，过山盖，
>
> 祝拉庆、公布、到大岱。
>
> 口肯板升挨杭盖，
>
> 勾子板升、兵州亥，
>
> 一程赶到归化城的北门外。

在对土默川景致描述中，云双羊借太春的口对土默川当时农牧业发达的繁荣景象用串话进行了表达：

> 进了土默川，不愁吃和穿，
>
> 乌拉（蒙古语"山"的意思）高，岗勒（蒙古语"河"的意思）湾，
>
> 海海漫漫的米粮川。
>
> 牛羊肥，庄稼宽，
>
> 逃难人见了心喜欢。

云双羊在剧中叙说因路途生疏，迷失方向，遭遇艰难险阻，加入蒙古语的呱嘴表演还有：

> 走圐圙（指今土默特右旗萨拉齐镇），到纳泰（包头郊区地名），
>
> 迷失方向跑得快，

赶包头，绕石拐（包头郊区地名），

连夜返回"巴拉盖（包头郊区村名）"，

累得我真苦，没一点"阿木尔泰（蒙古语'安宁'的意思）"。

晚上住在"毛七赖（包头郊区村名）"，

又碰见两个"忽拉盖（蒙古语'土匪、贼盗'的意思）"，

偷了钱，受了害，

临走还拿了我一支旱烟袋。

你说我的运气赖不赖？

云双羊描述太春进入草原，草原牧民不懂汉语，蒙汉双方指手画脚对话、见闻、叙事的呱嘴还有：

一走走到六湖湾，

碰见两个鞑老板（鞑老板指蒙古族老妇女），

她们说话我不懂，

只好比画问平安。

有水请你给一碗，

我要解渴把路赶。

"塔奈勿圪（'勿圪'是蒙古语'话'的意思）免德贵（蒙古语'不知道'的意思），"

忽尔登雅步（"忽尔登雅布"为蒙古语"快走"）指向西。

手指口渴嗓子干，

她却给了一碗酸酪丹。

这些演出内容，由于时代的发展变化，现已不见于二人台剧中。

2006年，二人台被列为国家级非物质文化遗产项目。目前，二人台演出覆盖内蒙古、山西、陕西、河北、甘肃、宁夏90多个旗县，1500多万人。成为内蒙古自治区主要地方戏曲。

（注：本文的写作得到云双羊曾长孙女云兰英、曾四孙呼和、云兰英之子任伟斌，包头市东河区阿都赖村（原协盛永东窑子村）党支部书记德力格尔，永富村（原协盛永西窑子村）村委委员张立栋，包头市东河区文创协会副主席寇文庆的热情帮助；参考了姜华、巴靖远、特尼哥、力工等先生有关二人台和云双羊方面的回忆文章。呼和浩特市民间歌舞剧团团长段八旺、内蒙古二人台艺术团团长武利平为本文提出了宝贵意见，特此致谢！）

1934年文化名人在青城

贾　勋

　　这里所说的文化名人，是指20世纪30年代初期，那些因为考察西北需要而浮寄青城的文化名人。

　　从有关资料中得知，1934年初夏来归绥作学术性考察的就有刘半农、白涤洲和萧乾三位先生。其中刘半农先生，是位极具个性与胆识的现代诗人与杂文家，也是留学英国的一位语言学家。他的家乡在江苏江阴，那里是明代著名的大旅行家徐霞客的家乡。笔者也曾有幸造访江阴并瞻拜于徐公像下，对其千古绝唱的《徐霞客游记》赞叹不已。刘半农先生曾任北京大学教授，是五四新文化运动和文学革命的一员战将，他的《扬鞭集》《瓦釜集》颇负盛名；他的《半农杂文》，读来"清淡时有如微云淡月，浓重时有如狂风急雨"，而在《新青年》上发表的《奉答王敬轩先生》一文，更是名噪文坛，被人们称作中国幽默的开山

　　★贾勋：1938年生于呼和浩特，先后就读于内蒙古师大文学研究班、中央戏剧学院戏剧创作研究班。系中国作家协会、中国戏剧家协会会员。主要作品有：诗集《敕勒草》《天似穹庐》，剧作（与人合作）《塞上昭君》《三娘子》。该文选自文化散文集《青城风物过眼录》。

祖。令人痛惜的是，这位当时年仅44岁的著名作家、学者，在百灵庙之行时，竟染上了伤寒病。而在此之后，当他为中山学院（故址在呼和浩特市第八中学）师生演讲时，人们发现有一只虱子在他的脖子上爬来爬去。据说虱子是传染回归热的媒介。由是，在他由归绥返北京（当时叫北平）后，仅数十日便溘然而逝。查阅当时的《绥远日报》副刊，曾有报道称，先生在百灵庙村舍居住时，把自己的行军床设置在地中央，还幽默地说这是"停枢中堂"，没想到竟成谶语。

近从名家百味文库中读到了先生的部分华章，其中一篇精短的抒情游记引起我阅读的兴趣。这里略摘几句，以与读者共欣赏："次到九溪十八涧，人在碎石细流中行，山树野花，莫不各怀幽趣，又正值采茶时节，每有小姑老叟，携篮工作，怡然有世外桃源之乐。而杜鹃方盛开，时见绝壁之下，嫣红一簇，于苍古中参以鲜媚，诚绝妙天然图画也。"

半农先生去世后，北京大学为其举行了追悼会。送挽联的著名人物有胡适、钱玄同、周作人等，其中胡适先生送的挽联，是对半农先生一生所作的准确历史评价："守常（李大钊）惨死，独秀幽囚，新青年旧伙，如今又弱一个；拼命精神，打油风趣，老朋友当中，无人不念半农。"

先生谢世后不久，与他同行考察的白涤洲先生也相随而去。这都给当时的青城学子留下了深深的遗憾。只有尚在燕京大学读书的萧乾先生返京后很快写出了他的《平绥琐记》，其中，也有对半农先生的追怀文字。需要追述一笔的是，萧乾先生是一位卓有成就的蒙古族作家，他是二战期间在欧洲战场上出现的唯一中国新闻记者，也是一位有自己独特艺术追求的翻译家，其代表作《尤利西斯》（此书合译者是其夫人文洁若）问世后，曾引起读者的热烈反响。20世纪60年代，萧乾先生应邀又作塞上行，并撰写了令人感荡于怀的纪实性长文。在《浪迹人生——萧乾传》的序言中，冰心先生这样评价萧乾先生："我深深地知道他，他是个多才多艺的人，在文学创作上，他是个多面手，他既会创作，又会翻译，又会评论，又会报道……像他这样的，什么都来一手的作家，在现代中国文坛上，是罕见的。"

就在以上三位先生离绥不久，又一个以冰心先生为首的燕京大学"平绥沿线旅行团"来到了青城。在他们一行七人中，还有冰心的丈夫吴文藻先生、著名作家与学者郑振铎、顾颉刚、容庚、陈其田、赵澄诸先生及雷洁琼先生。

近日翻阅冰心先生《平绥沿线旅行记》的序言时，读到了这样两段话，即"我们旅行的目的，大约是注意平绥沿线的风景、古迹、美建、风俗、宗教以及经济、物产种种的情况，作几篇简单的报告"，"平绥铁路的沿途风景如八达岭之雄伟，洋河之迂回，大青山之险峻；古迹如大同之古寺，云冈之石窟，绥远之召庙，各有其美，各有其奇，各有其历史之价值。瞻拜之下，使人想起祖国庄严，一身幼稚之感，我们的先人惨淡经营于先，我们后人是应当如何珍重保守，并使之发扬光大！"

当旅行团下榻归绥市后，傅作义将军和他的部下，多次在绥远饭店、古丰轩以及私邸为他们设宴或茶叙，并安排了到公主府、怪园、各召庙参观的活动。其间，冰心先生饶有兴致地记下了游历的各种情形，比如在参观现已湮废近60年的崇福寺（俗称为小召）时，先生这样描述："在舍力图召东百余步，清康熙三十六年（1698年）所建，为康熙西征噶尔丹凯旋驻跸之地。殿前有碑亭二，上刻御制碑文，纪平准功绩，用汉满蒙藏四种文字记述。文曰：'……丙子冬，朕以征厄鲁特噶尔丹，师次归化城，于寺前驻跸，见其殿宇弘丽，法相壮严，命悬设宝幡，并以朕所御甲胄、弓矢，櫜鞬留置寺中'……读碑文，想见当年的弘丽，今已破损无可观。建筑略如舍力图召，为汉藏合璧。前堂西室内，挂有康熙之甲胄，以铁环编缀而成，甚沉重，已锈黑，并有铁盔。东室亦佛堂，梁间悬空遍雕《西游记》故事，人物小仅如指。寺门内小院有琉璃塔一。自此转入，有代用小学校一所，生徒数十人，正在诵读。读本悉系经书及《百家姓》等。壁间悬有作文成绩，大半是五七言诗。"

谈到小召，笔者再赘数语。数年前，我曾写过一篇《孤独的小召牌楼》，其中也发过一些世事沧桑的感慨。以小召而言，在清代初期这座寺院的住持曾受到清王朝的恩宠，成了青城各大寺院的"掌门"。抚今追昔，只有这小召牌楼遗构尚存，它那大鹏般造型和"普照慧光"的额书，依然在述说着自己身世的不凡与沧桑的美丽。在冰心先生的另一段日记中，我发现她对青城独具特色的清真菜颇有好感。她说："午由张宣泽先生约饭于旧城内之古丰轩……古丰轩系羊肉馆，开设已有二百年，烙饼大釜，云重八百余斤，因为之摄一影。"在笔者的记忆中，这里所指的古丰轩，应该是南古丰轩，因为原旧城北门外，西顺城街东口那座阁楼式古典建筑是先于南古丰轩的北古丰轩。

这南古丰轩，坐落于大南街皮裤档巷西侧，楼十分典雅，餐厅外的廊亭花圃幽静清馨，与其他饭店相比，好像大有"三杯淡酒邀明月，一曲清箫凌紫烟"的美好意境。青城的清真菜，在烹调风味上与伊斯兰京菜或许一脉相承。它与西北地区，特别是新疆、宁夏的清真菜不同——少了些炸、煮、烤（麻辣性的）口味浓重的饮食特色，多了些受山东菜影响的北京风味。据称该店当时的名菜就有清蒸羊、涮羊肉、煨牛肉、烤鸭、烧海参、烧鱿鱼等。

在同行的人员中，郑振铎先生无疑是一位才华横溢的作家。他在青城考察期间多以书简形式传递了他的见闻和感受。其中最有趣的是，关于他吊谒昭君墓所发的一番感慨。他说，出发前，原定同行的几位先生都骑马而去了，独留他在木轮轿车上，颠簸了好几个小时。可怜郑先生"双手紧握车窗或车门，不敢一刻疏忽……有时猛烈一撞，心胆俱裂，骨骸若散"。尽管如此，他还是忘情地登上了青冢，并仔细地辨析了墓上的碑文。还颇有见地地说："此冢耸于平原之上，势颇险峻，如果不是古代一个瞭望台，则也许是一个古墓。"不过"究竟有此富于诗意的古址，留人凭吊，也殊不恶"。

归途中，依旧在骡车上颠簸的郑振铎先生，还不改作家加学者的痴情，沿途搜索着残存的文物古迹，于是又惊喜地发现了横陈路边的"不少功德碑"和"两壁的壁画佳构及清代衣冠"的禧神庙。

　　行文至此，我还想对这个旅行团中的雷洁琼先生简介几句。在此行结束前，雷洁琼先生与冰心先生同赴百灵庙作最后一段社会考察。其间，她们留下一帧十分珍贵的照片，笔者在《冰心文集》与《中华儿女》等书刊上，都有幸见到过。在蒙古包门前，两位文化大家当风而立，神情怡然。谁能想到，这张照片距今已有80多年光景了。据悉，雷洁琼先生1905年出生于广东省广州市一个前清举人家庭，1931年获美国加州大学社会学硕士，后回国任教于燕京大学，于2011年106岁去世，在国际上，她被认为是所有参政的女性中年龄最长的，而且是集专家、学者和政务于一身的佼佼者。这里，我不想多引述雷洁琼先生的辉煌业绩了，只想来个"小插曲"，结束这篇短文。在一次访日活动中，当时90岁高龄的雷洁琼先生，在近4小时的空中飞行中，竟没有丝毫倦意，这一点当即引起人们的注意，当人们问及雷洁琼先生的饮食习惯时，她说："平时喜欢喝小米或玉米粥，中午常吃碗面条，晚上一般以米饭为主。我是广东人，喜欢粤菜，以清淡为主，很少吃大油大荤食物，从不喝酒。"

草原丝绸之路经行地

——毕克齐水磨村

任瑞新

气候宜人的故乡

水磨村位于毕克齐镇北面，隶属毕克齐镇，西面紧邻毕克齐果园，北面距喇嘛洞8公里，北临水磨沟，气候属于温带半干旱大陆性季风气候，平均气温6.3℃，年降水量400毫米，适宜种植葡萄、果树，盛产玉米、大葱、紫皮蒜、李子，交通方便，有"水果之乡"美称。

历史悠久

水磨村位于毕克齐东北的水磨沟沟口，水磨沟蒙古语名叫哈尔几谷，沟水即从武川流入的枪盘河水，是大青山十九条半沟里最大的一条沟，历来就是跨越大青山的交通要道，沟中出土过罗马金币，文物工作者考证得出过结论说这条沟是南北朝至隋唐时期草原丝绸之路的重要通

★ 任瑞新：笔名星空，蒙古族，1972年5月出生于土默特左旗，现就职于伊利集团质量管理部，内蒙古作家协会会员，中国诗歌报内蒙古工作室副主编。主要作品有：《土默特蒙古人之姓氏》《清朝等级"九品十八级"对土默特部的影响》等。

道。

1959年夏季，在呼和浩特以西土默特旗（今土默特左旗毕克旗镇）东北，大青山的水磨沟南口，修建红领巾水库时，掘得人骨架一具，伴随遗物中，曾发现东罗马金币一枚。经考证，金币为东罗马皇帝列奥一世时所铸，时代相当于我国的北魏文成帝至孝文帝初年。它是东罗马帝国君士坦丁大帝币制改革以后的金币，被称为"索里得"。当时的考古工作者据此发现，南北朝至唐时期的对外主要的陆路交通线"丝路"东延到北魏的都城平城。事隔20余年，在当年出土金币的同条山沟的北端，犹如人们预料的那样，又出土了一枚东罗马帝国的金币。两地点仅仅相距60余里，毕克齐水磨沟两次出土东罗马古金币，使草原丝绸之路的说法得到确立。

水磨沟水就是古人所讲的白道中溪，上游是枪盘河，中游是井尔沟，水磨沟的沟水从山中的水磨村出山，向南至南什轴东入大黑河，全程97公里，受益土地908平方千米，有土默川眼珠之称。《绥远通志稿》说："若上游暴涨，则可由他处分流，汇诸大、小东河，不至泛滥为患，适可供（毕克齐）镇东五里坡、十里坡二村淤地之用。故毕镇有水利而无水害，从未受洪水之灾。"

源于武川境内的抢盘河斗折蛇行蜿蜒南下，一路汇山泉，融涧水，纳细流，水量渐渐增大，进入群山拱卫的井儿沟后，翻着滚滚浪花直流进水磨沟。长达70多公里的水磨沟水量充沛，得益于其水利灌溉的是大青山南麓的土默川，这里从清朝雍正、乾隆年间开始，农民们就引水浇园。

水磨沟四季清水长流，每年夏秋之际洪水频频发生，当地人们把第一场洪水称之为"浇油"（因为第一场洪水携带大量的牛羊粪及沃土），引用洪水浇灌田地受益无穷。但由于无法控制水量，小洪水时，可进行引洪灌溉，而大洪水时，就会泛滥成灾，冲毁田地，破坏家园。水磨沟的水利、害皆而有之。

20世纪50年代末期，农业合作化全面实现之后，土默特旗旗委和旗政府除了继续巩固农业合作化成果外，集中力量大抓农业生产，积极推行农业"八字宪法"。当时，大搞水利的群众运动在全国各地兴起。中央制定的水利方针是"以蓄为主、小型为主、群众自办为主；边勘测设计、边备料、边施工"。在这种情况下，旗委、旗政府决定在水磨沟建一座水库。

1958年4月25日傍晚，时任土默特旗旗委书记闫兆麟带着有关人员，来到毕克齐镇水磨村支部书记陈秀亮家里。陈秀亮家便成了工程指挥部的"临时据点"，工程指挥部人员着手准备水库开工事宜，经过一番紧张工作和积极筹备，选定5月1日，水库破土动工，工程指挥部也随之迁到工地现场办公。

水库大坝经过多次勘探测绘及有关专家反复论证，决定建在距沟口800米处的最窄地段。随着工程的有序进行，工程指挥部从全旗抽调民工近万人。这样一个用工数百万个、投资数百万元的工程，在当时算是内蒙古中西部地区较大的水利工程了。该工程，除了一部分主要科技人员来自内蒙古水利厅所属的专业队伍外，其余为来自土默特旗（现在的土左旗）十大公社的农民义务劳动者——民工。当时的用工，完全打破了工程受益与不受益的界线，为了全旗的水利建设，为了建设社会主义，在全旗范围内统一抽调劳力是天经地义的事，受益区理所当然，义不容辞；非受益区的也乐意参与"共产主义大协作"，也视该劳动无上光荣。此外，部队的500名指战员也积极参与该劳动，体现了军民团结同心协作的光荣传统。

住在水库附近村里闲置房屋和搭建的简陋工棚内的民工们，劳动强度大，待遇低，生活艰苦，每个工日只补助1角钱，每天吃一顿白面，其余为高粱、玉米面，打份定量，有的还吃不饱肚子。工棚里地上铺些麦秸、干草之类的东西，下雨时漏水，被褥潮湿难以入睡。在这艰苦的条件下，他们仍然精神饱满，斗志昂扬，毫无怨言，从不懈怠，一个个不计报酬，忘我劳动。当时，人们为了尽快实现共产主义，人人以奉献为荣；人民公社制度在经济方面把社员和集体紧紧捆绑在一起，社员劳动完全由公社统一安排，指到哪里干到哪里，干活记工，记工分红，不劳动者什么也没有。大家都知道，建设水库，劳动虽然苦些，但是工分较高，兼有粮、款补贴，比在生产队劳动还优越些。

在水库建设中，还有数十名青壮年妇女，她们一个个不甘示弱，在劳动中和男社员们一样，挥锹抢镐，抬筐运土，士气高昂。她们和男人们并肩战斗，享受同工同酬，同劳同得，曾经受到工程指挥部的多次表彰。

水库从1958年5月1日开工，到1961年年底完工，历经两年多时间。水库建成期间，因全国少先队员捐款28万元，命名为红领巾水库。总库容1660立方米，受益面积1.3万亩。最为受益的毕克齐镇"园地"特多，水库工程由大坝、溢洪道、输水涵洞三部分组成。大坝高41.2米、长238米，坝顶宽5米，共用土沙石料101万立方米。大坝最外层用块石铺砌，在背水面的坝坡上用白色石头以蒙汉两种文字砌成"红领巾水库"字样。在天气晴朗的时候，在距大坝南侧7.5公里的呼包铁路上，凭窗北望，"红领巾水库"五字历历在目。

水磨村的著名人物

任秉钧（1904—1982年）蒙古族，土默特旗（今土默特左旗）毕克齐镇水磨牛群房村人。1915年，任秉钧入私塾读书，历时9年。1923年考入归绥中学，1929年考入北京大学政治系。

北大读书期间，任秉钧结识了来京活动的德穆楚克栋鲁普（即德王）。1932年，曾随同德王到南京活动，其间加入国民党。

1934年，任秉钧到百灵庙参加蒙古地方自治政务委员会（察绥蒙政会），被任命为财政委员会科长。1936年2月，云继先、朱实夫等率领"蒙政会"保安队官兵在百灵庙举行暴动，云、朱等与任秉钧联名通电，宣布脱离察绥"蒙政会"。任即到归绥市（呼和浩特）任绥蒙自治指导长官公署专员。

抗日战争初期，任秉钧随蒙旗保安队离绥赴陕北参加抗日。之后，相继任绥境蒙政会参事主任、教育处长，并兼任蒙旗宣慰使署政务处副处长。1943年，伊克昭盟发生枪杀蒙民的"三二六"惨案后，他四处奔走，揭露事件真相，要求惩办肇事者陈长捷。

抗日战争胜利后，任秉钧返回归绥；1946年，随土默特旗总管荣祥赴南京请愿，要求自治。在南京活动半年，未能如愿，遂留南京做联络工作。翌年9月，任秉钧任国民政府监察院监察委员。

1949年秋，任秉钧由广州返回归绥，参加了"九一九"和平起义。

建国后，任秉钧历任绥远省人民政府民族事务委员会委员、内蒙古自治区教育厅教育处副处长、内蒙古自治区人民政府参事室副主任、政协第四届内蒙古自治区委员会常委。1982年12月27日，任秉钧病逝，终年78岁。

朱存换（1953—1978年），汉族，土默特左旗水磨村人，曾经任水磨大队民兵营副营长。1978年2月，他带领大队民兵营进行实弹演习时，因一名女民兵不慎将拉断导火索的手榴弹掉在身边，他挺身而出，为保护女民兵而牺牲，牺牲时年仅25岁，同年10月，中共呼和浩特市委、呼和浩特市警备区发布命令，追认朱存换为烈士。

永远的记忆水磨村小学

逝去的毕克齐水磨小学座落在水磨村西，在果树、杏树的辉映下，分外美丽。水磨小学，历史悠久，是水磨村村民的启蒙学校，有多位教师在这里任教，直到学校取消。这里的老师淳朴、务实，虽然他们没有高学历，但是他们有一颗赤诚的心，他们教会学生做人的道理。他们为水磨村培养了很多人才，遍布全国各地。曾经在学校老师有：于虎虎、冯国祯、郭文、董老喜、李秀秀、云先先、李刚、张红九、刘辨辨、李喜梅、王芝梅、张玉刚、张秀兰、根亮、任国安、杨来玉、吕老女、张汉斌、张毅、贺威等。

扬名在外　品牌乏力

水磨的大葱，享誉土默川，每家每户要是不存储点水磨大葱就似生活中缺了一种味道。水磨大葱不像山东大葱那样彪悍威猛，有一股甜丝丝的味道，它就好似刚成熟的少女，妩媚、妖娆。长得很细，叶子翠绿透明，葱白婀娜多姿，脆脆的、辣辣的，就如同那辣妹子勾人的魂，沁人的脾。它虽有一股浓郁的气息，但性情温和，就如同土默特人的性情，像葱之清白，如葱之耿直、秀气、味美，更如葱之营养丰富。《本草纲目》还把它称为和事草。

自从2008年毕克齐大葱成为奥运会专供产品之后，可以说奥运会给毕克齐带来了机遇，农民也得到了实惠。以前毕克齐镇传统种植的大葱不但葱苗细、产量低，而且不易储存。农民看到每到冬储菜时市民都在选购山东大葱，但山东大葱美中不足的是辣味不足，这让喜欢吃辣葱的呼市人得不到满意。于是大家看到了商机，对传统大葱进行了改良，与山东大葱进行杂交，经过杂交后的大葱，葱白又长又粗，除保留北方人喜欢的辣味外，还稍稍有一点甜味，一经上市，便成为呼市市民冬储菜的首选。

水磨村是一个历史悠久的古村落，是丝绸古道经行地，古道从这里延续，同时，这里也是革命老区，当年大青山抗日游击队曾在这里战斗过，同水磨人民建立了深厚的鱼水之情。

乃莫齐召与周边的变迁

草原风

一

　　我是一位老呼市人，脑海中乃莫齐召与周边的事时不时浮现我眼前，而今虽不到耄耋之年却也跨过古稀之年。人常说人老爱回忆，因为失去的情景再也回不到现实，再也回不到眼前，这大概就是古往今来人间很多事物不能逆转的生活规律吧，因而回忆不论人与事，不言而喻大都变成走远了的历史。早年我家位于乃莫齐召南边，在通顺北街路东居住，距离乃莫齐召大约100多米，对于乃莫齐召这一带的情景我太熟悉了，我家在这里居住了几十年，无论我走到哪里，这里永远是我心魂所向的地方，回忆于我是一件快乐的事。

　　儿时刚有记忆，位于我家后面的乃莫齐召便是我眼中的大世界。当时座北向南的乃莫齐召和周围相邻的低矮土坯房相比，是相当的宏大并有人气，印入头脑涌入心底的还有那份不可言说的神圣感。随着斗转星移、日月轮回，我很快进入童年，这段时间，经常和年岁相仿的伙伴们到这里玩耍。只要不大声喧哗，住持、喇嘛们对我们还是比较和蔼友善，后来我们模糊中懂得了这里是清净之地。家里的大人也告知我们，

87

进入寺院不得大声吵闹，小伙伴们只要临近了寺院大门，就会互相提醒："小声点，小声点……"就连走路都蹑手蹑脚，生怕弄出响动来。寺院里有座白塔，我们三五成群常在白塔周围玩儿藏迷迷（捉迷藏），多年后我知道白塔是藏传佛教寺院里供奉或收藏佛经、佛骨、佛像、僧人遗体的建筑。在我们常去寺院玩耍的时间里，偶然看到喇嘛们在双手合十虔诚念经，小孩们自然是好奇心强，学着小声胡乱念叨一阵，然后，跑出去互相开心说笑一通。

寺院里的住持叫沙木腾金海，住在寺院前面的西南方，就是后来通顺北街路西的一处院子里，过去这条街叫民市北街。那时候我小，记得所有僧人最多也不过十几位，他们吃水和住在周边的居民用的是同一口井，这口井叫四眼井，顾名思义就是井底有四个泉眼。经常出来挑水的僧人，我们都能叫出他们的名字，后来随着年代渐行渐远逐渐遗忘。据老人们讲，这里的住持、喇嘛们多数都通医术，能给人们治病。周围的居民都十分敬重他们，对佛教十分虔诚。每逢过年，召庙里还要举行一种仪式，僧人们吹着长号，听起来震耳欲聋。另外一些人脸上像戏剧演员一样抹得花红柳绿，画成吓人的面孔，跳着类似摔跤舞的动作，但形式内容是一种驱邪逐魔的活动，记忆中叫做跳鬼。乃莫齐召里的住持沙木腾在1952年左右去世了。那年我小学快毕业了，记忆尤为深刻，在我脑海里，这是一件不小的事，当时记不清是学校组织，还是家长们自发，让我们一帮孩子排着队、举着幡，一直把这位住持送到扎达盖河西，今县府街南端的吉利小区和清水湾小区一带，进行了火化。

我上小学就在距离乃莫齐召不远处的五完小，即后来的乃莫齐召小学。那时孩子们到了上学年龄，都到就近的学校上学，丝毫没有择校风气。家长们大多数都不识字，对于文化教育观念淡漠，因而小孩们的成绩如何，并不重视。在家我是老大，上面没有姐姐哥哥，上课时偶尔不注意听讲，回到家有不会的文字和算数题，就非得走出去问邻居家稍大点儿的孩子，由于我平时学习认真、成绩优秀，经常得到班主任的口头表扬，期末考试先后得过奖品、奖状。乃莫齐召小学教过我的老师，校园里的一草一木，时至今日回想起来，仍然清晰如昨。

乃莫齐召在上世纪40年代末接近衰败，寺院里的喇嘛已没有几个了，最后的小喇嘛叫壮元子，中华人民共和国成立后政府把他安排在和平电影院工作。当乃莫齐召彻底"清静"，无人看管后，寺院中的佛殿、经堂、配殿、山门依然存在，小孩们更是肆无忌惮跑到大殿的平台上玩耍。那时的老人们也常告诫小孩儿们不得进入大殿胡闹，说那里面有看不见的神灵，如要侵犯了神灵，佛祖会惩罚他们，还会惩罚他们的家人。孩子们听后置若罔闻，这个耳朵进那个耳朵出，根本不理会老人们的警告，想咋玩儿还是咋玩儿。记得有好长一段时间，寺院里陆续搬进了些居民，都是些平民百姓，就这样寺院变成了大杂院。几乎整天充满了孩子们的嬉闹声。

乃莫齐召附近分布着好几所小学，有乃莫齐召小学，寺院东边的三官庙街小学，归绥市二十一完小，东尚义街小学，西北方向的杨家巷小学，这几所小学在呼市旧城比较集中，常有很多外校的学生们也来乃莫齐召玩耍，大家在一块儿斗蛐蛐、弹钢珠，殿里跑上跳下藏迷迷（捉迷藏）。没有了住持、喇嘛们的约束，乃莫齐召在很长时间里是我们小孩尽情玩耍的好场所。

从后来的文献史料了解到，乃莫齐召建于清康熙八年（1669年），由绰尔济达赖喇嘛所建，康熙三十四年（1695年）鄂木布·扎木苏活佛修缮了乃莫齐召，竣工后清廷赐名隆寿寺。乃莫齐召的建筑规模比较宏大，大经堂由前廊、经堂、佛殿三部分组成，另有配殿一应俱全。它在呼和浩特的"七大召，八小召，七十二个免名召"中位列前面，属七大召之一。乃莫齐，译成汉语，即医生、大夫的意思。乃莫齐召，汉语意为医生庙。相传，在很早以前，游僧达赖喇嘛来到塞北，他精通医术，给不少人治好了病，人们一传十十传百，后来传到了王府里，正好王爷的女儿病了，久治不愈，赶紧请来了达赖喇嘛，经过一段时间治疗，王爷女儿的病好了。王爷府为了答谢达赖喇嘛，给他金银珠宝他不要，给他绫罗绸缎他不要，给他牛羊马群他不要，最后达赖喇嘛看似推不过去，只好对王爷说出自己的心愿。为实现他的愿望，王爷出资修建了乃莫齐召。据说在清嘉庆十年（1805年），乃莫齐召被大火烧毁，后来在光绪年间又重新修建起来。

乃莫齐召这座有名的寺院里，曾经进驻过报社，在呼和浩特报业史上留下了痕迹。呼和浩特最早的报纸，创建于1913年，叫《归绥日报》，《归绥日报》由王定圻创办，1914年，该报停刊后。王定圻又在乃莫齐召创办《绥远一报》。王定圻是当时归绥地区的一位名人。他早年在呼和浩特读书，后来考入太原优级师范，学生时代参加革命，加入了同盟会。辛亥革命后委任他担任塞北关监督，他推了这个肥差，一心想办教育。回到了母校归绥中学，当了校长，并办起了报纸。不难看出，很早乃莫齐召就受到进步人士的影响，受其文化教育熏陶，在人们眼里丰富了这座寺院的"体魄"，也使它的灵魂更优雅虔诚，使它比别的寺院更加有内涵。可惜1915年王定圻因反对袁世凯称帝被杀害，报纸停刊。

二

留给我童年最为深刻的印象还是乃莫齐召没有废弃时的情景，在贫困落后的年代，生活条件极为艰苦，哪家的小孩也不少，孩子们没有好玩的地方，出门随便叫几个就是一群，相跟上走哪都成群结队，从来就没有寂寞的时候。到了夏季六七月，小伙伴们在街上捡一些人们吃完杏丢掉的杏核，把鼓肚的一面在石头上磨出一个小孔，吹着玩儿，这个自制小玩意儿叫抱抱，是我们很长一段时间愉悦心灵随身携带的小玩具。再就是弹滚珠，无论是钢铁的还是玻璃的，我们都十分珍惜，如果不慎丢失一颗，那可是要心疼几天，这是我们当时主要的玩具。我们大部分课外时间，就是招集伙伴们去乃莫齐召墙根儿下玩耍，或者进入寺院内的白塔下玩。进出的喇嘛对我们视而不见，不干涉我们在寺外寺内玩耍，前提当然是我们不得大声喊叫说话。到了吃饭的时间，常常是父母或者姊妹兄弟到寺院里叫我们吃饭，他们来到这里音量也会低下来，这种对宗教的敬畏感一直在我心中存留。当人们有了大病小灾，请不起大夫，去不起医院，首先想到的是去寺院祷告，求神拜佛，所以烧香磕头的事，小孩子们见多了，见怪不怪，习以为常了。有时会跟着大人一起进殿磕头。孩子们玩耍时因为一件小事或者不靠谱的事，为赌输赢，也会说要是我输了给你磕一头。

长到十来岁，我经常和弟弟们到四眼井挑水，从我家出门横过通顺北街路西不远就是井台，走到井边沿小心翼翼把斗子（柳条编的吊水的小桶）扔下去，用手把连着斗子的绳子来回摆动，水才能慢慢灌入斗子，然后弯腰使劲儿往上拽，吊上几斗子，等把水桶倒满，我们用一根粗木棍两人抬着回去。后来再大点儿，就打上两半桶水，我一人挑着回家。硕大的水缸，想装满水，要来回到井上挑几次。然而，令人意想不到的是，有一次，忽然大人们大惊失色道："快快，赶紧把水缸里的水舀的倒掉。"边说边赶忙拿盆舀着缸里的水往院外泼，我看到眼里那个可惜就别提了。正当我丈二和尚摸不着头脑时，邻居大婶提高嗓门嚷道："灰没头鬼，咋就跳井了？你说害得人们都得把水倒了……"我方才听出了倒水的缘由，原来是讨吃子（要饭的）病饿交加跳到井里自杀了。就这原因，人们很长时间不去这口井挑水吃了，寺院里的喇嘛们也不去挑水了。

在我的记忆深处，那时的讨吃子特别多，尤其中华人民共和国成立前活不下去的讨吃子有的就跳井，1949年中华人民共和国成立了，中国人民站起来了，穷人们的生活逐渐改变，生活在乃莫齐召周围的人们见到了光明，曾经生活不下去的讨吃子得到了社会的收容救助。慢慢有了压水井，人们再也不用去四眼井挑水了，讨吃子和四眼井消失在社会的发展中。

我家前面就是刻着穷人血泪史的人市，它位于呼和浩特市旧城通顺街十字路口交汇处。人市，顾名思义就是买卖人口的地方，被卖的人有小孩，有成年人，卖的标志就是后脖领口插一根草标，很多老呼市人都记忆深刻。在人吃人的旧社会，人们生活不下去，在万般无奈下走到人市，讨个活命。在那暗无天日的年代，这里不知发生过多少悲惨的故事，我所记得的那些卖妻、儿的，绝大多数都是由于穷得活不下去，饿得揭不开锅，拼死也挣不回养家糊口的钱来。给百姓造成这种深重苦难的根源，就是民国政府腐败无能，国家一直处在兵荒马乱的年代。记得上世纪70年代的语文课本里就有一篇文章，叙述的就是当年发生在人市上的真人真事，这篇文章的故事情节读来，令人百感交集。被卖出去的人，有一些中华人民共和国成立后事隔多年经多方打听，最后终于骨肉团聚。这样的事在当时比比皆是，人们谈论他们的遭遇，打心眼儿里为这些人不容易的团聚而欢欣。人市由于距离我家很近，我和伙伴们有事没事几乎天天去，缘由是这里整天人头攒动熙熙攘攘非常红火热闹。极具讽刺意味的是，这里卖吃食的比较集中，特别是熟食，有牛肉、马肉、羊肉、羊蹄、羊脖子、月饼、焙子等。这些吃食一般人家是吃不起的，我们每回在这里转一圈，只能饱饱眼福，实在是馋，但没钱买，口水不知咽下去多少回，想起来，这些熟食的香味儿仿佛直到现在还在我鼻腔萦绕。

1949年，在毛主席共产党领导下，全国人民得解放，劳苦大众翻身做主，人们欢天喜地迎来新社会，人市的血泪史消逝了。

紧邻我家后墙的依人巷，是我和小伙伴们天天路经玩耍之地。依人巷其实就是一人巷，顾名思义，走在那条巷如果对面来人，只能两人贴着身子过，不然就过不去。由于岁数小，浑身散发着小孩子的顽劣，从这条巷子过去后，非得再返回走几遭方才罢休。在我的成长中，曾反复琢磨过依人巷的巷名，它叫一人巷不是更好更贴切吗？成年后随着学识的增长，社会阅历的丰厚，我读到了依人巷的文化意味。依人巷确实比一人巷要优雅贴切。我曾多少次做梦都在依人巷玩耍，想必当年和我住在一块儿，一起玩耍过的小伙伴们，至今也会记得这条巷子。位于乃莫齐召东南方的依人巷东西走向，中途拐弯进入东尚义街，随着先后拆迁规划、翻盖重建、挪移改道，这条独特的小巷不知消逝在哪年哪月。曾经的太阳、月亮、星光仍旧光顾这片土地，但依人巷的身影再也不复存在，它留在了我们这代人的记忆里。

如今，曾居住在乃莫齐召周边的孩子们渐渐老去，记忆在一点一点消失。我偶然在茶馆碰到过去的老邻居，总少不了聊起几十年前我们的老住处和那些周边的人和事。位于乃莫齐召南跨过长胜街，就是豆腐坊前面的针织厂，针织厂规模也不小，女工不少，曾经多少年人来人往，很红火。我的邻居刘姨姨就在针织厂里上班，见到她的身影时，她总是匆匆忙忙，和惯熟人说不了几句话就走了。只记得在夏天的某一天，刘姨没去上班，领着她女儿红桃进入了乃莫齐召寺院，正好我们在寺院门前玩耍，看到她满面愁容，回去讲述给大人听，才知道红桃病了好几天，不得已刘姨请假在家，那天是去寺院为红桃祷告。由于忙，她很少有时间和邻居们串门聊天。还有民族乐器厂，乐器马头琴就出在这个厂，可是马头琴是什么样子，能演奏出什么样好听的声音来？二三十年后，我才了解了一些。再后来，这些厂便迁移、转型、倒闭，亦或重组，我对此知之甚少。

三

1966年，"文革"开始，乃莫齐召作为"四旧"，遭到了极为惨重的破坏，寺院里的白塔大概就在那时毁于一旦。一段时间内，寺院成为破除封建迷信的集聚点，那时大殿里面的东西遗失了不少，那些都是值得珍藏的有意义的东西。周边的人们，无论大人小孩自此更是很少进入寺院，连顽皮的孩子们也不怎么去那里面了。有时我偶然路过，闯入眼帘的不是断墙破壁，就是寺院大门紧闭，虽然还住着居民，但整个寺院一副破败相。目睹此情此景，让人好生难过。

"文革"后，沙木腾·金海的后人都被安排在了工厂里，他女儿曾在啤酒厂当书记，儿子在机床厂上班。他们的家就在乃莫齐召小学的位置，位于他家南边的是桥头街。

前几年在同学聚会上见到了曾经居住在乃莫齐召附近的几个小学同学，提起当年的生活，大家无不感慨过去的情景，争先恐后进入回忆的话题。曾有同学提到小时候在吉星里街后面居住，忽然唤醒了我的记忆。吉星里这条街在中华人民共和国成立前是妓女们住的地方，中华人民共和国成立后，妓女们解散，摆脱了被剥削压迫的苦难，都过上了自食其力的自由快乐生活。这些老街和周边的情景随着时光流逝，湮没隐退到我们的记忆更深处，但它始终在脑海里存在。同学们虽然步入老年，个个白发苍苍，但是，对于过去多年前的人和事大家都记忆犹新。

现在回想起来，乃莫齐召旧时像一座地标式的宏大建筑，因它的存在有了乃莫齐召小学，乃莫齐召站牌，原来紧邻乃莫齐召这条路叫西顺城街，由于右侧就是扎达盖河，十几年前这条路改名滨河路，河边修建了小公园，现在这一带绿树成荫，里面建有凉亭，是人们早晚休闲锻炼的好去处，晨曦落霞时，都能看到老人们在这里锻炼身体。这条路大约在上世纪80年代就通了环城车，乃莫齐召的站牌从那时起就有了，一直延续到现在。一开始这条路上跑的环城车是从北门公交公司发出的18路车，由乃莫齐召南下到西口子，再向西行途经食品公司、西化纤厂、黑风口至内蒙古生物制药厂终点站。大约前几年道路扩建，这条路换了车改了线，现在跑这条道路的环城车是73路，到了西口子十字路口向东行驶。乃莫齐召小学也在不知不觉中消失在时代发展与变迁的洪流中，我很怀念这所给我人生启蒙教育的母校。原乃莫齐召小学的前身是绥远省立第一小学，建校于1923年，初名绥远平民学校，是由绥远旅平学会在绥远地区演剧捐款建立的，1934年改称绥远省立第一小学，绥远沦陷后改名为厚和市乃莫齐召居仁小学。1945年日本投降后，恢复了原名省立第一小学，后改名为五完小，大约在"文革"后期改名为乃莫齐召小学。从1923年至2003年80年时间里，这所学校不知培育了多少花朵般的孩子，把几十届毕业生输往不同中学，他们怀着五彩斑斓的梦想毕业后走向各地，使他们变成对社会有用的人才，为社会做出自己应有的贡献。乃莫齐召小学在我人生路上留下了难以忘怀的影响。

四

乃莫齐召貌似坐南向北，其实入内，从整体布局和大殿看，仍然坐北向南，只是重新修建后从北开了寺院山门，这次修建不知为什么山门没有正对着大殿，高高的门楣上，"隆寿寺"几个醒目的字让人浮想联翩。乃莫齐召的起落沉浮都记载着不同年月不同时期的历史风向。我从二十几岁成家立业后，离开了乃莫齐召，搬到新城区居住，从此再也没有进过乃莫齐召。直到前些时日，我步入寺院。那一天天空晴朗、阳光明媚，来到寺院跟前我站定，寺院大门迎北，进入院内细观，北、东、西都是二层楼，院的中间是高大的殿堂，自然是寺院的建筑主体，坐北向南，外围北墙设有21个不大不小的转经筒，东西各有18个转经筒，正对大殿门前有大香炉。再往前边，并排放置着3个长条形状铁箱，透过中间镶嵌的玻璃，共有64盏长明灯。北边二层楼是内蒙古佛教协会的办公楼，内蒙古佛教协会于2007年从大召搬迁到了乃莫齐召，东边的二层楼是呼和浩特市佛教协会和佛教学校。西边是厨房、饭厅等生活场所。现在的住持是斯琴毕力格，目前僧人有30多名，学佛的学生有26人，老师3人。进入位于东边的楼里面，看到佛教学校分有汉语系、蒙古语系、藏语系，这些来自不同地区的学生们正在上课。

在这座有着几百年历史，历经风雨沧桑的寺院里，我放慢脚步转了一圈，感到气氛安静祥和，步入大殿不由得心潮起伏思绪万千。几十年前，我在这里玩耍，沙木腾·金海，还有经常挑水的那些大喇嘛小喇嘛们，似乎就要从我的脑海里跳将出来，一时间新旧乃莫齐召在我脑海里变幻交织。儿时的整个寺院，陈旧灰暗低矮，而今天寺院里的一切，都有了新气，有了光亮。

我绕到后廊，出门步入后大殿，正面一尊佛像，比经堂里的佛像高大，香台上供着满满的各种水果蛋糕吃食，一排酥油灯燃着黄红的火苗，紧靠左右两边放置着五彩缤纷的花束，和前面的经堂布置一样，但和我记忆中殿里的设置是大不一样了。过去我只记得佛像下面除了香炉，两三盏酥油灯，再就是几个陈旧的白面馍馍，整座殿堂由经堂、前廊、大殿三部分组成。现在虽然重新修建，整体寺院的面积好像南北缩短了，当年位于院中的白塔与山门和大殿有一定的距离，院子显的比较宽敞。

据寺院内图文展示，佛教学校以三种语言教学，拓宽了传扬佛教理念，把流传下来的佛学通过不同语言，在讲经传道的漫长教学路途中，更便于信教人群接受掌握这一门学科里的精神知识。我虽然不是佛教徒，但佛学的核心理念是慈悲向善，我们人类生活在这个多彩的世界，一切从善良出发，真正做到宗教顺应社会发展，服务于社会，这个世界就会变得更好。

已近正午，瞅一眼院里停放的两排汽车，不见有人发动，听不到马达声，院内十分安静，头顶上飞过几只麻雀，落到了大殿堂前面的树上，抬头望向天空，很蓝很蓝。然而，我满脑子小时候的事，如同过电影一幕接着一幕，父母、邻居、古老的房屋，所有那些我熟悉的人和事，一多半已不复存在，那些悲与喜、苦与乐只能一同留在我的记忆深处。人常说日有所思夜有所梦，亦或他（她）们偶尔在我的梦中出现，给我瞬间的惊喜。当我还沉浸在梦境的喜悦中时，一睁眼，这一切都倏然而去。出了山门，回望寺院略发朱红的外墙，不禁慨叹，如今的乃莫齐召犹如重获新生，慈悲行善是它心魂朝向的唯一归途，愿它的生命恒久长存。寺院山门正对着的是扎达盖河，我步行到县府街大桥，俯视清粼粼的河水一直向西南方缓缓流动。

（本文根据口述记录，在此感谢口述者，并对续老师、云老师提供相关资料表示感谢！）

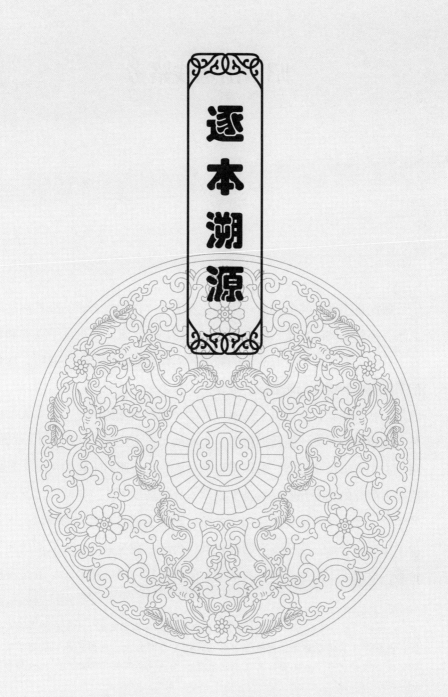

逐本溯源

昭君出塞线路考

刘　妙

　　西汉竟宁元年（公元前33年），发生了一件历史上影响极其深远的大事，那就是胡汉和亲，昭君出塞。昭君出塞，进一步巩固了汉朝和匈奴友好的关系。由于没有战争的烽火，人民安居乐业，牛马遍野，使长期不得安宁的西汉北部边疆，呈现出一派繁荣、祥和的景象。所以，昭君这位和平使者，获得世人的永久怀念。昭君出塞的历史，与今天的内蒙古地域密切相关，给我们留下了丰厚的历史文化遗产。昭君出塞的线路，由于史书没有记载，所以难以确认。今天，昭君出塞的历史，是民族关系研究的重大课题，而且受到学术界的高度关注。与昭君出塞相关的地区，逐渐开始从交通地理学的角度研究考证昭君出塞的线路。可是由于史书对于这一线路没有明确记载，所以，截至目前，专家们的相关论著，形成了不同的观点。我认为，昭君出塞，胡汉和亲，尽管是汉朝

　　★刘妙：男，呼和浩特日报社退休，现为呼和浩特市盛乐历史文化研究会名誉会长、内蒙古作家协会会员、内蒙古昭君文化研究会副会长、中国民族学会昭君文化研究分会常务理事。主要著作有《盛乐春秋》《细说拓跋鲜卑和盛乐》《诠释敕勒歌》。

和匈奴的官方行为，但是其娶亲也应和民间相似，迎娶时和回时走的应不是同一条道路路。迎娶时的道路应是秦直道。回时的道路我尝试考证线路应是：从长安出发至蒲反（今山西永济县黄河风陵渡过黄河），经山西北上到杀虎口（今山西右玉县），入定襄郡（今内蒙古呼和浩特市和林格尔县），过境今呼和浩特地区，出阴山塞（出阴山白道或东西塞口），进入匈奴辖区，至匈奴单于庭（今乌兰巴托附近）。

一、昭君出塞的线路，必须是汉匈官方交往的一条线路

推论昭君出塞的线路，专家学者们的论著对我启示很大。使我从中认识到，一定要把握好这个推论的前提。这个前提就是，昭君出塞的线路，必须是汉匈官方交往的一条线路。

我们的先辈林幹先生，分析昭君出塞，随呼韩邪返回漠北单于庭的路径是：首先从汉都长安出发，过左冯翊（长安东北），然后经北地（今甘肃庆阳县）、上郡（今陕西榆林县）、西河（今内蒙古东胜市）、朔方（今内蒙古杭锦旗），至五原（今包头市），出五原向西至朔方郡临河县（今内蒙古临河市东北），渡北河（今乌加河），向西北出高阙（今石兰计山口），越过长城离开汉地，进入匈奴辖区，到达单于庭。

林幹先生分析昭君出塞，从汉都长安出发，走的就是秦直道。秦朝统一天下，为了加强全国陆路交通，大修驰道、直道，著名的秦直道即是。

秦朝灭亡了六国后，始皇三十五年，即公元前212年，秦始皇便派蒙恬领十万大军向北攻打匈奴，把黄河以南的土地全都收复，凭借黄河为边塞，靠近黄河修起四十四座县城，迁徙因犯罪而被罚守边的人到这里，充实这些县城，又修起直通大道，从九原直到云阳。《史记·匈奴列传》记载："秦灭六国，而始皇帝使蒙恬将十万之众北击胡……而通直道，自九原至云阳。"云阳，古县名，秦置，治在今陕西淳化县北。九原为古代战国时赵国的城池，秦置九原郡，西汉元朔时复置九原郡，

治在今内蒙古包头市西北。

《史记》中司马迁说的直道，就是秦直道。《史记·蒙恬列传》记载："太史公曰：吾适北边，自直道归，行观蒙恬所为秦筑长城亭障，堑山堙谷，通直道，……"

公元前210年，秦始皇巡游天下，途中去世。当时，为给胡亥袭位留出时间，秘不发丧，车队经直道返回咸阳。《史记·秦始皇本纪》记载："行从直道至咸阳，发丧。太子胡亥袭位，为二世皇帝。"

秦直道在西汉时一直沿用。《汉书》中记载公元前52年至公元前50年的三年中，匈奴呼韩邪单于两次从匈奴往返长安朝贺西汉，走的都是秦直道。

公元前52年，即西汉甘露二年，匈奴呼韩邪单于归附西汉。呼韩邪单于先住在五原塞。公元前51年，即甘露三年春，正月，呼韩邪单于从五原入朝。西汉征调沿途七郡二千名骑兵陈列于道旁，护卫和迎接单于。呼韩邪完成朝贺任务，驻光禄城一月有余，西返。公元前50年，呼韩邪单于又入朝觐见汉宣帝。

也就是说，公元前50年之前，呼韩邪单于两次入长安，均从阴山的西部塞口，鸡鹿塞、光禄塞，走秦直道方向。由此证明，秦直道是当时匈奴与汉朝官方交往的一条重要线路。所以，林幹先生分析昭君出塞，随呼韩邪返回漠北单于庭的路径，在西汉境内走的是秦直道。

秦直道闻名天下，据考，从汉都咸阳到包头，宽30米，全长700多千米，今天被誉为"古代的高速公路"。所以，秦直道不仅是古代的国道，在当时，也是汉匈官方交往的一条线路。

林幹先生依据匈奴呼韩邪单于在公元前52年到公元前50年前，多次往返于秦直道的历史记载，来推定昭君出塞线路，这个推断非常合理。先生的学术考证思维，使我很受启发。

山西著名历史学家靳生禾、山西知名的地方历史文化专家刘志尧、山西知名的历史文化学者刘溢海共同坚持东渡黄河北上，经山西等地，经蹄窟岭至山西右玉县杀虎口出塞。

蹄窟岭在山西偏关县西北30里，"相传明妃出塞经此，石上有马蹄痕。"

刘志尧《昭君经武州塞出塞考释》的论文，认为昭君出塞走通塞中路，过雁门关北行，到达山西平城（大同）和右玉县杀虎口。

刘溢海《昭君出塞路线考》论定："昭君出塞只能走山西境的通塞中路。"

目前，国内专家认为靳生禾、刘志尧、刘溢海等专家学者所进行的讨论也应当有助于深化对王昭君北上线路这一学术主题的认识。同时指出他们的论证均存在文献史实的不足。

我认为山西这几位专家学者，虽然文献史实不足，但从文化昭君这个角度看，他们是有贡献的。昭君出塞东渡黄河北上，经山西等地，至山西右玉县杀虎口出塞的考证，对我很有启发。同时使我认识到，考证历史昭君，不能离开史实。专家所指出关于他们"文献史实的不足"的这个问题，对于我们学习地方历史，写作历史昭君来说，尤其值得借鉴。

二、分裂的匈奴完成统一以后，汉匈交往的官方线路不是单独的一条

公元前60年，匈奴虚闾权渠单于去世以后，匈奴分裂长达24年，直到公元前36年才恢复统一。从分裂到统一的这个历史时期，是考证昭君出塞线路的重要历史背景因素。我学习林幹先生推定秦直道方向的学术考证思维，在认真阅读《汉书》的基础上，又通过阅读多位专家的论文，总感觉当时汉匈官方交往，还有一条符合匈奴历史背景的线路。

公元前60年，匈奴单于虚闾权渠去世以后，单于位被其废黜的阏氏（古代匈奴君主正妻的称呼）颛渠与时任左大且渠的其弟都隆奇策划，拥立与颛渠私通的右贤王屠耆堂为单于，称握衍朐鞮单于。握衍朐鞮单于继位后，把虚闾权渠时的当权贵族全部杀掉，把虚闾权渠子弟及近亲全部免职。各地藩王也不再参加单于庭大会，联盟成员也纷纷脱离单于

庭，虚闾权渠的长子呼屠吾斯与次子稽侯栅出逃。公元前58年，稽侯栅被其岳父及匈奴左翼的贵族拥立为单于，称呼韩邪单于，呼韩邪单于发兵打败篡立的握衍朐鞮单于。但匈奴已在握衍朐鞮单于时期内乱，在呼韩邪单于打败握衍朐鞮单于后内乱仍在继续，匈奴内部形成五个大单于四个小单于同时存在情况。这些单于互相之间残杀，匈奴东西部落严重分裂。人民饥饿，互相抢夺求食，因而局势十分混乱。《汉书·宣帝纪》记载："诸王并自立，分为五单于，更相攻击，死者以万数，畜产大耗什八九，人民饥饿，相燔烧以求食，因大乖乱。"公元前57年，即五凤元年，匈奴同时存在的五位单于分别是：呼韩邪单于、屠耆单于、呼揭单于、车犁单于、乌藉单于。《汉书·匈奴传》："明年秋，屠耆单于使日逐王……乌藉都尉亦自立为乌藉为单于。凡五单于"。

公元前56年，呼韩邪单于打败其他单于，占领单于庭。他在战乱中找到的其兄呼屠吾斯，这时已在帮他征伐其他单于的战争中壮大，自立为郅支骨都信单于。公元前54年，呼韩邪单于被其兄郅支单于击败，呼韩邪单于引介到达匈奴边境，遣子入汉，对汉称臣，史称南匈奴。

直到公元前36年，即西汉建昭三年，郅支单于被陈汤杀死，匈奴才开始统一，结束了分裂混乱的局面，呼韩邪单于恢复了对匈奴旧境的统治。匈奴统一以后，呼韩邪单于回归单于庭，并于竟宁元年（公元前33年）正月，第三次于长安朝觐当时汉朝皇帝汉元帝，并自请为婿。所以，公元前33年，匈奴一统已有三年。汉匈交往的线路不可能只是孤独的一条。

当然，史书记载汉匈出入往来的道路很多，可是，从长安到匈奴单于庭，或从匈奴单于庭到长安，必须要渡过黄河，翻越阴山。东西走向的阴山，主脉坐落在今内蒙古自治区，长达千余里，从东到西，有十多个要塞。无论北渡或东渡黄河，都可以到达匈奴单于庭。当时单于庭在龙城东，今蒙古乌兰巴托附近。

《汉书》记载的关于汉朝和匈奴之间出道有很多。但目的不同，走的线路就不同；季节不同，走的线路也可能不同。比如战争出道，一般打仗出道荒远、崎岖、隐蔽，需要携带大量辎重。而官方交往的线路，一般分布有较多的行政治所，在交通信息、生活供给等方面保障较好。

昭君出塞，胡汉和亲，是汉朝和匈奴的官方行为，只有当时为汉朝与匈奴官方交往的这样一条线路，才可能是昭君出塞的线路。

三、匈奴伊邪莫演东渡黄河返回匈奴是推定的重要节点

《汉书》记载，昭君出塞前后，不是仅有秦直道方向的唯一的一条官方交往的线路。公元前28年，匈奴右皋林王伊邪莫演，到西汉朝贡朝贺完毕后，从今山西永济县黄河风陵渡东渡黄河，返回匈奴。《汉书》中这一记载，应是在秦直道方向以外，探寻与判断汉匈官方交往线路的重要史实与记载，而风陵渡应是我们推论昭君出塞线路的重要节点。

呼韩邪单于与西汉和亲一年以后，于公元前31年，也就是汉成帝建始二年去世。呼韩邪在自己生前，已经将他的大阏氏所生的儿子雕陶莫皋立为单于的继承人。按照匈奴习俗，父亲死去，儿子娶后母为妻。雕陶莫皋即位单于后，称复株累单于，提出要娶昭君作为他的妻子。昭君上书请示汉朝，汉成帝指示昭君依从匈奴的习俗，所以昭君又成为复株累单于的阏氏。《后汉书·南匈奴列传》记载："成帝敕令从胡俗，遂复为后单于阏氏焉。"昭君遵命汉朝，随俗匈奴，继续了她和平辉煌的人生。

公元前28年（即汉成帝河平元年），匈奴复株累单于派右皋林王伊邪莫演等到西汉进贡，并参加元旦的朝贺大典。

公元前27年，即河平二年春季，伊邪莫演朝贡完毕，汉朝派使者护送伊邪莫演等人回国。伊邪莫演等人到了蒲反，自称想归降汉朝。汉朝使者据实奏报，汉成帝让公卿讨论。大臣光禄大夫谷永认为，单于称臣，匈奴成为中国北方的藩国，派遣使者朝贺进贡，无有二心，汉朝对待匈奴的政策，就应当不能再有招降的规定。同时光禄大夫谷永、议郎杜钦，赞扬复株累单于是一位仰慕仁义的君王。他们将此意见上奏，获得采纳，并派遣中郎将王舜前往询问归降人的情况。伊邪莫演说：

"我有发狂的病，只是胡说罢了。"于是汉朝遣送他回国。《汉书·匈奴传》记载："遣中郎将王舜往问降状。伊邪莫演曰：'我病狂妄言耳。'遣去。"

蒲反，《辞海》记载："见'蒲坂'"。在今山西永济县西蒲州，黄河拐弯处。

蒲反历史悠久，远古为尧都之地。西周初年，周成王封自己的弟弟叔虞于唐，称为唐叔虞。唐曾是尧的都城。《史记·晋世家》记载："唐叔子燮，是为晋侯。"晋侯，叔虞本封唐侯，其子燮父以尧墟南有晋水，故改国号为晋。据《毛诗谱》说，叔虞的儿子燮父因尧墟以南有晋水，改称晋侯。《史记正义》记载："《毛诗谱》云，'叔虞子燮父以尧墟南有晋水，改称晋侯。'"唐朝杜祐的《通典》记载："河东，唐虞所都蒲阪也。汉为蒲阪县。"

战国时期，公元前303年，昭襄王攻占了魏国的蒲阪。公元前302年，魏王到秦国朝见，秦国又把蒲阪交还给魏国。《史记·秦本纪》记载："四年，取蒲阪。慧星见。五年，魏王来朝应亭，复与魏蒲阪。"应亭，地名，在陕西大荔县境内。此时魏国的都城在大梁，即今河南开封。

阅读《史记》《汉书》，查阅《辞海》和相关文献，蒲反、蒲坂、蒲阪都解释为是同一个地名。《辞海》："坂，'阪'的异体字"。

昭君从长安出塞的时间是公元前33年，即汉元帝竟宁元年春正月。匈奴右皋林王从长安到潼关过风陵渡，这是一条非常古老的道路。公元前28年匈奴右皋林王伊邪莫演到西汉进贡，并参加元旦的朝贺大典，是在昭君出塞后5年多的时间里，是属于匈奴一统的同一时空。

四、复株累单于经定襄入境朝拜西汉是推论的重要线索

公元前25年（即汉成帝河平四年），复株累单于到长安朝拜新年，从阴山入塞，并路经定襄。《汉书》关于奉车都尉班伯到定襄护卫复株累单于入境的记载，对考证有很大启发和帮助，是推论昭君出塞线路的

重要线索。

《汉书》中的定襄即汉高帝（刘邦）六年（公元前201年）设置的北方边郡定襄郡，西汉时的定襄郡位于阴山以南，辖境约为今内蒙古和林格尔县、清水河县、卓资县、察哈尔右翼中旗等地，治所在成乐县。与雁门郡的马邑、善无接壤，西北与云中郡为邻。定襄东境南起山西杀虎口，接蛮汗山余脉东，北到今呼和浩特市东境以东。定襄郡最北端的军事重镇是武皋、武要二县，与匈奴交界。武皋县治所在卓资县旗下营镇，武要县治遗址在今卓资县梨花镇土城子村，都距离呼和浩特市40～50公里。

定襄郡地处西汉边陲，郡治成乐（今内蒙古和林格尔县城西北土城子古城），正北方是阴山白道。所以定襄是北方的门户。

到定襄后，班伯上书表示自己愿意暂任定襄太守一个月，处理民事纠纷。西汉派遣侍中中郎将王舜，驰往定襄传旨，由王舜代替班伯护卫单于到长安，同时王舜带来朝廷玺书印绶，就地任命班伯为定襄太守。《汉书·卷一百上》："河平中，单于来朝，上使伯持节迎于塞下。会定襄大姓石、李群辈报怨，杀追捕吏，伯上状，因自请愿试守期月。上遣侍中中郎将王舜驰传代伯护单于，并奉玺书印绶，即拜伯为定襄太守。"王舜即公元前28年到蒲反询问匈奴右皋林王伊邪莫演归降情况的中郎将王舜。

班伯任职后，召集所属各县的长吏，选拔精明能干的官员，分队搜捕。仅用十天的时间，将逃跑隐蔽人员，全部归案。郡中百姓非常震惊，称赞班伯英明。

复株累单于过境定襄的记载，证明在汉匈官方交往的线路中，定襄处于线路的节点之上。所以，定襄这个节点是推论昭君出塞线路的重要线索。

在定襄郡境内，推论昭君出塞有三条线路可选。一是从马邑向西北行100多公里，到西汉定襄郡骆县，再向北行30多公里，到达定襄郡治所成乐，可从阴山白道出塞；二是从雁门郡善无县（今山西右玉县）的杀虎口，向西北行约20公里，经定襄郡武城（今和林格尔县新店镇榆林城村），向西北行30多公里，到达定襄郡治所成乐，向北从阴山白道出塞；三是从雁门郡善无县的杀虎口，向北行约20公里，到达定襄郡武城县，向北行约25公里，到达定襄郡武进县（今和林格尔县黑老窑乡），再向北行约45公里，到达定襄郡定襄县（今呼和浩特市赛罕区），再经定襄郡定陶县（今呼和浩特市赛罕区），向东北行约50公里，经定襄郡武皋县或武要县出塞，进入匈奴辖境。

从1975年7月25日的一篇报道中获悉，呼和浩特二十家子古城出土了西汉铁甲，还有"定陶丞印""定襄丞印""武进丞印""平城丞印"等泥封，认为这里是西汉定襄郡属县县城。据考，这座位于今呼和浩特市赛罕区二十家子村的古城为西汉定襄郡定陶（常误为安陶）县城遗址。

定襄郡的武皋（中部都尉治）、武要（东部都尉治）、定陶、定襄、武进（西部都尉治）、平城，沿蛮汗山余脉一线相连，是定襄东部通道。泥封密集一地出土，证明西汉边防郡县交通信息很畅通。同时东道沿途有三个都尉治。都尉辅助太守主管军事，负责维持地方治安。级别相当于2000石的官员。所以定襄道是理想的官方线路。

定襄郡治所北去阴山40多公里。从定襄这个节点，从白道东西的阴山塞口都可以出塞。

五、遵从娶亲不走回头路习俗和从陕西东渡黄河的线路海拔较低，相对温暖

在我国汉族的娶亲习俗中，有不走回头路的习俗，即娶亲时走的路线和回来时走的路线不能重复。意思是恩恩爱爱白头到老，树常青，水常流，一生到老不回头。呼韩邪单于迎娶昭君北归单于庭，也应遵循了这一习俗。同时，根据昭君于正月出塞时间背景，东渡黄河的线路海拔较低，相对温暖。

汉元帝有独到的治国韬略。他解决了匈奴的分裂，实现胡汉和亲，

延续了边境的安宁，这是汉元帝在西汉治国史上非常有建树的大事。

汉元帝把昭君出塞提到重要议事日程上，作出十分周详的安排。具体有这样几个方面使我们非常关注：

第一，西汉建立以来，与匈奴和亲的女子，都是无名氏。而此次昭君远嫁匈奴，名、字、号都有；

第二，将和亲列入国家大事，精心安排，下发诏文，决定赠送的礼物翻一番；

第三，更新年号，改为竟宁；

第四，为昭君出嫁举行隆重婚礼大典。

根据《史记》《汉书》记载，关于西汉与匈奴和亲的无名氏女子分别是：

第一次，汉高帝刘邦因为"平城之围"，订立和亲之约，将宗室的女子，出嫁匈奴单于作阏氏，史书称翁主。翁主没有名字。

第二次，汉惠帝三年，将一名宗室女子为公主，出嫁匈奴单于。公主没有名字。

第三次，汉文帝七年，匈奴老上单于继位不久，汉文帝修复和亲，将宗族人家的女子为翁主，嫁给单于为阏氏。翁主没有名字。

第四次，老上单于死了，他的儿子军臣单于继位，汉朝再次与匈奴和亲。一年多后，匈奴又断绝和亲关系。此后，汉景帝又派人与匈奴和亲，互通边境贸易，送给单于财物，嫁公主给单于，照以前的盟约办事。但公主也没有名字。

第五次，汉武帝元光二年下诏问公卿说："朕曾装饰美女以配匈奴单于，金币文绣赏赐甚厚，而单于承诏之后表现傲慢，侵掠不已……"这次和亲是否成行，没有记载。究竟是谁，也难以推断。

汉元帝与匈奴和亲，彻底改变了从前和亲女无名氏的历史。

在《汉书·元帝纪》中，第一次出现王昭君的名字，是初入后宫掖庭待诏时的名字，为王嫱。

我们从《汉书》《后汉书》中知道，王昭君是西汉南郡人。《汉书·地理志》记载："南郡，秦置，高帝元年更为临江郡，五年复故。……县十八：……秭归，归乡、故归国。"《后汉书·南匈奴列传》记载："……昭君字嫱，南郡人也。"南郡治所在郢（今湖北江陵东北）。根据史书记载，也就是西汉元帝刘奭即位以后，她以民间百姓人家的女子被选入掖庭。《后汉书·南匈奴列传》记载："初，元帝时，以良家子选入掖庭。"掖庭在汉初以前叫"永巷"，汉武帝时改名掖庭。掖庭是皇宫的旁舍，与帝后的寝宫临近，护卫帝后寝宫，通常为嫔妃、宫女所居。《汉书》没有记载昭君入宫之前的名字。我认为王嫱是由汉宫掖庭按照其家乡地域特点给起的名字。昭君出生在长江北岸，香溪水边。江河湖泊，轻舟风帆，用嫱字作为她的的名，形象鲜明，意涵高雅，具有南郡地域文化的特点。生活在汉宫掖庭的王昭君，王嫱是她正式的名字。

汉元帝竟宁元年，昭君出塞，不仅有重要的议事日程，而且为昭君的名、字、号都赋予新的内涵。汉元帝还就昭君的身份、地位都使她名副其实，赋予国家使命。

《汉书》第二次出现王昭君的名字是王墙。《汉书·匈奴传》记载："元帝以后宫良家子王墙字昭君赐单于。"这处记载证明，王昭君出塞时又将王嫱一名改为王墙。把"王嫱"改为"王墙"虽然一字之差，却赋予新的内涵，具有重要的象征意义。那就是比起坚固的万里长城，昭君出塞，更是一道无形的长城。

昭君初入后宫为掖庭待诏，待诏在这里是等待诏命的妃子、宫女。汉元帝把当时宫中为妃子的昭君，改为汉朝良家女子嫁给单于。《汉书·元帝纪》记载："赐单于待诏掖庭王嫱为阏氏。"《汉书·匈奴传》记载："元帝以后宫良家子王墙字昭君赐单于。"良家子是古代家庭出身好的男子或女子的称谓。昭君的"昭"字，在古代是光明如日之意。《说文解字》记载："昭，止遥切，日明也。"昭君的"君"字，是古代上层妇女地位的尊号，《说文解字》记载："君，举云切，尊也……"在汉元帝的时候，用"昭"和"仪"规定为皇宫增设昭仪的称号，地位相当于丞相，爵位相当于诸侯、王，使这种号位从汉武帝时增加到十四种。《汉书·外戚传》记载："……而元帝加昭仪之号，凡十四等云，昭仪位视丞相，爵比诸侯王。"根据这一记载，王昭君出塞时，汉元帝用最尊贵的"昭君"二字为她的字，奠定了王昭君在汉宫的身份和地位。《后汉书》不以昭君为字，而把"昭君"视为王昭君地位的尊号，而以嫱为昭君的字。

历史学家范晔，在《后汉书·南匈奴列传》中，依据"昭"字的含义，深究昭君和汉元帝这两个人物，完美的诠释了历史上昭君的光辉形象。

在昭君与单于隆重的的典礼大会上，风姿绰约的昭君，亮丽的盛装，与汉宫相映生辉，这使她更加美丽传神，光彩夺目。范晔的《后汉书·南匈奴列传》饱含激情，盛赞昭君，"昭君丰容靓饰，光明汉宫，顾景裴回，竦动左右。帝见大惊，意欲留之，而难于失信，遂与匈奴。"范晔的这段叙述，从字面看上去和《汉书》差异很大，实质紧扣住了《汉书》的内容。

汉元帝高度重视胡汉和亲，精心"打造"昭君出塞，既突出了民族和合的政治高度，又体现了中华文化的丰厚内涵。

汉元帝多才多艺，又柔仁好儒，少年即尊崇儒术，及继帝位，心胸宽容，恭敬卑谦，号令温雅，有古代贤王的遗风。《汉书·元帝纪》记载："然宽弘尽下，出于恭俭，号令温雅，有古之风烈。"

汉元帝对昭君出塞的这件大事，可以说考略得细致入微。昭君于正月出塞，尽管长安已很温暖，如果北上，海拔渐高，乍寒乍暖。

唐朝诗人韩愈《早春呈水部张十八员外》诗曰："天街小雨润如酥，草色遥看近却无。最是一年春好处，绝胜烟柳满皇都。"

韩愈这首清新别致的七绝，脍炙人口。因为秦川大地春天来得很早，所以，从长安至潼关，春意浓浓，柳色轻轻，麦田泛绿，碧波相连。虽然是初春，这是一条春意盎然的大道。

渡过黄河，是春光明媚的三晋地域。昭君与单于在燕语春风中，踏着春天的脚步，行进在出塞的路上。昭君出塞，东渡黄河，从气候节令来说，这条线路是比较理想的选择。

《袖珍中国地图册·陕西省》记载："关中（渭河）平原，东起潼关西至宝鸡，号称八百里秦川，海拔320～800米。……1月平均气温……陕北、关中-10℃～0℃"。

"秦川东部海拔320米，1月份气温0℃。东渡黄河进入山西汾河流域，最低海拔250米，比秦川还低。山西省全省1月份平均气温为-12℃～-2℃"，也就是指海拔最低的汾河流域1月份气温为-2℃。

《袖珍中国地图册·山西省》记载："高原山间多盆地……晋中为长达700余公里的汾河所串联的太原、临汾、运城等盆地，海拔由1000米渐降至250米……1月份（全省）平均气温-12℃～-2℃"。

相比之下，从陕西东渡黄河的线路海拔较低，相对温暖，可以避开春寒料峭的气候。所以，推论汉元帝关于昭君出塞的路线也做了具体的安排。

这条线路是：从长安出发，向潼关方向，走关中平原，即八百里秦川的东部，至蒲反（在今山西永济县）。在黄河风陵渡过黄河后，有山西长达700多公里汾河流域。所经过的运城、临汾、太原等地，都是海拔较低、气候温暖的盆地。然后经雁北至杀虎口入呼和浩特境。

昭君出塞的线路史无明文。可是《汉书》有足够的记载，可以让我们推定昭君东渡黄河出塞的可能性。

在内蒙古自治区首府呼和浩特市南，有一处郁郁葱葱的园林，著名的青冢，即昭君墓就坐落在这里。昭君墓最早记载于唐朝的《通典》。唐朝时，单于大都护府（遗址在和林格尔县土城子古城）是漠南最大的都市，昭君墓在单于大都护府的辖境之内。《通典》是记载历代典章制度的通史，由唐朝官员杜佑（735—812年）撰，历时35年，于801年完成。《通典·州郡·单于大都护府》记载："有王昭君墓。"

昭君陵墓，高大巍峨，堪比帝王陵墓。历史上，西汉北部边疆长期不得安宁。昭君出塞巩固了匈奴和汉朝和好的关系，使百姓数代看不见烽火警报，人民安居乐业，牛马遍野。历史记载昭君的人生，攸关国家、民族、人民的命运，所以昭君能名垂千古。匈奴地处阴山以北，那里古称大漠。而昭君出生在山清水秀、农耕发达的地域，她远嫁到那里，在文化上、生活习惯上，都有巨大的反差。作为宁胡阏氏的昭君，也为匈奴的国家、人民作出了奉献，所以，昭君又是一位和平的使者。昭君获得世人的永久怀念，所以，昭君永远留下一座民族和睦，民族团结的丰碑。随着昭君文化的广泛传播，其影响力也在不断扩大，昭君文化与一带一路倡议研究也引起各地专家的重视。我认为对于昭君出塞，只要考证有据，多一条昭君出塞的路线，无论对于研究历史昭君，还是研究文化昭君，是很正常的，同时也是值得重视的现象。

"塞外西湖"哈素海的形成及
名称由来的前世今生

张继龙

哈素海位于内蒙古呼和浩特市土默特左旗西部，被称为海的哈素海实质上是湖泊，"海"是远离大海的本地人对湖泊的俗称。哈素海东距呼和浩特市区60千米，西距包头市80千米，水域面积30平方千米，平均水深2米左右，是土默特左旗集农田灌溉、水产养殖、观光旅游为一体的水资源地。

一、哈素海的形成

由文人或编撰、或整理而来的传说中的哈素海，其形成传奇而悲壮。传说中的哈素海最早是一个不大的水潭，潭水清澈，潭边居住着勤劳勇敢的蒙汉人民。他们当中有一个叫哈力图的青年和一个叫素克的青年，两人亲如兄弟。有一天，从外地来了一个叫雄牪的人。他说，10年前，他在潭边不慎将一只朋友送给他的碗掉在潭里了，他想进潭中把碗捞上来，请哈力图和素克在潭边帮着接一下碗。哈力图和素克在潭边帮助雄牪捞出了一个盛着半碗清水的碧玉大碗。雄牪带着碗走后，潭水渐渐开始枯竭。哈力图和素克知道上了盗宝人的当，两人骑上雪蹄追风马追上了雄牯，叫他立即交出那只碗。雄牯冷笑着说："我是一个魔法高超的人，这碗是聚宝盆，放进什么东西永远取之不尽，现在碗里有水，一打碎，这里就成了湖海，我们三人都活不了。你们要是放了我，我可以给你们许多金银珠宝。"哈力图和素克不为所动，坚持要回玉碗放入水潭中。雄牯想逃跑，被哈力图一箭射中，临死前，雄牯摔破了碧玉碗。于是，平地下陷，激浪涛天，这里变成了一片汪洋。当地人民为了纪念这两位英雄，把这个湖叫做哈素海。但这仅是编撰或整理的传说，真正的事实远非如此。

哈素海为土默川上的低洼地形成的湖泊。根据土默特历史档案记载，乾隆八年（1743年），土默特右翼旗把今哈素海位置上的耕地199多顷、草场60顷拨给五甲四佐阿素村36户蒙古族。从此，这里由汉人耕种，蒙古人收租放牧。清朝时的土默特右翼旗五甲四佐阿素村即今哈素海东南的哈素村，现隶属呼和浩特市土默特左旗敕勒川镇。乾隆八年的这次分地，是因清初分给土默特兵丁的土地在"招垦收租，以租自养"的历史过程中丢失土地，导致土默特人口生计窘迫，清廷根据当时土默特兵丁人数和占有土地情况，给每个兵丁重新分配一顷地作为生活保障户口地政策性分地。分析乾隆八年一次性在阿素村给36户蒙古族分配连片的近260顷耕地和牧场，历史上的这片土地，也应是时而积水时而干涸。乾隆八年时，这块低洼地又开始干枯，被分给了36户蒙古族。咸丰六年（1856年），咸丰皇帝根据黄河泛滥、灾情严重的情况，结合水利专家的建议下令改变黄河河道，受黄河改道影响和村南大黑河水外流影响，阿素村这块近260顷耕地和牧场又形成为积水湖泊，不能耕种和放牧。直到时隔约69年的1925年，湖水又开始干枯。从此，这片耕地、牧场又时枯时涝，天旱湖水干枯时，本地人仍在这里耕种庄稼。1958年7月26日，土默特旗（今土默特左旗）遭遇百年不遇的暴雨，造成特大洪涝灾害，8月7日，再次遭受水灾。哈素海地区形成大的积水。秋天，本地政府开始建扬水站，准备利用积水灌溉农田。1959年，土默特旗再次遭遇水灾，这些水灾都发生于大黑河和小黑河并流流域下游。为了避免暴雨给大小黑河下游流域带来的灾害，同年经内蒙古自治区水利厅勘测，将大小黑河并流河从今土默特左旗毕克齐镇北园子村开掘渠口，引河水南流进入黄河，解决了大小黑河汇流下游遭遇特、大暴雨期的威胁。1960年10月，哈素海第一扬水站建成，哈素海湖泊积水开始被利用灌溉农田。由于大小黑河汇流改道，原流入大小黑河汇流进入黄河的大青山美岱沟，芦房沟，西白石头沟，万家沟的清、洪水都汇集于哈素海，为增加蓄水量，当地政府在积水四周修筑了围堰，同时开挖了退洪渠，以防堤坝溃决成灾。1962年，当地政府又把哈素海西南的民生渠贯通到哈素海，引黄河水入哈素海，形成黄河水、天然降水、大青山沟水补给哈素海的状况，哈素海正式形成，年保证灌溉农田面积5万亩。1976年5月，哈素海第二扬水站建成，有效灌溉农田面积进一步扩大。哈素海管理机构在做好灌溉农田的同时，在哈素海放养鲤鱼、草鱼苗170万尾，改变了以前湖内鲫鱼产量占90%的情况，哈素海成为内蒙古渔业基地之一。1986年，哈素海管理机构在继续保持农田灌溉、渔业养殖的基础上，修通呼包公路通往哈素海的公路，在哈素海岸边修建凉亭、水榭、长廊、湖中购置画舫、快艇，开始发展旅游业。

二、哈素海名称的由来

咸丰六年在土默特右翼五甲四佐耕地和牧场上形成的积水湖泊，在民国时期的《绥远区域全图》上标注为"西海子"。而哈素村人则把它称为"后泊"，从侵占哈素村近260顷耕地牧场和被称为"后泊"看，它当时的面积并不大。在1925年土默特旗关于哈素海枯干被外村侵占的土地案中，哈素海被记写为"阿素海子"。"阿素海子"的"阿素"是清朝时哈素村的另一种称呼，在《归绥道志》中，就把哈素村记为"阿素"，从上世纪初到70年代末，哈素村分别被官方记称为"哈素、阿素"，而哈素村周边广大地区的人们，口头上则把它称为"拉素""阿素"。到70年代末，"阿素"已成为周边一带蒙古族老人对"阿素"

村独有的称呼。从20世纪80年代至今，"阿素"的称呼逐渐消失，"拉素"成为周边广大地区人们对哈素村的称呼。分析"拉素"的称呼，应是因哈素村周边广大地区汉族都使用晋北方言，把"阿素"的"阿"音发成了"拉"音而成。在哈素海进行旅游开发后，也正因为它被周边人们口头称为"拉素"，被官方记为"哈素"，被人们认为它的原称是哈拉乌素，其中"哈拉"为蒙古语"黑"，"乌素"为"水"，哈拉乌素译成汉语是"黑水"的意思。哈拉乌素的第一个音节和最后一个音节加上"海"，正好是"哈素海"。随着哈素海旅游业的发展，哈拉乌素还被人们误译为"青水湖""玉湖"宣传。但实质上，哈素海是因为在哈素村耕地和牧场上形成，被人们称为哈素海。

在清朝早期的土默特蒙古文资料中，哈素村被称为阿苏特村，阿苏特是蒙古部落名称，在明代的汉文史籍中译写为"阿速"或"哈速"。阿苏特部人为来自高加索地区的阿兰人，阿兰人属于印欧语系的伊朗语族草原居民，他们的后裔就是今天北高加索的奥塞梯人，蒙古人把阿兰人称为"阿速"。1239年，蒙哥率领的蒙古军征服高加索的阿兰人，其首领杭忽思归降，被赐名拨都儿，杭忽思和其长子阿塔赤选1000名壮丁组成阿速军，随蒙哥征伐。蒙哥返回蒙古时，阿速军由阿塔赤率领来到蒙古，阿塔赤入值宿卫。1309年，元朝设立阿速左右二卫，成为元朝侍卫军中的精锐之一。1368年元朝在中原灭亡退回草原时，阿速军和元廷一起退回蒙古草原。15世纪开始他们被称为阿苏特，"阿苏"是蒙古人对他们的原称，"特"是阿苏的复数，说明当时他们人口已经很多了。15世纪北元蒙古著名的阿鲁台就是阿苏特贵族，他拥立本雅失里为汗，掌握着蒙古汗廷的实权。1434年，阿鲁台被卫拉特贵族脱欢所杀。此后，阿苏特部由阿鲁台之子伯颜帖木儿领有。伯颜帖木儿后在也先被杀的内讧中被杀，阿苏特部又归入喀喇沁部归于孛来，孛来死后又归于斡罗出，斡罗出被明朝打败势力削弱后依附于驻牧河套地区的癿加思兰，后被并入癿加思兰的永谢布部。亦卜剌叛乱时，阿苏特部所受损失不大，达延汗平息叛乱后，阿苏特部和喀喇沁部归于达延汗和满都海夫人所生第七子那勒博兀喇，也即《蒙古源流》中的"阿尔博罗特"，汉文史籍中的"那力不赖台吉"，并被安置于宣府张家口以东至独石口边外驻牧。那勒博兀喇去世后，其子失喇台吉和那出台吉不和，那出台吉杀死失喇台吉，阿苏特部在此次内讧中损失惨重。那出台吉被蒙古汗廷处罚后，阿苏特部被分给巴尔斯博罗特的幼子博迪达喇，也即阿勒坦汗的七弟，明朝史籍中的"我托汉卜只刺"。博迪达喇去世后，阿苏特部归于博迪达喇的三子哑速火落赤，也即合罗气把都尔，在《蒙古源流》中，合罗气把都尔被称为"诺木达喇火落赤"，是蒙古图门大汗时期的五大执政之一。在满文资料中他被称为"火落赤把都尔"，在与明朝的通贡互市中被明朝封授为明威将军。在1628年九月林丹汗进攻土默特部夏都的艾不盖之战时，阿苏特部与永谢布等部和博硕克图汗的土默特部组成联军抵抗林丹汗，结果被林丹汗打败。被打败的阿苏特部大部在哑速火落赤七个儿子的带领下，来到他们在兴安岭南的所属兀良哈部，结果他们所属的兀良哈人有的欢迎他们给他们贡赋，有的则不愿意给他们任何东西。在此情况下，哑速火落赤的七个儿子决定投附后金，在投附后金的途中，被哈撒尔、别勒古台、哈赤温三人后裔中的一支截杀，仅剩彻辰岱青和图巴斯克二人带领残余部众归附了后金。在1632年被后金迁到辽宁阜新、北票、朝阳的土默特人中，没有阿苏特人。这也表明在艾不盖之战后，阿苏特部没有人进入土默特部。土默特部中的阿苏特人，应是在1641年二月，从明朝大同阳和长城和永谢布人一起来到土默特归降清朝，并留在土默特。

清朝时的哈素村，由于土地肥沃，灌溉方便，从乾隆八年哈素村一次性将近260顷耕地、牧场分给36户蒙古人分析，哈素村在乾隆年间的丁数在50名左右或更多。乾隆年后期，随着村内汉族人口的逐渐增多，一些失去户口地的蒙古族开始迁到新的户口地域居住。咸丰六年，村内这块近260顷耕地、牧场被水淹没后，又一批蒙古族迁出，清末的赔谷丈地放垦，使得很多蒙古人失去土地权，1915年的颁发"乙卯大照"，更使很多蒙古族人家破人亡。到1949年，因搬迁、疫病绝户等各种原因，哈素村蒙古族越来越少。历史发展过程中，村名也从阿苏特演变为"阿速""阿素"，进而称为"哈素""拉素"。村西北被称为"后泊""阿素海子""西海子"的湖泊也从1960年后统一称为哈素海至今。

三、今日哈素海

沧海桑田，斗转星移，由曾经的"阿苏特""阿素""哈素""拉素"村耕地和牧场演变而来的哈素海，从1960年稳定蓄水，1976年放养鱼苗，1986年发展旅游业以来，又在1990年放养河蟹。现已成为内蒙古自治区湿地公园、国家4A级旅游景区。景区现有蒙元文化主题大门，长达24华里的环湖公路，圣主广场、草原部落、呼和敖包、敕勒歌景区、温泉、戏水乐园、荷花钓岛、天鹅湖、野鸭湾等旅游景点。

春天的哈素海，雪融冰化，是迁徙候鸟的驿站，有野鸭、灰鹤、天鹅、黑鹳、长脚鹬、红嘴鸥、白鹭、鹗、白头鹞、灰北隼等鸟类110多种，在湿地、湖面上捕食、追逐、嬉戏、飞翔，它们有的在这里补充营养停留休息，然后继续向北迁徙，有的则在这里安家落户繁衍生息。哈素海现有草、鲤、武昌鱼、捻鱼、青鱼、鲫鱼等十几个品种，春季的开河鱼也成为当地人一年一度的美味。

夏秋季的哈素海碧波荡漾，湖内芦苇丛生，岸边凉亭水榭柳绿成荫，碧水青山相映成辉。居留繁衍生息的鸟类在芦苇丛中啼鸣，在湖面起舞，在天空飞翔。人们可以开车沿环湖公路观赏湖光山色，在湖中乘坐快艇、画舫，体验水上乐趣，赏荷花、看野鸭、观飞鸟、泡温泉、走马草原、敖包相会，还可品尝哈素海鲜鱼、土默川农家饭、蒙古特色饮食。看夕阳西下、旭日东升。秋季河蟹上市，青背白肚、金爪黄毛、肉质肥嫩鲜美，个个顶盖黄，让当地人不屑于阳澄湖大闸蟹。

冬季的哈素海，芦苇金黄，茫茫白雪覆盖着湖面的冰层，苍凉而壮美。芦苇丛中的鸟鸣声和不时飞出的越冬水鸟，给寒冬的哈素海带来活力。这几年，哈素海每年还在严冬时举办冰雪节，期间有冰雪艺术观赏、冰雪草原观光度假体验、亲子冰车、雪地卡丁车、雪地摩托、冰上碰碰车等活动，为冬季来哈素海观景的人们带来更多的感受和快乐。

呼和浩特市、包头市蒙古族 "云"姓的由来

张继龙

在呼和浩特市和包头市的本地籍蒙古族中，姓"云"的蒙古族很多。这也使一些不了解呼和浩特市、包头市历史的人误以为这些都姓"云"的蒙古族之间有着血缘或亲戚关系。其实，这远非事实的真相。

一、呼和浩特市、包头市本地籍蒙古族汉式姓氏的由来

姓氏是人类社会家族渊源的标志，是人类社会维系血亲、区分族别的重要依据。蒙古族也与世界上绝大多数民族一样有着姓氏，但蒙古族的姓氏和汉族的姓氏不同，汉族的姓氏一经确定即永恒不变，而蒙古族的姓氏在历史演变中仍然会发生变化，最大的一个特点就是当一个部族融入另一个部族后，很多人会舍弃原有姓氏，以原部名为姓氏，不忘自己的由来。呼和浩特市、包头市原居的土默特蒙古族人，在清朝早、中期时，都较好地保存使用自己的蒙古姓氏，在清朝早、中期颁发给土默特旗人的谕旨中，也都写有当事人的蒙古姓氏。但是，由于呼和浩特市和包头市地区历史上农业开发早，汉族人口进入早、人数多，蒙汉杂

居。在清末时，一些蒙古族已不能使用母语，并逐渐忘掉蒙古姓氏。1912年到1928年，土默特旗及旗境内各县长官由清朝时的满族、蒙古族担任改为由汉族担任。由于北洋军阀、国民政府推行大汉族主义，蒙古族处处受到欺凌。呼和浩特市、包头市土默特旗辖境内各县也从清末的只管汉人和地面少数事务发展到管理地方很多事务，打破了土默特旗管蒙民的局面。同时，1937年前一些县还强迫土默特旗蒙古族入汉社摊差，在登记土默特蒙古族户口时，也要求蒙古族有姓有名，还有一些蒙古族在上汉语私塾时，一些私塾先生根据汉文化习惯，要求学生有名有姓，并根据学生的情况给学生取姓。这种情况下，使的呼和浩特市、包头市广大蒙古族人有了汉姓。

　　1946年4月，与土默特旗在同一境域的各县政府在绥远省令各市县政府清查户口、编组保甲、颁发国民身份证时，以户证必须统一为由，将土默特旗蒙民编入市县保甲，在遭到蒙民的拒绝和抵制后，各县乡村保甲往往以强迫凌辱手段，逼令土默特旗民脱离本旗保甲，加入县属保甲，换领身份证，如有不从，逮捕监禁、吊铐诸刑加身。在城门、路卡，一说是蒙民，轻者被侮辱，重者被关押，旗民身份证被没收。在这种情况下，呼和浩特、包头地区仍没有汉姓的蒙古族除现包头市达茂旗召河地区的蒙古族外，几乎都有了汉式姓氏。取用汉式姓氏主要有以下取用情况：（一）以本人蒙古姓氏或部落名称蒙古语首音取同音或谐音汉式姓为姓，这种情况占绝大多数；（二）以蒙古姓氏语意取同音或谐音汉式姓为姓；（三）以父、祖的名字首字音取汉式姓；（四）外出当兵取长官、好友的汉姓或随意取汉姓为姓；（五）取同村汉族好友、干亲、东家的汉姓为姓；（六）因讹传而取姓氏；（七）随意取姓、改姓；（八）以自己或祖上从事的职业、官职的蒙古语首字音或语意取汉字姓为姓；（九）顶替富家子弟当壮丁，后以顶替者的姓氏为姓；（十）以古地名首音和原住村名首音或谐音取汉姓为姓；（十一）取较近的亲戚中已有的汉式姓氏为姓。到1949年前，呼和浩特和包头地区的土默特蒙古族，除现包头市达茂旗召河地区的土默特蒙古族外，几乎都有了汉式姓氏。

二、由部落名称演变而来的"云"姓

呼和浩特市、包头市本地籍蒙古族"云"姓，绝大多数是由"乌鲁特""永谢布"两个部落名称演变而来。其中，乌鲁特为土默特本部部落，永谢布是清初进入土默特部的部落。

（一）由土默特部兀鲁特部演变而来的"云"姓

兀鲁特为蒙古尼鲁温（也译为尼伦）姓氏，也译写为"兀鲁兀惕""兀鲁兀""武儒得"等。是成吉思汗祖上屯必乃汗的长子札黑速的儿子后裔们形成的姓氏。成吉思汗时期的兀鲁特人原依附于札木合，十三翼之战后在其首领术赤台率领下归附成吉思汗，在参加统一蒙古各部的战争中战绩卓著。蒙古建国后，术赤台受封为第六功臣、兀鲁特部四千户之长。北元后期的兀鲁特部分为两支，一支隶属于察哈尔部，一支隶属于阿勒坦汗。隶属于阿勒坦汗的兀鲁特部被阿勒坦汗分给其长子僧格。明朝史籍记载该部"在大同天城边外正北五克儿菊儿克一带驻牧，离边约五百余里"。由僧格次子那木尔台吉领有。僧格的长子那木岱成为土默特大汗后，由于那木尔为那木岱的亲兄弟，实力强大，那木尔去世后，兀鲁特部由那木尔的四个儿子领有。1632年皇太极到呼和浩特地区征伐林丹汗时，兀鲁特部很多人被后金带到辽宁，后被编入东土默特右翼旗。躲避留在故地和有二牛以上随林丹汗过黄河的兀鲁特部人在清初被迁到呼和浩特东，编入土默特左翼旗，有单独的佐领。在民国时期取用汉式姓氏时，该部人把兀鲁特的"兀鲁"理解为"乌勒"，即蒙古语的"云""云彩"，并以"云"为汉式姓氏，以兀鲁特取"云"姓的蒙古族清朝时主要居住在土默特左翼旗。

（二）由永谢布部演变而来的"云"姓

永谢布也译写为"永硕布""永召卜""应诏不""引蛇布"等，形成于北元满都鲁汗时期。当时的该部首领为畏兀儿沁部首领、北元蒙古太师、满都鲁汗的女婿乜加思兰。永谢布在一些研究文章中，一是被认为得名于元朝管理上都察罕脑儿行宫的"云需总管府";一是被认为得名于甘肃境内的"永昌堡"。但北元早期永谢布所辖的部落中,仅失保嗔部和云需总管府在元朝时有过关系,主营畏兀尔沁和其他各部都和云需府没有任何关系,所以,永谢布名称来自云需总管府的可能不大。被认为得名于甘肃境内的永昌堡原因应该有两个,一是元朝海都之乱时有很多畏兀尔人迁居于永昌堡一带;一是哈密在1275年被察合台汗国都哇和窝阔台汗国海都攻破时,哈密忠顺王带领部民逃往永昌堡一带居住。但这都和乩加思兰所领畏兀尔沁人没有关系。乩加思兰取一个和他无关的明朝关堡作为部落名称的可能性不大。永谢布的来历,应和乩加思兰和其所领部族有关。

根据史料记载,乩加思兰所领部众最早称为"乜克力",《史集》记载他们为"篾克邻""别克邻",介绍他们既不是蒙古人,也不是畏兀尔人。他们的营地在畏兀尔斯坦的险峻山岭中,在窝阔台的孙子海都时期,他们被海都吞并。1309年,窝阔台汗国灭亡后,他们也应和畏兀尔地区一样,归于察哈尔汗国。从他们以后又被史料称为"畏兀尔沁""畏兀尔趁"的情况看,他们在外貌上应和当时的畏兀尔人相似,"畏兀尔趁"是说他们"类似畏兀尔"人。根据乩加思兰所领部众驻地的历史归属和进入河套地区后很快被孛罗忽和满都鲁汗信任的情况,乩加思兰本人应是伊斯兰化的窝阔台或察合台的后裔。北元时的乩加思兰家族,因长期和他们管领的畏兀尔沁人通婚,外表上已经有了明显的畏兀尔人相貌。所以,根据乩加思兰为窝阔台或察哈台后裔,满都鲁汗为拖雷后裔,二人是同祖宗亲的情况,满都鲁汗把乩加思兰所领部落称为"牙斯屯"(也称"牙斯",蒙古语"同骨""血亲"之意)部,后演变称为"永谢布"。从内蒙古库伦旗有从土默特迁到库伦旗的察合台后裔分析,乩加思兰为察合台后裔的可能性较大。1479年,乩加思兰被族弟亦思马因等人杀死,亦思马因成为太师,领有乩加思兰旧部。也就在这一年,满都鲁汗去世,孛罗忽之子巴图孟克继位,也就是达延汗。约在1483年,亦思马因被达延汗和满都海哈屯杀死,其部众归于其族侄亦卜剌。1510年，达延汗为了加强对当时驻牧河套地区的鄂尔多斯部、蒙郭勒津部、永谢布部的控制管理，派其次子乌鲁斯博罗特为济农，前往河套地区管理三部。结果，亦卜剌和鄂尔多斯部首领满都赉阿哈勒呼不满达延汗派乌鲁斯博罗特管领他们，挑衅杀死了乌鲁斯博罗特。随后，达延汗出兵打败亦卜剌和满都赉阿哈勒呼，亦卜剌和满都赉阿哈勒呼率一些残部出逃，于1512年占据青海地区。达延汗占领河套地区后，把归降仍在永谢布部内的畏兀尔沁部人分别分到喀喇沁、鄂尔多斯、蒙郭勒津部。永谢布部中没有了畏兀尔沁人。喀喇沁部原属永谢布部，在亦卜剌叛乱时，他们没有参加叛乱，平定叛乱后，喀喇沁部被达延汗分给其第七子那勒博兀喇（明史称为那力不赖），同时分给那勒博兀喇的，还有永谢布部的阿苏特部和部分畏兀尔沁人，并调到大同边外驻牧，那勒博兀喇去世后，其领有喀喇沁和阿苏特部的长子失喇和次子那出内讧，部落归于阿勒坦汗四弟巴雅思哈勒，喀喇沁部中的畏兀儿沁人一直由那勒博兀喇第三子不克台吉及其后裔领有。永谢布残部被达延汗分给其第十子乌巴伞吉，部内部落为巴儿虎、舍奴郎、孛来、当剌儿罕、失保嗔、奴母嗔、塔布乃麻七部。乌巴伞吉去世无后，永谢布残部归于达延汗第三子巴尔苏博罗特，后被巴尔苏博罗特分给其最小的儿子博济达喇。1547年左右察哈尔部东迁后，博济达喇率永谢布部从鄂尔多斯地区迁到了今内蒙古锡林郭勒盟苏尼特左旗、阿巴嘎旗、西乌珠穆沁旗一带驻牧，并隶属于其四哥巴雅思哈勒所领的喀喇沁部。在1570年阿勒坦汗与大哈屯所生铁背台吉之子把汉那吉降明时，永谢布部出兵5000到明边和阿勒坦汗向明朝索要把汉那吉。据此按每个兵丁家有4人计算，当时的永谢布部总人口在两万人左右。1629年秋，林丹汗率部从呼和浩特一带越过大青山进攻土默特部夏都（今达茂旗敖伦苏木赵王城），土默特残部和永谢布部、阿苏特等部在夏都前的艾不盖河沿岸组织抵抗，被林丹汗打败。永谢布部人除战场上被杀者外，一部分逃往明朝，一部分逃往外喀尔喀，一部分逃往青海，一部分逃往西藏，一部分逃往新疆卫拉特和硕特部。逃往外喀尔喀部的一部分永谢布部人在清朝时和外喀尔喀部的巴尔虎部人归附清朝，被清朝安置在今呼伦贝尔；逃往青海的永谢布人流落在今青海省称多县，雍正年间，他们共有122户人家；逃往西藏的永谢布人由四位首领率领，在1635年被进入西藏的外喀尔喀绰克图台吉的儿子阿尔斯兰打败，1644年，残存的永谢布人又被顾实汗打败，生存者进入顾实汗的和硕特军队。清朝时，成为达木八旗旗民，并逐渐演变为藏族；逃往新疆和硕特部的永谢布人也不在少数，在噶尔丹吞并和硕特部时，他们中的生存者进入了准噶尔部。随着1755年准噶尔部灭亡，进入准噶尔部的永谢布人生存者也应该极少或全部死于战争和当时的瘟疫。1641年二月二十日，逃往明朝的蒙古男丁421人，妇幼共500人，在巴图、博尔衮代等率领下，从今河北阳和毁坏长城，到土默特投附清朝，从日后的史籍中可以了解到，这些回归人中，主要为永谢布人，还有一些喀喇沁人、阿苏特人，土默特部的巴岳特人。此外，也不排除清初清朝编立土默特旗时，把一些人数已很少的永谢布人从锡林郭勒盟迁入土默特编旗。在民国时期土默特旗蒙古族取用汉式姓氏时，永谢布部人大都根据"永谢布"这一部落名称演变而来的蒙古姓氏的首音，取汉式姓"云"为姓，清朝早中期，他们主要居住在呼和浩特西的土默特右翼旗。

三、由蒙古姓氏"乌勒腾"演变而来的"云"姓

"乌勒"即为汉语的"云""云彩"，"腾"为乌勒的复数。在东迁辽宁阜新、朝阳、北票的土默特人中没有此姓氏。内蒙古鄂尔多斯地区有此姓氏人，《鄂尔多斯蒙古姓氏》根据《黄金史》解释其曾是成吉思汗近卫军中的成员之一。土默特部中的"乌勒腾"姓氏人，一是由鄂尔多斯进入；二是只存在于土默特部汗廷，后金东迁土默特部人时，他们因都跟随汗庭，所以没有人东迁。

四、其他原因而来的"云"姓

除上述几种云姓来源外，呼和浩特、包头市的土默特蒙古族"云"

姓的形成还有几个原因。一是相互影响取"云"为姓，由于清朝时禁止蒙汉通婚，民国时大汉族主义盛行造成蒙汉民族关系不睦和受传统习惯影响，呼和浩特和包头地区的土默特蒙古族娶媳嫁女基本都在本地区同民族之间进行，长期的旗内同民族通婚，也使得人口不多的土默特蒙古族之间亲连亲、亲套亲。在民国时期的取汉式姓过程中，一些跟着亲属们姓"云"的人也不在少数。二是民国时的土默特地区蒙古族受汉族官僚、地主、恶霸欺压，而土默特地区的汉族把家谱称为"容""容子"，并发"云"音，一些蒙古族以汉族来土默特地区是靠蒙古族土地生活发展并得以居住于此地，而以汉族所供"容、容子"的发音取汉式姓"云"为姓，表达对现状不满和表示自己为本地汉族的祖先。三是一些有一定文化知识的蒙古族在选用汉式姓氏时，以呼和浩特地区的古称"云中""云内""云州"的首字"云"为姓，表达他们是较早居于此地的人。四是为了表明自己是土默特蒙古族而取"云"姓，一些蒙古族在取用汉式姓时，最早已根据自己的蒙古姓氏取了汉式姓，但随着"云"姓蒙古族的增多，一些人为了表明自己是土默特蒙古族，舍弃了原来根据自己蒙古姓氏取的汉姓而改姓"云"，以致一个家族形成二个姓氏或多个姓氏，这种情况在中华人民共和国成立后至今天仍有发生。五是一些人以父、祖蒙古语名字、满式汉语名字首字有"荣""云"音的，以父、祖名字的首字音取"荣""云"为姓。

白塔山访古

韩国栋

从呼和浩特出发，半个小时的路程，下110国道后，随着汽车扬起的一溜儿尘土，进入了土默特左旗毕克齐镇讨合气村。虽近秋凉，但漫山遍野的绿色似乎仍在留恋着夏天。

此行，我们土默特左旗土默特历史文化研究会的几位文友前去探访讨合气村村北的白塔山。同行人员除了文物馆的负责同志王兰柱外，还有土默特历史文化研究会副会长荣宏伟先生。这个叫白塔山的大山，因山上有座白塔而得名，它坐落在土默特左旗境内讨合齐村西北2公里处大青山一隅的山上，整座山海拔1500米左右，山体雄浑柔和，长满绿色植被。

然而，就是这样一座名不见经传的普通山，在2007—2008年却有了惊人的发现。当年，根据当地农民提供的资料，在白塔山发现了不少历史文化遗存。这些遗存位于白塔山的山底、半山腰及山顶，整个遗址呈三角形。这些遗存的发现，解读了历史上生活在土默川上游牧民族一些生活的篇章。

16世纪中叶，藏传佛教噶举派就开始在土默川上布教。一位号称博格达察罕喇嘛的高僧在白塔山苦修并收徒布教，成就了白塔山为土默特部弘法中心的地位。他的法名叫拉西扎木苏，青年时出家，修行中他手持先师米拉热巴用过的藤杖，经常迁移道场，但白塔山是他的主要道场。晚年，他选择了东固哈达山的岩洞（喇嘛洞）为弘扬佛教的基地，喇嘛洞之名便由此而来。关于他的资料，见于土观呼图克图罗藏曲吉尼玛所著的《察罕喇嘛拉西扎木苏及其诸弟子传记》一书。

据《察罕喇嘛拉西扎木苏及其诸弟子传记》载，博格达察罕喇嘛的父亲是土默特部领主阿勒坦汗的一位大臣，是土默特人，他最初是一位世俗人，经常出没在哈剌兀纳山谷中。一次，他在梦中得到一位白衣人的指点，便幡然醒悟，萌生了出家的想法，于是丢下坐骑和武器就跟随一位喇嘛和在那里修行的另两位瑜伽师共同修行，学习"那饶巴六法"的深奥修习方法。这样，他在大青山上的一座岩洞中隐居下来，靠布施的食物生活。他的修行道场在"托浩齐村北后的山顶"。根据《察罕喇嘛拉西扎木苏及其诸弟子传记》提到的地名"托浩齐村"来看，当为今天土默特左旗毕克齐镇的讨合气村后的白塔山。

今天在山上的峭壁上仍能看到当年留下的石刻经文。经文历经400余年风雨沧桑，仍保存完好，是非常珍贵的佛教遗存，高僧修行期间，曾经到五台山、西藏等佛教圣地云游。晚年，他定居下来，招收弟子，苦行坐禅。

博格达察罕喇嘛是16世纪最早在土默特地区苦修的喇嘛，他的宗教活动增进了阿勒坦汗对藏传佛教的了解，并做出了皈依佛教的决定。20世纪80年代，在土默特左旗台阁牧乡达尔架村发现了博格达察罕喇嘛石碑，其中明确写到：道宝迪彦齐赤列扎木苏是博格达察罕喇嘛的"心传大弟子"，另外还有一个弟子叫"台吉恩克"，他们二人用诗文形式在石碑上刻记了博格达察罕喇嘛为弘扬佛教苦练修行的功德及弟子们顶礼膜拜的15行华丽言词。石碑现存于内蒙古大学蒙古学学院。

据《察罕喇嘛拉西扎木苏及其诸弟子传记》记载，博格达察罕喇嘛于1627年（明天启七年）圆寂后，坐上其法座的是其弟子道宝迪彦齐赤列扎木苏，也是土默特部本土籍人士。

道宝迪彦齐赤列扎木苏幼年出家，曾跟随直贡噶举派的一位僧人聆听教戒，没有固定的修行处所。一次，在参拜五台山的途中，在土默特地区一个叫做格根村的野外和博格达察罕喇嘛相遇，遇到喇嘛指点后，成了该喇嘛的大弟子。接着在吉浦杰日山的岩洞中苦修7年，除了食枣之外，昼夜修行博格达察罕喇嘛的教诫。当其师父涅槃之时，在诸弟子中他自然是最适合坐床的人，故由全体僧徒迎上法座。

顺治九年（1652年），五世达赖喇嘛应顺治帝的召请入京时，道宝迪彦齐赤列扎木苏和他的三个弟子在毛乌代渡口（今土默特右旗毛岱，当时为黄河渡口）面谒他。当五世达赖从京城返回时，他为达赖喇嘛奉献了鞍垫俱全的108匹良马，陪伴护送到鄂尔多斯。道宝迪彦齐赤列扎木苏坐床30年，于丙申年（顺治十二年，1655年）七月十五日圆寂。

博格达察罕喇嘛除道宝迪彦齐外还有四个弟子，分别是吹斯嘎巴迪彦齐、察罕迪彦齐、察哈尔迪彦齐和班德迪彦齐（亦称额尔德尼迪彦齐）。博格达察罕喇嘛圆寂的那一年，道宝迪彦齐赤列扎木苏喇嘛开始代替博格达察罕喇嘛教导其弟子们，并在巴敖拜巴达拉湖山旁的东古锡拉哈达谷里，乌素图河的发源地附近，建起了一座五开间的寺庙。他自己则在东固山的岩洞中修行达7年之久，共修行了约30年。

历史记载中的东固山的山洞，学者们考证就是博格达察罕喇嘛修行的另一处道场，至其大弟子道宝迪彦齐赤列扎木苏时开始修建了一座五开间的寺庙。这就是广化寺的最初原型，也就是现在人们俗称为喇嘛洞的由来。

道宝迪彦齐赤列扎木苏喇嘛圆寂后，由于察罕迪彦齐，察哈尔迪彦齐和额尔德尼迪彦齐三人分别建了各自的寺院，并分开居住。所以，留在东固寺（喇嘛洞）中的吹斯嘎巴迪彦齐守护博格达察罕喇嘛拉西扎木苏法坐，他于顺治十五年（1658年）又在那座东固山的山脚下建了一座九开间的大殿，吹斯嘎巴迪彦齐和众僧坐禅修行了将近30年，于康熙二十三年（1684年）圆寂。

土默特部是在阿勒坦汗时期引入藏传佛教的。位于"托浩齐村"的白塔山摩崖石刻就是博格达察罕喇嘛于16世纪中叶所建的道场，当慕名走进白塔山时，人们在感受岁月变迁的同时，留下了一份祝福。

白塔山的遗存分为四部分内容，第一部分为岩刻佛教文字群，从山脚下攀山而上便可看到底层横向排列的蒙、藏、梵文字岩刻群。长约百余米。高2至3米，虽经风沙和雨水剥蚀，少量摩崖字迹模糊退化，但大部分保存完整，刻字清晰。

在这些岩刻文字中，以古蒙古文最多，少数为藏文、梵文，均为阳刻，其中落款为温布洪台吉、巴尔虎台吉的岩刻最具代表性。

温布洪台吉，为阿勒坦汗、乌讷楚（三娘子）所生第七子不他失里的长子，汉文史籍记为"长哑不害台吉即温布，又名素囊"（见日本学者森川哲雄论文《关于17世纪初内蒙古的三位佛教宣扬者》）。《阿勒坦汗传》记载了"无边信仰的温布洪台吉"简要事迹：一是自黑虎年（1602年）至红羊年（1607年）的5年间，受扯力克汗和钟根哈敦之委派，温布台吉等五人统领五部蒙古骑兵护送四世达赖喇嘛云丹嘉措到拉萨，第二年返回时，按照四世达赖喇嘛的安排，将迈达里活佛迎到土默特地区，使其法架坐于大召寺达赖喇嘛的法座上。二是1602年到1607年的5年间，与扯力克，钟根哈敦一起主持了108卷《甘珠尔》经文的蒙译工作。三是用珍宝建造了西方四佛之一的不动金刚佛——召阿格素毕之塑像，供奉在大召东侧小召寺内。

他还独自提议并委托锡埒图·固什·绰尔吉翻译了11世纪西藏佛教噶举派的创始人之一米拉日巴的传道歌集《米拉日巴道歌》以及西藏噶举派开山祖师仲敦巴大师的《宝鬘论》（见《米拉日巴道歌》）。

而巴尔虎台吉则是"永谢布万户喀喇沁巴尔虎岱青台吉"（见蒙古文版《阿勒坦汗传》）。

第二部分为摩岩佛教造像，分布于佛教文字岩刻之西的半山腰、山顶附近的岩洞内，造像有浮雕，也有线刻，共30余尊，最高者1.2米，最小者0.3米，主要有释迦牟尼佛、普贤菩萨、文殊菩萨、千手千眼观世音菩萨等，这些菩萨除个别风蚀不清外，大多佛像形象庄严，线条流畅生动，具有较高的艺术价值。

第三部分为岩洞，在半山腰和山顶附近，有五处岩洞，为苦修喇嘛及弟子们的坐禅修行处，其中西侧一岩洞，洞高2米余，深约7米，洞中有佛造像。其余三个洞也有佛造像，但不如西侧岩洞进深。其中一个洞内无佛像但有题刻。山顶附近洞中尚有可移动的雕像石。除此而外，洞口处还刻有藏文"六字真言"及"释迦牟尼"，并有石块修筑的台阶墙址遗迹。据学者辨别，石造像具有藏传佛教噶举派佛像的特点。这些自然形成的岩洞，均为喇嘛们当年修行之处。

第四部分为佛塔遗址，山顶上原有白塔一座，山下也有佛塔数座，据耆老们回忆，这些佛塔均属阁楼式建筑，塔座莲花雕饰，经历400多年风雨沧桑，仍留下高贵的风姿。但在"文革"中，这些佛塔全部被毁，现只有废墟数座。

通过游览白塔山石刻群，可以了解到当年佛教徒们在悬崖上用工具刻下的记事，可以更多地了解到明代蒙古文的使用情况。而白塔山的摩崖石刻文字及造像则充分表现了雕刻、绘画、书法艺术的纯熟。

从工艺上看，白塔山摩崖石刻出自多人之手，其年代也有几十年的距离，比如有的岩刻刀工娴熟，有的略显稚嫩，但基本上反映了蒙古文书写的风貌。

博格达察罕喇嘛在白塔山建起道场后，土默特万户的牧民经常在此处聆听喇嘛讲经说法。晚年后的博格达察罕喇嘛将修行的道场移到东固哈达山（今喇嘛洞），最后其弟子兴修殿宇，成为今天的旅游景点喇嘛洞。

因此，白塔山佛教遗存与喇嘛洞是一脉相承的，它与土默特左旗境内的小朱尔沟摩崖石刻、把什狮子山小喇嘛洞构成一条文化长廊，是反映16世纪土默特社会文化的重要组成部分。

1578年，阿勒坦汗与西藏大活佛索南嘉措在青海湖畔盛大会见后，藏传佛教的法号迅速风靡草原，给蒙古族带来了深刻的影响。此后的数十年间，呼和浩特及附近地区相继建起了众多寺庙，使得呼和浩特成为梵宇林立、金碧辉煌的召城。

从白塔山的佛教遗存来看，它是土默特部在北元时期有声有色的历史剧，白塔山的佛教遗存如同佛教文化一样，除了留下部分摩崖石刻文字和摩崖佛造像外，其它则如著名历史学家翦伯赞所讲"像鹰一样从历史上掠过，大多数飞得无影无踪，留下来的只是一些历史遗迹或遗物，零落于荒烟蔓草之间，诉说他们过去的繁荣。"

从历史和考古角度来看，研究土默特部蒙古民族的资料虽算不上丰富，但也可谓不少，而白塔山的摩崖石刻文字和摩崖佛造像，恰恰为我们研究土默特蒙古民族的历史提供了极其珍贵的资料。

历史是根，文化是魂。其实对每一位到访者来说，无论是平民还是显贵，历史就在人们身旁，它既不抽象，又不遥远。

置身白塔山，不知不觉中，已是下午时分。是啊！历史的天空，阴暗晴晦，变化莫测。一天的访问结束了，离开这座圣山的时候，苍苍茫茫的大山时隐时现在白云间。在山脚下，仿佛看到当年的信徒聚集在圣山上，双手合十，面向石刻顶礼膜拜。

白塔山的访古，引发了不少历史记忆。灯下回味，觉得它既可以增加对山川风物的认识，又可启人心智。

揭开大青山摩崖石刻浮雕佛像的神秘面纱

——探访红山口沟石刻佛像遗迹遗址

高金贵

　　呼和浩特市新城区毫沁营镇的大青山红山口沟内，有一处当地村民叫召湾的地方，召湾的峭壁悬崖上刻有两尊佛教造像，造像下的山坡上，有不知是哪个年代的建筑遗址，依山势分四层，层层平台拔高，处于斜坡中的递进平地，每层平台前均筑石墙，以封存积土。平台上至今有清晰可见的房屋石头基础，平台上散落着青砖、灰瓦、彩瓷，黄、绿、蓝三种琉璃瓦残片，大型人工石条、石臼及汉白玉龟趺残石等生活和建筑构件。不难想象，这里曾经是寺庙林立的地方。

　　红山口村的老村民告诉笔者，这个叫召湾的地方，听老人们说几百年前曾是庙宇群，高山上峭壁的石刻佛像从小就见过，远处就可望见菩萨巨像。召湾是块风水宝地，山上有石洞，环境幽雅，泉水常流，据说是佛教的圣地。

　　史料上对此有些简单的记载，但摩崖石刻佛像是哪个年代雕刻的，浮雕佛像下半山坡的庙宇群是哪个年代开始兴建的，到什么年代建成的，又是在哪个年代损毁的？从史料上难以查到权威的考古、鉴定结果，对村中老村民的访问中也难获悉，摩崖石刻佛像的"身世"笼罩在神秘的面纱中，扑朔迷离。

新城区在制定文化产业发展规划时，为将本区内的摩崖石刻佛教浮雕造像及该处的庙宇遗址搞清楚，新城区区委、区人民政府邀请自治区博物馆馆长邵清隆等专家学者，由区、镇、村相关领导和相关部门负责人配合，组成大青山红山口沟摩崖石刻浮雕佛像调查组，于2008年8月中旬对该处遗迹、遗址进行了为期三天的调查、考证，并撰写出《红山口沟摩崖石刻佛像调查报告》（以下简称调查报告），试图考据摩崖佛像雕刻及庙宇群兴建的年代，撩开其神秘的面纱。

笔者作为调查组的成员，参加了此次调查的全过程，并将调查中的所见所闻记述如下，以飨读者，并供有关专家学者深入研究参考。

环境幽雅　堪称圣地

红山口沟摩崖石刻浮雕佛像，位于阴山山脉大青山的中段。从呼市新城区毫沁营镇的红山口村向北入红山沟，顺沟行进4千米，即到摩崖石刻浮雕佛像及庙宇遗址处。

据红山口村的老村民介绍说，那里环境幽雅，四面青山峭立如壁，夏秋季节，如壁的山崖下满坡翠绿欲滴的青草，郁郁葱葱，是一处宝地。

站在召湾的沟底，可见东、南、西、北四面青山环抱，西面、北面的青山悬崖相连，形成一个高大的扇贝壳形状的山势，悬崖下面是70°以上的陡坡，陡坡上长满绿茵茵的山草，望去似绿的海洋。石刻浮雕佛像位于正北山崖石壁上，正北山是石刻遗迹的主峰。主峰北面是樱桃山，樱桃山上的迭水壶瀑布气势如虹，远望似一条洁白的哈达，从山崖凹处飞流直下，神奇秀美，蔚为壮观。主峰左侧的红山口沟从北蜿蜒而出，向右来到摩崖石刻山坡前，急转180°大转弯，向东200米后，又一

★高金贵：男，汉族，酷爱民俗研究，先后撰写了《揭开蟠龙山神秘面纱》《新城区大青山文化旅游资源》《揭开红山口沟石刻佛像面纱》等文章。

个180°急转弯向西南而下，该沟此处连续两次急转弯，在两次转弯处的里湾突起圆圆的两座山，当地村民裴满元说，南边那座山，村民叫阴山（阴壁山），北面那座叫马鞍山。北山的佛祖造像和半山坡的庙宇群主庙遗址及正南的马鞍山、阴壁山正好是在南北一条中轴线上，由此构成了四面高山峭壁环绕，一条泉水蜿蜒而出的地形地势。

秋高气爽的中秋季节，我们来到召湾，仰视正北山，只见从河谷谷底到摩崖石刻处，满眼绿景。置身其中，新鲜的空气，夹着山草的香味，沁人心脾，令人心旷神怡，犹如陶醉在世外桃源。

现在，虽然已人去庙毁多年，但秀美的召湾仍吸引着山里的飞禽走兽来这里生存。考察中，我们碰到蛇在草丛中悠闲地爬行，看到半山坡飞起成群的石鸡。遗址平台房基中，有獾子"修筑"的窝，獾子出没在平台的草丛中。

石刻佛像 保存完好

位于正北主峰的山崖峭壁，主峰高高耸起，威武壮观。峭壁下方的山崖上，现存两尊石刻浮雕造像：

其一为佛祖造像，高约3米，结跏趺坐在莲花台上；面型丰满，垂目俯视，神态庄严，前胸平坦，身披袈裟，衣纹流畅，双手擎于胸前，作说法像，面部稍有破损。

佛祖像下面的山坡上，长满树木、花草，从沟谷仰视佛祖造像，佛祖像半掩在草丛林中，绝壁的山崖和茂密的树林之间的佛祖像显现着安静、幽雅、自然柔和的神韵。

其二为菩萨造像。位于佛祖像左侧下方，高约8米，立于莲台上，脸型长圆，头戴花冠，身披缨络彩带，双手合于胸前，双腿微弯曲，面向右侧佛祖，作微笑状，神态极为生动，惜眉鼻稍有破损。

据考察组推测，在佛祖雕像的右侧，仍有一菩萨雕像，应与左侧菩萨像等高，形态亦应略近，面向中间佛祖像。惜年久山石积土掩埋，已不可见。

由此构成一组浮雕佛像，中间为端坐莲台之上的佛祖，两侧为立于莲台之上的侍卫菩萨。这组石刻浮雕佛像，其技法为线刻高浮雕，质朴浑厚，形象逼真，粗犷而不失灵气，堪称传神之作，整体保存完好，清晰可见原貌。

人工洞窟　风韵依存

位于浮雕造像的左下方石壁处，发现有人工开凿的四处洞窟，东西排列，大体成一字型。洞与洞之间有台基小路相连，台基狭窄，仅容单人通行。石窟大都呈圆型，窟内平坦，遗存有方形青砖。从东向西我们依次编为一、二、三、四号。其中，一号洞呈扁圆形，依石崖山势稍高于其他各窟，面积为4平方米左右，窟内石壁没有抹泥土的遗迹，窟口偏向东南方。二号窟最大，东西5.3米，洞深4米，高为2.4米，能容纳几十人。洞窟内正北面还套有一小洞，宽、深各为0.9米，高0.7米。三号洞窟最圆，面积约5平方米，洞内抹黄泥土打底，白灰墙壁，保存较好，只可惜门楣已脱落，此洞口前有一小平台，平台前有人工修筑的石墙，以封存积土形成平台。据考证此洞是当年高僧面壁悟道之所。四号洞和一号洞相似。据分析，一、二、四号洞应是供奉佛像之洞。

分析推测，在浮雕造像的右下方，也应有人工洞窟，应和浮雕佛像左下方的石洞并列，只可惜浮雕右边的石壁由于年久已被碎石积土掩埋，难以挖掘再现。

顺便说一下，位于第一层平台的左下方，有一大型石洞，石洞门的上沿距第一平台36米，处于沟谷湾。红山口村的老村民对笔者说，小时候进石洞玩过，能容纳好几百人。现任红山口村村委会主任裴建民对笔者说：他进过这个石洞，石洞很大，也很深，洞壁上刻有文字，不认识。笔者来到石洞口，只见沟内上游山洪冲击泥石抬高河床已将洞口淤堵淹没，不能入内。此洞是天然形成，还是人工所凿，史料无记载，村民们也说不清，有待考证。

高银表所著《中国大青山》（内蒙古人民出版社1999年出版）一

书对此洞这样记载："庚午夏，笔者曾在洞口发现一残碑，碑上残留的文字是：'五群经洞间风振太宗雷动西域踵门……号为活佛由是麻里咸……'"以此推测，此洞可能是当年的藏经洞。

庙宇遗址　清晰可见

洞窟下面是陡坡，坡度在70°以上。在洞窟下100多米的缓坡处，依坡人工辟为四层平台，每层平台前均筑石墙，以封存积土，构成斜坡中的递进平地，每个平台约有100米长，东西排列，层层拔高。平台上留有庙宇遗址和大量青砖、灰瓦、琉璃瓦、大型白色大理石石条等建筑残损材料。庙宇遗址均为坐北朝南，南向开门。从遗址和屋基及散落的建筑构件上分析，这四层台阶应是当年的庙宇建筑群所在地，规模之大可想当年建筑时所耗的工力非同一般。

最下面的第一层平台离沟底40米，已无建筑的痕迹，平台东西长80米，宽10米。现遗留有大块平石，零乱散落，原可能有庙宇山门式标识，是进入庙宇建筑群的大门所在地。大门可能全是用巨石垒成，构成庙宇群的石大门。据红山口村的老村民说，原来在此台阶上有许多白色长型大理石，沟外村庄的农民早些年常去拉白石条盖房屋，现在几乎拉光了。的确，在此台阶上，仅有巨石遗留，而无巨型人工石条了。

第一层平台之上约5米，为第二层平台。东西长度100米，比第一平台长20米，宽度为26米，比第一层宽16米，是最宽的一个平台。第二层平台现存两处建筑遗迹，均为长方形，现仅存石筑墙基，一处长为11.6米，宽为6.8米。另一处长为10米，宽为5米。平台处散落大量砖瓦等建筑残损材料，还有大块人工残损白石条，平台的东侧遗留有一块汉白玉龟趺残石，细看似龟非龟，实为赑屃。赑屃是古代一种传说中的动物，力大且承重，后人刻石为赑屃形状，作为立石碑的碑座，取力大承重之意。遗留的赑屃残石长1.1米，宽0.9米，高0.6米，脖径周长1米，直径0.3米。背部有长方形的石槽，应是立碑的碑槽，只可惜碑首、碑身不知流落何处。

第二平台之上约12米，为第三平台，东西长50米，显然是第一层、第二层平台长度的一半，宽10米。第三平台的东半部显然是当年人工挖去了土石，其底部和第二平台持平并相连形成一个较大的大平台，东西、南北各约50米，没有屋基遗存，推测当年为类似广场的平地。第三层平台上有几处建筑遗址，均为长方形，现仍有石筑墙基。

第三平台之上约27米为第四平台。东西长为100余米，南北宽为20米，是最大的一个长形平台。封堵积土的人工石墙现残存约有15米，高为4米，墙体中间砌有一层大型方块青砖，青砖上下均为条形石。方块砖镶砌在石墙里，推测是为了使石墙更坚固，防止石墙高处上面的积土挤垮石墙。该平台上现存石筑墙基的屋基遗址八处，并有近晚期民用房屋残墙。基址前留存有46米长的石阶小路一条，砌筑平整，保存完好，应是当年该平台上东西行走的通道。平台上散落有青砖、灰瓦、琉璃瓦、大型石块等建筑构件的残损材料。其中一块石条长近3米，宽近1米，还有石臼等生活工具遗物。

第四层台阶之上至上面的山崖脚下，约有100米，是较陡的斜坡。斜坡上，有几处零散的人工石砌的台基遗存，每个台基宽2米左右，高2米，呈不规则形遗留半山坡上。此段陡坡上有大量残损的青砖、灰瓦、琉璃瓦等建筑构件散落，满山遍野，随处可见，以灰瓦残片居多。据此分析，在这一陡坡上，当年也筑有庙宇，庙宇与庙宇间有人行小路相通，只是因坡陡年久，人行小路已无从考证。

遗迹遗址　撩开面纱

经调查组对石刻佛像、寺庙建筑群遗迹遗址遗留物的多角度综合分析考证认为，呼和浩特市新城区北部大青山红山沟内的摩崖石刻浮雕佛像是大青山乃至阴山山脉雕刻佛像历史最早、形体最大的浮雕造像，也是保存最完好的摩崖石刻佛像。调查组对此做出了断代结论："其雕刻年代在唐辽之间。"据此，如果从唐朝算起，那么至今已有1300多年的历史了；如果从辽代算起，那么至今也已有1100多年的历史了。

至此，位于大青山红山口沟内摩崖石刻浮雕佛像终于揭开了神秘的面纱，露出了"庐山真面目"。

调查组的《调查报告》表述到：位于红山沟内的摩崖石刻浮雕佛像"是研究阴山河套地区唐辽至金元时期的历史和宗教的珍贵资料，不仅具有很高的历史价值，也具有极大的艺术价值。"

位于摩崖石刻佛像下的寺庙建筑遗址，《调查报告》认为：当年曾是寺庙建筑群，建设规模较大，其建筑年代"从唐辽延至元代，历代不断扩建，到元代建成覆有琉璃瓦的寺庙建筑群，这在元代的大青山是一处具有相当规模的寺庙群，对于研究大青山乃至阴山的历史文化和宗教也具有很高的艺术价值。"

撩开了红山沟摩崖石刻浮雕佛像的神秘面纱，这一千年石刻古迹当属大青山里一处珍贵的历史文化遗产。身临其境，绿草如茵，山水绝秀，环境幽雅，峭壁高悬，犹如进入世外桃源，感觉到这确实是一处绝佳的佛教圣地，壮美如画的自然景观令我们啧啧赞叹，摩崖上粗犷而不失灵气的石刻浮雕佛像，历经千年，形象生动逼真，也令我们对先人鬼斧神工般的雕刻技法由衷敬佩。

抢救保护　刻不容缓

大青山红山沟摩崖石刻佛像历经千年风雨，仍形象逼真。鬼斧神工般的高超刻技，给我们留下了非常珍贵的物质文化遗产。这处历经千年的遗迹遗址，在不被人们认识之前尽管隐匿在深山之中，却遭受着持续的损毁，抢救保护它，刻不容缓。

满山遍野残损的青砖、白色大理石条、琉璃瓦、彩陶瓷、布纹瓦，已难见一块完整的，就连遗留的似龟非龟的汉白玉赑屃，头部和尾部也被严重损坏。至于石碑门匾等刻有文字的构件已荡然无存，不知下落。大型的汉白玉石条虽有遗留，但均已是残条。

特别是遗迹遗址处于开山炸石的险境，石刻遗迹的附山已有早年开山炸石的痕迹，遗迹遗址前位于中轴线上的马鞍山、阴壁山已被炸掉一半，成为残山，严重破坏了该地的自然景观，已不可再生。摩崖石刻浮雕菩萨巨像的莲台也有疑似人为损坏痕迹。

此次调查组完成工作后，新城区人民政府、毫沁营镇高度重视，迅速采取临时性的措施，禁止任何人在此地开山炸石，设立保护性的标志。新城区人民政府着手向上级文物部门申请，力争把该处遗迹遗址列为重点文物保护单位，纳入法律的保护范围之内，依法予以保护。

《中华人民共和国文物法》规定，岩画、石刻、古遗址受国家法律保护。笔者呼吁：大青山红山沟摩崖石刻浮雕佛像的遗迹遗址是先人留给我们的珍贵的历经千年的物质文化遗产，不可再生，保护刻不容缓。它是我们人类共同的永久的文化财富！

一本尘封了300多年的族谱

韩国栋

2017年冬，土默特历史文化研究会通过内蒙古民族事务委员会原副主任、蒙古族历史学者荣盛先生、云南省宣威市蒙研会副会长余绍凯先生联系，收集到了17世纪原土默特部最后一位领主俄木布后裔的家谱。经过讨论，研究会觉得这对于完善及续写土默特部历史有着重要的意义。

2017年12月7日，研究会一行四人在荣盛先生的带领下到达昆明，与早已等待着我们的包氏文字辈族人陈艺文女士相会。在昆明休息一晚后，在陈艺文女士及其家人的陪同下大家乘车赶往300公里外的会泽县者海镇，采访居住在者海镇包氏族谱守护人包世福先生。

打开了包世福的家谱，看到了清朝顺治元年至民国时的族谱。

包世福说："1519年阿勒坦汗任土默特领主，领有十二土默特之大部。在他的努力下，经过40年不懈努力，实现蒙明友好，在发展农业、畜牧业生产中，他接纳了数万的边内农民，使农业成为畜牧业的补充。他修建了呼和浩特，使一部分牧民走向了定居，他引进藏传佛教（格鲁派），使之成为全民族的宗教信仰。

1582年元月13日，阿勒坦汗去逝，土默特部失去了强有力的领袖，个别领主间争夺部落、权位，导致土默特部削弱。

1627年，蒙古察哈尔部林丹汗率部向右翼蒙古地区进攻，土默特部被击败。1628年，逃亡中的土默特部第四代大汗卜石兔去世，长子俄木布继位归降林丹汗。

1632年，后金国主皇太极率军追击林丹汗，林丹汗闻讯，渡过黄河进入河套地区躲避，后金大军兵不血刃占领了土默特。随后纵兵掳掠，下令烧绝板升并带走所有没有躲避的土默特部众，只留下了寺院。1634年，土默特领主俄木布及其头目古禄格、杭高、托博克率众投降了后金。

皇太极诏令'安堵如故'，所谓的'安堵如故'即对土默特部的领地、俄木布的政治地位的确认。

然而，降清后的俄木布未交上好运，有人向后金密报俄木布谋反，于是俄木布无缘无故被后金逮捕，削职为民。之后，清廷令俄木布手下头目古禄格为左翼都统，杭高为右翼都统，同时诏令他们仍然驻牧该地区。

顺治元年（1644年）俄木布长子博罗率兵随清军出征追击李自成，远离故土从而踏上了征程，后人均落籍他方。云南始祖包承祚于康熙十二年（1673年）随西安将军瓦尔喀平三藩入四川阻击吴三桂，后与清廷名将赵良栋征云南，并于康熙二十年（1681年）克昆明，镇守宣威。后因放走吴三桂后人而被削去爵位，留守云南。雍正八年（1730年），滇东北土司残余势力联合反清，包承祚长孙包振德在云南省东川府会泽县者家海（现者海镇）平定彝乱，拓荒屯田，后裔世居会泽者海至今。

300多年来，云南土默特包姓蒙古族裔为避免民族压迫和孤立歧视，隐瞒蒙古族籍，与汉族世代通婚，宣威、曲靖等地的包姓族人受包公文化影响，崇敬包拯，有的自称是包公后人，与包拯后裔宣威一支联宗修谱，融入包拯后裔汉族支系。近代蒙古族裔包姓，生活习惯与汉族一样，中华人民共和国成立后政府没有调查，直接登记为汉族。时至今日，大多数人已不知道自己是蒙古族裔了，家谱从包承祚开始，每一辈取一个字，分别是：'承先振气云，万象映成文，世继君主德，敦孝忠人伦，本源恪信义，书香裕后懋'。包家至今已有13代了，他们的名字已到了君、主辈份了。"打开家谱，第一页即记载："包家原籍归化城土默特奇源（乞颜）部孛儿只斤氏蒙古，由陕西籍南迁云南东川府会泽，世系陕西省西安府临潼县交口镇包罗村，迁云南东川府会泽县者海老街包家花园。"

尘封了近300多年的家谱，记载的包家的世系情况是这样的：

俄木布系

俄木布——长子包罗黄台吉、次子鄂斯吉、三子哈噶图、四子肖德、塔布囊伊勒蹬

俄木布长子包罗黄台吉系

包罗黄台吉（俄木布长子）——长子包承汗、次子包承祚、三子包承再、四子包承重、五子包承起。这一系除了包承祚去了云南，其余支系分布在甘肃、陕西等地。

包罗黄台吉次子包承祚系

包承祚（包罗黄台吉次子）——长子包先圣（蒙古名包·主）、次子包先朝（蒙古名包·尔海）、三子包先蒙（蒙古名包·特步）、四子包先元（蒙古名包·来）、五子包先兴（蒙古名包·严）、六子包先国（蒙古名包·赛英）。这一系分布在云南宣威等地。

包承祚长子包先圣系

包先圣（包承祚长子）——长子包振德（蒙古名包·直可尔）、次子包振达（蒙古名包·彦图）、三子包振江（蒙古名包·伲）、四子包振海（蒙古名包·特步）、五子包振龙（蒙古名包·呼特），该系只有包振德到了会泽，其余仍在宣威等地。

包先圣长子包振德系

包振德（包先圣长子，蒙古名包·直可尔）——长子包天才（蒙古名包·互）、次子包天华（蒙古名包·大实力）、三子包天文（蒙古名包·都呼）、四子包天魁（蒙古名包·速各）、五子包天昌（蒙古名包·出那克）。其中包振德平定彝乱到了云南会泽，该系除了包天才定居会泽，其余四个儿子则分布陕西、宁夏、甘肃、重庆及云南的曲靖、宣威，融入彝族、回族、汉族。

包天才四个儿包云文、包云彰、包云锦、包云绣系

包天才（蒙古名包·互，包振德长子，夫人爱新觉罗氏）——长子包云文、次子包云彰、三子包云锦、四子包云绣。包云文（包天才长子）因父亲包天才外出征战，送给了宣威戴氏，取名戴永年，后找到父母，将二老送终。因弟弟们不给分家产，包云文后人赌气不归，现宣威戴氏有近200口人。

包云彰、包云锦、包云绣系

包云彰（包天才次子）儿子包万顺

包云锦（包天才三子）儿子包万选

包云绣（包天才四子）儿子包万镒、包万龄。其中包万龄是清朝甲科武进士，精通祖传八卦旋风腿，曾抗击新寻甸土匪，组建者海团丁，为武庙题匾，并拥护维新变法。

包万顺、包万选、包万镒、包万龄系

包万顺（包云彰儿子）——儿子包象源

包万选（包云锦儿子）——儿子包象成、包象豫

包万镒 ——儿子包象弼

包万龄 ——儿子包象贤、包象乾、包象坤、包象清、包象荣

包象源、包象成、包象豫、包象弼、包象贤、包象乾、包象坤、包象清、包象荣系

据包氏族谱记载，包象源字沛川，在当地颇有威望，当时者海流传一句口头语："有事情，找包沛。"1933年去世，葬者海小石山祖茔。

包象源——儿子包映炳、包映赓

包象成——儿子包映华、包映光、包映旭（迁昆明海埂村）

包象豫——儿子包映斗、包映声、包映昌

包象弼——儿子包映煃、包映汉、包映钟

包象乾——儿子包映祥、包映东、包映澡、包映堂、包映科

包象坤——儿子包映南

包象清——儿子包映芳、包映芬

包象荣——儿子包映湘、包映澜、包映沧

成字辈

包映炳——儿子包成骏

包映赓——儿子包成义、次子包成聪

包映华——儿子包同尧，包映华曾任云南大学会泽院院长，迁昆明。

包映光——儿子包同舜、包同道、包同瀑

包映旭——儿子包同禹，迁维西傈僳族自治县

包映斗——儿子包成民

包映升——儿子包成民，迁昆明巫家坝

包映昌——儿子包成昆、包成安

包映煃——儿子包成樑、包成刚、包成栋

包映东——

包映澡——儿子包成旭

包映堂——过继族人儿子包成忠

包映科——儿子包成锐。包映科早年参加革命，为民国滇军营参谋长、独立团团长、第七旅旅长，死后葬于者海祖茔

包映南——儿子包成壁、包成信、包成云。1920年土匪抢劫者海街，包映南领村民抗击土匪，当时土匪有千余人，村民纷纷逃散，包映南孤身一人，寡不敌众，一只手被斩断，后被土匪掳至马摆河被害

包映芳——儿子包成恩

包映芬——儿子包成开

包映湘——养子包成富

包映澜——儿子包成蕃

包映沧——迁昆明

据《家谱》记载：雍正八年，包罗之子包承祚的长子包振德从云南宣威领兵平定彝乱，来到会泽的者家营，按蒙古人的叫法称"者家海子"，包振德的长子包天才饮了当地的水后会讲汉话，平定彝乱后，包家出了两位将军，武威将军包万镒、武信将军包万龄。

包世福说，在清代包家是有祠堂的，以后到了包万龄手里就把祠堂改成山西、陕西会馆。当时这个地方土匪多，抢了者海街。后来，包家出钱，当地的徐家出人，就把土匪打败了。然后在者海组织了团丁，成立了民团，在者海一个校场坝的地方练兵，并且修了小马道、大马道，训练刀法和马术，保了一方平安。

在者海至今流传着一句话，"包家第一，李家第二"，从民间的传闻可看到包氏家族在当地的社会地位。

包世福告诉寻亲组："包家的祖坟上，有两根龙柱，据包世福的爷爷讲，是当时清廷特意批准的，在者海的老街有一座忠义牌坊，也是清廷为表彰包氏家族的功绩立的，'文革'中祠堂被拆毁，龙柱、墓碑被打碎扔进河堤里，先祖的遗骸被埋进稻田里。"

近些年来包世福心中有一个不变的理想就是寻找包氏的族人，他说当年先祖从土默特出发时，是弟兄28人，现在有记载的只有会泽这一系和陕西、甘肃的族人。为了解自己的家族散落在各地的族亲，2007年，

包世福利用打工挣下的钱，走上了寻亲之路。他先是到内蒙古土默特右旗的美岱召、波罗营子等地考察后，按照家谱的记载包家曾在临潼县相桥镇包寨屯兵的记载，又去了陕西省临潼县相桥镇包寨村，在此找到了50户包氏后人，有200多人。尽管这是个平坦的村子，村里挨着火车站，但生活状况很差，大部分人家住在土房里，全村只有一个高中生，除了知道姓包外，什么信息也没有。

在包寨村寻访祖宗足迹无望后，包世福又将眼光放在临潼县交口镇包罗村，因为家谱上记载曾世居临潼县交口镇包罗村。当包世福找到了这个离相桥镇20里的村子后，村名已改为北骆村。这里有48户包氏家族住户，人口有200人左右，与相桥镇包寨村的包氏家族相比，这个村的村民生活水平要高于包寨村，除了钢筋混凝土砖瓦房外，家家都是仿古式大门。因为没有家谱，他们都不知道自己是"黄金家族"后人，但有一点与云南会泽县家谱记载是一致的，他们的先祖曾口口相传，在来到包罗村时，先祖们都不会讲汉语，而且先祖们还告诉他们的后人，包家有一支族人去云南打仗了。

在临潼县寻亲时，包世福还了解到，陕西省境内还生活着两支包氏家族的族人，一支是临潼蓝桥镇包家沟，是个山区，人口和上述两地差不多。另有一支是姐姐领着弟弟到了陕西咸阳永寿县包家窑，当时包世福因身上的钱已剩不多，只好终止寻亲。这次寻亲尽管不尽如人意，但包世福已有不少收获。一个乡村学者，具备如此高的历史知识，大家感悟到了他的执着。近年来，包世福不断研究自己的家谱，根据家谱他写出了一些有价值的文章，引起了云南省一些学者的重视。

关于云南土默特后裔《包氏族谱》所载临潼两个屯兵点所遗留后裔之我见

陈艺文

　　根据云南省曲靖市会泽县者海镇土默特包氏后裔珍藏的《包姓族谱》所记载，原籍呼和浩特土默特的末代顺义王博硕克图汗长子俄木布直系后裔、长子"包罗于清顺治元年，随伊拜（时任蒙古正蓝旗固山额真）移师山西追击李自成大顺军，经（山西）陶寺村入陕西占领西安，掌二百五十人屯兵临潼相桥包寨，顺治二年驻防西安，居陕西临潼交口子孙世居包罗村……后又屯兵临潼包寨。"（《包姓族谱》第28页、第29页）

　　据此记载，后人可以明确地获悉俄木布后裔离开世居呼和浩特草原的时间、原因、驻防的地点等信息。并由此推论出顺治元年至顺治二年（1644—1645年），包罗家族作为蒙古八旗兵，因追剿李自成大顺军随蒙古八旗正蓝旗固山额真伊拜移师山西，经陶寺村（今山西省临汾市襄汾县陶寺村）入陕西，占领西安。驻防临潼相桥包寨（今陕西省西安市临潼区相桥镇宽容村委会包寨村民小组）、临潼交口包罗村（今陕西省西安市临潼区交口镇孙赵村委会北骆村民小组）的情况。

在临潼驻防的两年时间里，包罗家族是否在当地遗留有包氏后裔？在近年来文献的理论支撑、学术研究以及前期走访（指2007年云南土默特后裔包世福到临潼寻访）的基础上，我个人认为在上述两个地点出现的包氏家族，系包罗家族所遗留后裔的可能性较大。理由如下：

一、基本情况

2018年7月21日至23日，根据掌握的一些线索及包世福前期走访反馈的信息，我以私人身份（云南土默特后裔普通一员）在陕西省西安市临潼区找到了包氏后人。在为期三天的走访中，我通过田野调查、实地走访、文献梳理、价值判断等方式，对上述两个地点的包氏后人进行了走访。

7月21日，在临潼肥研所（化肥研究所的简称）的一幢老单元楼里，见到包虎济（男，1962年生，临潼区交口镇孙赵村北骆组村民小组长，现系驾校教练员）和其妻王白琳（原孙赵村妇女主任）。

包虎济（以下简称"包"）：我家在临潼区交口镇孙赵村北骆村民小组，离临潼市区30多公里，这里的房子是为了方便照顾小孙女，同儿子、儿媳一起租住的。我所在的交口镇孙赵村下辖有13个村民小组，有1000多户，4000多人。北骆组是唯一有包姓人居住的村民小组，这个小组一共有50多户，300多人，其中包姓人有40多户，200多人，是名副其实的北骆村第一大姓，其余的是1958年外迁进来的外姓人家（张家3户，杨家、赵家各2户）。

陈艺文（以下简称"陈"）：北骆村以前叫啥名字？

包：北骆村以前叫啥名字，我还真不清楚。十多年前，云南的包世福来过临潼一次。那时我陪他寻访到村里一位老人，听那位老人说，北骆村以前有两口子，男的姓包，女的姓罗，后来去了云南打仗，这个村子就各取了夫妻两人姓名的头一个字，叫包罗村。只是听说的，不知道是真是假。

陈：家里有《家谱》吗？村里建有祠堂、牌坊之类的吗？

包：没有，从来没有听说过，也没有见过。村里没有祠堂，也没有牌坊。

陈：包家40多户，一家都没有《家谱》吗？

包：没有，一家都没有。如果有，肯定每家每户都会知道，从来没有听说过哪个包家有家谱的。

陈：现在是繁衍到第几代（辈）了？

包：因为没有《家谱》记载，也没有口传，我们都不知道是来这里的第几代啦！

陈：那有没有听家里的老人讲过，老家是哪里的，打哪儿来？

包：没有，从来没听老辈们讲过。

陈：包家人起名字，有字辈排行吗？

包：说实话，我爷爷那辈是啥字辈我都说不清啦。父亲那辈倒还有字辈（寿字辈：包寿岳、包寿全、包寿民、包寿峰），到我这辈就都不算字辈啦（包淼济、包亚济、包虎济），因为家族的排行字辈，一般是在名字中间，我们几哥弟的都在最末尾一个字，所以我这么说。我的儿子辈、孙子辈也没啥字辈啦，年轻人自己取名字，有些直接找取名公司取名字。

陈：包家人与当地人在生活习惯、风俗各方面有啥不同的特点？

包：没有啥不同的地方，吃、住、服饰都与当地人一样，没啥特别的地方，他们过啥日子，我们过啥日子，过年啥的都一起过、一样过。

陈：北络组包家人的情况怎么样？（男女比例、受教育程度、工作情况等）

包：这40来户200来人，大部分是种地务农的农民，男女比例差不多是1：1，平均文化程度是小学吧！大学生也是最近几年才听说有的。年轻人不爱种地啦，都跑出去打工了，很少有人在政府部门、机关单位，做生意发大财的人也没有，都是本份过日子的人。

陈：北络组包家出过啥有影响的人物吗？

包：大部分都是种地的农民，有影响的出过一个叫包可钢（音）

的，是原西安市中级人民法院的院长，现在已经去世了。年轻一辈的有个叫包亚斌的，在南京军区当团长，他的弟弟叫包少斌，是个大学生，现在在江苏工作。他们两兄弟，是包家最有出息的人啦！

陈：你是啥民族的，你知道吗？

包：（顿了顿），我是蒙古族吧。

陈：为啥？你身份证上不是汉族吗？

包：十多年前，包世福来过临潼，找到过我们。他拿着一张复印的家谱，告诉我们是蒙古族。

陈：我们明天去交口（镇）吧，去村里看看。

包：（笑）好啊，我们平均一两个月回家一次，也该回去看看家门了。

7月22日，我、包虎济、王白琳一行三人，驱车来到距离临潼市区30多公里的交口镇孙赵村北骆组，在包虎济老宅内见其小爸（包虎济的叔叔）包寿峰（男，67岁，北骆村村民）。包寿峰在肯定了包虎济说法的基础上，补充了以下内容："现在村里包姓家族中最年长的77岁了，我也算老辈人了。77岁那位老人得了重病，神智都不清了，说不出啥名堂。比我们辈份高的人还有，但是年纪比我们小，更是不知道历史了。原来我老祖有一个坟墓，'文化大革命'期间被砸掉了，啥也没留下。"

我到村中环顾一周，发现包姓族人都聚居在一起，一家挨着一家，仅有少数外姓人家散落其中。

离开交口镇北骆村，我们来到距北骆村20公里的临潼相桥镇包寨，采用个别谈话、集中座谈的方式分别对包寨的四名包姓后裔走访。（因当地包姓族人对外地陌生人的防范心理较强，所以不愿意透露过多个人信息，为尊重他们隐私，除最为年长的包永强老人外，其余三位我没有留下他们的具体名字。）

包永强（男，80岁，临潼相桥镇宽容村包寨组人）：我不止一次听祖辈说过，我们包家是从山西来到的陕西，先到了北骆，再从北骆到的包寨。也有长辈说，是先到的包寨，再从包寨到的北骆，不管是从哪到哪，总之我们包寨和北骆的包家，是同一个祖祖（祖宗）就对啦。

综合四位包姓后裔的发言，总结如下：1. 包寨现有包姓人家50多户（不超过60户）200来人；2. 包寨的包姓后裔，同样没有流传现世的《家谱》与口传，风俗习惯与当地人无异；3. 《家谱》也许有过，但是没有人见过。即便曾经有过，也毁在了"文化大革命"期间；4. 包寨包姓后裔的人员构成、男女比例、受教育程度与交口镇北骆村的情况大致相同（详见上文）。

为期两天的实地调查结束了。值得关注的是，交口镇北骆村的包氏与相桥镇包寨的包氏，历史上从来没有往来。这次临潼寻访，为双方今后的交流互动，开了一个好头。我建议包虎济充分发挥村民小组长的优势，做好交口、相桥两地包姓家族的族谱登记工作。

二、文献梳理

通过为期两天的调查走访，基本掌握了临潼交口镇、相桥镇两地包氏家族的基本情况。为进一步厘清交口镇北骆村与相桥镇包寨在当地《史志》中的历史渊源，特别是现在的"北骆村"与《包氏族谱》中提到的"包罗村"是否为同一个地名，我于7月23日相继到临潼区图书馆、区政府、区委、区政协、区档案局、区史志办、区民政局（地名普查办公室）等相关部门查阅文献资料。先后查阅了《陕西省地方志丛书》、《临潼县志》、《西安地名志》（2009年版）、《临潼县地名志》（1987年版，临潼县地名志编纂办公室编纂）等资料，综合出以下信息：

1. 据清顺治《临潼县志》记载："明代，本县有镇11个：新丰、零口、交口、栎阳、相桥、康桥、广阳、关山、斜口、阎良、马额"。据此记载："相桥""交口"系明代即确定名称的集镇，成书于清乾隆三十九年的《包氏族谱》第28页、29页所记录的"相桥""交口"应以记载相对应，为同一地点。《包氏族谱》的空间指向性准确、无误，不存在错字、谐音的问题。

2. 据清顺治《临潼县志》记载："自商、周至宋、元，临潼县村落具体名称已无可查考。"言下之意，临潼现有的村落名称应出现在元朝以后的明、清时期。清康熙年间的《临潼县志》虽记述有自明代相沿而来的较大村落，但经过认真查阅，"包罗村（北骆村）""包寨"的名字并未出现在康熙年间的《临潼县志》中，这也意味着，"包罗村（北骆村）""包寨"的名字应出现在康熙以后的历史年代。

3. 1940年实行新县制后，乡村以镇、堡划分行政区域时，包罗村（北骆村）、包寨的名字同样并未出现。

4. 1987年6月，临潼县地名志编纂办公室根据1985年的统计年报，编纂的《临潼县地名志》中，第一次出现了北骆村、包寨（村）的名字。

5. 2009年版的《西安市地名志》中，这样表述这两个地名："北骆村，位于交口街西北4公里处。解放前因骆姓居此，且在交口骆家村之北而得名"，该词解并未涉及到"包罗村"，仅说明了与"包罗村"谐音的"北骆村"来历；"包寨村，位于相桥镇2.9公里，驻宽容村委会，在宽容村委会东部，关油2号路通过。清顺治年间因提倡乡里间宽容，初名宽容村，后因包姓由栎阳镇鲁寨村迁此，得名包寨村"，该词解说明了"包寨村"的由来，但是当追根溯源去查"栎阳镇鲁寨村"时，现有文献资料中无该地名的任何信息，线索中断。

6. 在县志的《名人录》中，发现两位包氏后裔——

"包苛岗，1927年生，北骆村人，原名包万瑞。1942年8月参加革命，1945年入党。在陕甘宁边区高等法院关中分区任书记员。1947年参加解放战争，1950年在省法院刑庭工作，1955年到市中级法院工作，1974年在省国防工办工作"。

"包文杰（1917—1980），北骆村人，早年参加中国共产党。青年时期曾在冯玉祥的青年军官学校受训，参加过冯、阎倒蒋战争。1937年任交口镇联保主任，经常和许权中等同志一起搞地下工作"。

其中包苛岗与第一部分包虎济所介绍的本族包氏名人相吻合。

三、基本结论

散居在现陕西省西安市临潼区交口镇、相桥镇的包氏家族，在漫长的历史长河中，没有书面的《族谱》传承，没有代代相传的口头传承，也没有固态的风俗文化遗留，但是在以下三个方面，体现出与现居云南的土默特后裔有一定程度的渊源关系：

1. 姓氏：姓氏，是一个人的家族血缘关系的标志和符号，承载的是同一个祖宗繁衍下的家族延续信息，具有子嗣、族属、组织等社会功能。从这个意义上说，目前临潼地区除了交口镇北骆村、相桥镇包寨这两个村落外，暂时未发现其他地区有一定规模包氏人聚居的情况，从受访者的表述判断，两地的包氏族人有血缘关系的可能性较大。

2. 居住的地点：临潼包氏家族，相对集中的居住在临潼区交口镇与相桥镇，这两个地点与《包氏族谱》中述明的地点在（乡）镇、村落的名称上高度吻合。其中现在的"相桥镇包寨（村）"与《包氏族谱》第28页第十一列、第29页第二列完全一致（"相桥包寨"在《族谱》里出现过两次）；现在的"交口镇北骆村"与《包氏族谱》第29页第一列所述的"包罗村"发音相近，应为漫长历史变迁中书面记载、口口相传过程中的变音、谐音所致，同时不排除有方言的误差；相对规模的同姓（氏）人员聚居，且有口传系"同一祖祖"（相桥包寨的包永强老人口述），应排除不同族仅同姓（氏）情况发生的偶然性。

3. 字辈排行：特别值得关注的是，在临潼地方文献史料中所记载的两位包氏名人——包苛岗（原名包万瑞）、包文杰，其字辈"万""文"分别与《包氏族谱》第28页第八列中所列字辈"承先振天云，万像（象）映成文，世继君主德，敦孝忠人伦，本源恪信义，书香裕后懋"中的第六辈"万"字辈、第十辈"文"字辈重合。

综上所述，在为期三天的走访中，通过田野调查、实地走访、文献梳理、价值判断等方式，我个人对临潼交口、相桥两地包氏后裔与云南会泽包氏的渊源关系持肯定态度。因知识水平有限，仅在实地调研和现有文献的基础上，做出一些主观推断，匆促成文，不免纰漏。在此亦诚恳希望得到各位专家、学者的批评指正。

1979年至1985年的呼和浩特市
直属乌兰牧骑发展始末

文　馆

　　1979年9月，经呼和浩特市委、市政府批准，成立呼和浩特市直属乌兰牧骑，市文化局指派荣春风负责筹办，队员主要来源于一部分七五届内蒙古艺术学校毕业生，一部分从市属专业文艺团体中抽调，办公地点设在市文化宫街戏曲培训招待所（原呼和浩特市艺术学校），为市文化局二级单位，编制30人。

　　市直属乌兰牧骑的办队特点是：以民族歌舞为主，民间、地区特色为辅的歌舞艺术表演团体。乌兰牧骑承担两个任务：一是繁荣活跃呼和浩特市的民族、民间歌舞，接待国内外来宾的参观、访问、旅游演出；二是密切配合政治任务及中心工作，进行宣传演出。

　　1979年7月22日，呼和浩特市文化局党委任命王维昌为乌兰牧骑指导员，荣春风为副队长。9月29日，举行呼和浩特市直属乌兰牧骑成立大会，并明确每年10月1日为乌兰牧骑建队日。

　　1980年，呼和浩特市总工会带领乌兰牧骑到内蒙古、呼和浩特市大部分工厂慰问。春节前随内蒙古、呼和浩特市两级政府组成的拥军优属慰问团，慰问驻呼中国人民解放军，并随同呼和浩特市第三慰问团慰问驻呼各兵种部队，受到部队官兵的热烈欢迎和盛情接待。3月，受市外办的委托，与日本《苍狼》电影剧组合作，拍摄了成吉思汗订婚一场戏（拍摄地点在市西郊外、大青山下霍寨沟）。同年6月，乌兰牧骑全队与香港凤凰电影公司合作，在市旧城小召半道街合拍《塞外夺宝》。其中许多演员扮演剧中重要角色。 与此同时，乌兰牧骑赶排节目，参加呼和浩特市乌兰牧骑会演，以及内蒙古独唱、独舞、独奏"三独"会演，并取得较好成绩。

1981年，乌兰牧骑和市晋剧团合排大型民族历史剧《三娘子》，1982年，乌兰牧骑地址搬迁到文艺大楼，从此有了自己的排练厅和办公室。1984年，市文化局党委任命荣春风为乌兰牧骑党支部书记，云来宝、哈木图为副队长。1986年，乌兰牧骑为外国来华到呼参观、访问、观光、旅游团体的200多个国家、4000余人次进行了演出，还为国内各省、市、自治区访问、参观的50多个团体8000余人演出500余场。演出节目突出民族地区特色，有歌舞、乐器独奏、合奏等，节目小型多样、热情欢快，演出场地和接待形式不受约束，受到各国访华外宾和国内专访团体的欢迎和称赞。另外，圆满完成市政府交给的演出任务，多次受到奖励。

市直属乌兰牧骑在完成对外演出和市政府慰问演出任务的同时，抽出一部分人员对全市群众业余文艺团体进行了不同形式的辅导工作。长期辅导的单位有：市总工会，市第一、第二、第四毛纺织厂，市中蒙医院，市第二中学，内蒙古精神卫生中心，市蒙检幼儿园，内蒙古建筑学校，玉泉区文化馆，玉泉区少年之家，木偶剧团，通道街小学，工人西村小学，工读学校等，协助他们培训文艺骨干，创作演出文艺节目。还抽出力量，每年举办为期一个月的歌曲创作学习班、舞蹈训练班、声乐训练班、器乐训练班等，从而密切了群众关系，发展了群众文化。

乌兰牧骑先后派人到上海、天津、北京等地文艺团体、艺术院校向名师学习，不仅提高了专业素质、鉴赏水平，还带回了一批好的节目。

张建华去北京学习电吉它，学会《草裙舞》《卡不列岛》《潜海姑娘》三个独奏曲，成为重点保留曲目。舞蹈演员赵江滨参加内蒙古舞蹈研究班，结业时汇报集体创作舞蹈《青山狩猎》。1983年又参加中国舞蹈家协会在北京由戴爱莲主教的"拉班舞蹈"学习班，乌兰牧骑全体演职员还专程到太原、北京观摩学习，请来著名舞蹈家、知名声乐教授进行辅导。每年乌兰牧骑平均考入艺术院校1名，成为全自治区各文艺团体培养艺术人才显著成绩单位之一。如乌日娜（声乐）考入中央民族学院文艺系，崔志刚考入中央音乐学院作曲系，刘文君考入上海音乐学院音乐系，吕一强考入北京师范学院音乐系，富玉柱考入内蒙古师范大学音乐系。这5名学习深造的同志里，有蒙古族2人、回族1人、汉族2人，其中女性2人。市直属乌兰牧骑成立近7年来，培养出一批艺术创作人才，并创作出一批有较高艺术水平的舞蹈、歌曲、器乐曲，如荣春风创作的歌曲《马蹄哒哒走边疆》，获1980年呼和浩特市创作一等奖，《草原青城之歌》获一等奖，《马背教师》获作曲奖；吕一强创作的器乐曲《挂红灯》，舞蹈曲《唱支山歌给党听》，小合唱《草原上的小河》，独唱曲《团结幸福的家》《额吉纳河、我的母亲》等，在呼和浩特市电台《每周一歌》播放，在音乐专刊上发表；武文夫是知名的舞蹈家，曾在大型历史歌舞剧《东方红史诗》中扮演重要角色，后下调到内蒙古并到市乌兰牧骑从事编导工作，由他创作的舞蹈《欢乐的草原》《刀光闪》《天摩舞》等均获奖；白晓明创作的《欢乐的草原》《牧歌新曲》等舞蹈，部分作品获得创作奖。1982年，白晓明被评为全国少数民族优秀青年。在演唱表演人员中，也涌现出不少较有成就的艺术骨干。如女中音歌唱演员胡巧玲，1982年内蒙古电台播放她的独唱歌曲《草原青城之歌》《心中的小河》《夜牧姑娘》，呼和浩特市电台将她演唱的《草原青城之歌》选入《每周一歌》。1984年又选入她演唱的《野菊花》，获得听众好评。达力玛是专门演唱蒙古族长调的蒙古族女歌手，她嗓音辽阔豪放，具有浓郁的民族风格和生活气息，日本《苍狼》电影剧组录制了她演唱的歌，她还参加了内蒙古代表团赴京演出，由她演唱的歌曾多次在电台播放。还有演奏员云来宝、李宏、张建华，舞蹈演员白晓明、赵江滨、金浩顺等不少作品在内蒙古电视台、电台播放，在观众中产生了一定影响。

1985年，呼和浩特市直属乌兰牧骑改称为呼和浩特市民族歌舞团，市直属乌兰牧骑全体队员成为市民族歌舞团团员。

乡梓方言忆旧

黄静涛

　　一般而言，旧话、老话并不都是废话。老人阅历多、体会深，他们的旧话和老话往往是前事、旧事的写照，是口头的历史记录。他们的话往往能补充文字记录的缺失，订正书面记载的舛误。这里所述，也多是记忆所及的自身所历、所见、所闻和所传闻，权当作一个老人的挝边鼓。是为序。

一

　　近来偶然在报刊上发现各地多在做方言的调查和研究，又载文学界也在谈论作品的方言论题。自己不属此道，不过，因此我也想到我家乡的方言研究。那里是不是也有动向？

　　前些日子，有人从呼和浩特来，带给我几种当地的土产食物，很宝贵，他同时又把一本名为《方言咀英》的书放我的文案上。封面上的"方言"二字，入时而又入目。只是当时，正专心别的功业，无暇拜读。幸好后来能腾出一些时间，想起它，就从橱上拿下来。书中介绍这本书是谈内蒙古中部地区（山西人从"走西口"的故事出发，称之为

"西部")的汉语方言的，著者也是中部汉族人。本地人谈本地方言，现身说法，可以视为当地文化"土产"。有点儿意思的是当日来人把此书与食物一起给我，这倒使我兴致起来，正是"物质文明二土产，齐致异乡异客家"。喜遇啦！

据我看，这书不是如书名所示谈"言"的。它在训诂，它只谈"词"——这当然可以。这二者相对地说，不尽相同。"词"只是"言"的最小构件，可随意配置的单元；"言"却成句、成话；"词"不表达什么心意，"言"却是人们内心世界的流露。这书的名与实，不太相符。有其名，少其实，辞典的雏型尔。

对于所选汉语诸"词"，著者的功力大致施向两方面：一是解释"词"字的含义，词诠，这事历来最难；二是追索这些"词"字的源流。他"追索"的办法不是面向群众，面向实践，而是着眼于汉文书籍（自然不妨）。他从中外文籍中，摘录出现与"西部"（实为中部）方言中相同的字词，以证他所说的汉语"方言"是有文字渊源的，是词之"英"，堪"咀"，了不起。但是，我注意到那些书籍（外国的除外）都是长城以南的东西南北地方的作者所著，用东西南北的人通用的文字语言，描述东西南北地方的风土人情，而由东西南北地方的书店印制的成品。中间无论作者、叙述者或出版家，没有一个是属于长城以北的。那么，书籍中怎么出现了内蒙古"西部"地方的语词呢？是不是长城以北的汉族人南下，向那里的作家传授的呢？不可能，也没有证据。相反，我看只能有一个解释：汉语"西部方言"语词不过是长城以南的语词的移植，正是一些北向移民例如晋人把这些语词带来的。如此说来，还谈得到汉语的"西部方言"吗？那些语词"口"里人也说而且载之书面的呀，更何况书所引不是"言"，只是"词"而已，单独的"词"很难分别什么地方不地方。

不妨再设想一下，用古证今，用文籍证口语，自来不乏先例。不要说专书如汉代的《方言》、清代的《续方言》、近代的《新方言》，以至于《金元戏曲方言考》等，就是谈论"方言"的不专之书，这种办法也是有的，随手可以指出明代田成的《西湖游览志余》，就有用古书见证杭州方言的大篇文字。所以，本书著者的办法，不算是新创，自然也可以充分肯定著者的劳绩。他或者可以看作是内蒙古中部地区出现记述汉语方言语"词"的先行者——在前我没有看见类似的著作。如是，那就是开风气之先，有功德。

对我来说，"咀英"后，有四点感悟。

1. 感受启发。我原是古丰州滩（即所谓"西部"）人。生长在那里，也说那里的汉语方言。但是，抗日战争开始，我就辞别家乡，远出从戎了。近80年来，虽然曾经因工作需要，几次受邀回到那里，而来去匆匆，不曾与乡老语言接触，很多语词已经失忆。此书所列诸词汇，很有启发作用。已失忆的东西又记起来了，而且因此又想起不少书中未列的词语，无形中增进了乡梓之谊。别的同乡老人或亦同感吧。

2. 此书大致不似科学研究的雕砌，而是以自得的笔调行文的。遣词造句，略示飘忽，不那么沉重。同道们尽可以循此为题，引为谈薮。茶余饭后，聊以遣兴，增加一些生活的闲情逸趣，以文会友嘛！这对于语词的挖掘也应有间接助益。

3. 本书可以是一种案例、示范，它可能无形中在客观上鼓励人们在汉语"西部方言"诸"词"的研讨径路上进一步前进，做更多、更广的努力。它不妨是一个探"词"通津的舟楫，是"西部方言"诸词研究的初阶要得。

4. 是书不必天衣无缝。要求金要足赤，那是苛求。但是，后来者应以此书为戒，不要浅尝辄止，要绕开或失，使得"西部"语词和"方言"的探索，更臻完善。

上述这些话，当然只是一个离乡老人涉猎的一隅之见，老话。不是什么评骘。权作内蒙古汉语方言的学人做点参考。

方言及其词汇的确需要探索，这是一片很有学术价值的空地。"西部"如此，东部也如此；汉语如此，蒙古语也应如此。印象中，当年绥远省民众教育馆好像做过一点儿调查，几种志书中也略有涉及，只是不获而中辍了。可叹。

方言诸词的种类不一，探讨可以试用各种方式和方法，但是，我想最重要的还是深入民间，深入实践，不必一味斤斤于或迁就于旧时文籍。文籍所载不必都对，尤其不必都适用于现实的具有地方特点如所谓"西部"的真实含义。我这里顺便举个例子。金元戏曲中，每有"台孩"这么个词。注家依据原书载文，定释为"骄傲"或"气宇轩昂"之义。我乡中亦有这个词，声韵作"tai hai"，汉文依音韵写作"台孩""胎孩""抬颏"（均为古典原文）也可以，但含义却大不相同。一位老农，冬日无事，坐在太阳照射的墙根儿，捉完皮袄里的虱子，伸伸臂，暖哄哄地靠墙睡着了。那个睡态，过路人看见，必说老人睡得多么"台孩"；又如人家有吃有喝，无忧无虑，别人也说，这家光景过得"台孩"；有人骑在骡背上，任由它轻步小趋，十分自在悠闲，路人也会说，他骑得"台孩"。所以，乡语中的这个词，实在意味着"安逸""闲适"，不是什么"骄傲""轩昂"。而且从他所引文学语意上，"台孩"也没有注家所说的含义。其实，"台孩"云云，是个蒙古语词，是它的音译，其含义正是"安闲"。注家的释义与这词的本义似有距离。

又如"倒喇"这个词，在元曲中也有，在诗词中也偶尔出现。它的含义都被释为"歌唱"，因此，也写作"倒郎"。但是，《词苑丛谈》却释为"金元戏剧名也，似俗而雅"。为了求证，我翻了我所能见到的元曲典籍，却没有一种戏剧以"倒喇"命名的。其实，这词乃是蒙古语词，含义是"出声""唱"，可以是"倒喇"，互相谈话也称"倒喇"。我乡方言中就有这个词，而且使用频繁。就《词苑丛谈》所举例子看，也是描写且舞且歌的一阕《满庭芳》词，并不是什么戏剧。它的释义不够实在。这样的例子还可举出。由此证明迷信古人的、古书的载录，不是好办法，主要的还是要费点力气就地问问民间，向实践讨教为妥。那些不见载籍的语言与词字，不见得就不是"英"，我反而以为更"英"一些。方言探究的办法，到底还是得讲究一些。

二

方言是个大学问。研究不宜孤立地看，它只是通常语言总体的一部分，需从总体的角度考察。

世界上无论强弱、贫富、贵贱、尊卑，人们都承认语言的重要。梁启超引德国人类学家的话说"血浓于水，语浓于血"，意思是语言为辨定民族的最要紧的标准，血统比较起来，要淡一些。马克思更认为语言与血统、习俗一样是早先人们共同生产与生活的前提，"语言本身——这是一定集体的产物，而从另一方面说，语言本身也就是这个集体的现实存在，而且是它的不言而喻的存在"（《资本主义生产以前各形态》）。这种语言，一般说，起先都是人们在劳动中发出的自然声演而成氏族语言，后来是部族语言，民族形成，就又成了构成民族共同体的要素。

在民族语言的通行与发展链条中，时常会遇到方言这个环节，中外古今莫不如此。马克思曾指出，斯拉夫语是"由十种至十二种方言组成的"，这种情况在汉语中，特别是长江及其以南地区也有类似的记录。方言是民族语言形成的关节，同时它也应当是民族形成的环节。

据记载，汉语的方言分布之广、历时之久，是著名于世的。古书所谓"五方之民，言语不通"（《礼记》），"言语异声，文字异形"（《说文》），正是指此而说的。方言这个概念很古老，在汉代就出现，而著于书面则在东汉的《风俗通义》上。它正是方言的实际存在的反映，它除了将杨雄的书定名《方言》外，又指出古时的统治者有派人到处"采方言"的事例。到处去"采"，说明方言之广、之多。所谓"百里不同俗"，实在不妨看作"不同言"的同义语，即"异俗之语"。马克思指出清代的太平天国运动，"太平军活动区所讲的话有四十种各不相同的口音"（《中国问题》1862年），口音也就是乡音，可以拟为乡语、方言。太平军活动于长江流域如吴、越、楚、荆等地，仅这么个区域竟有如此不同，此外的地域可以想见。

鲁迅先生说："中国的言语，各处很不同。单给一个粗枝大叶的区别，就有五种，而这五种中，还有区别"（《门外文谈》），他说的也是南方。梁启超这段话，更具体了："以同一民族，而其言语庞杂，沟绝不能相通，则未有中国人若者也。闽粤不必论，而吴、越、鄂、齐、燕，莫不各有其方言。非互相迁就，则相对不能交一言也。不唯省与省为然耳。一省中，一府中，乃至一州县中，出闾阎而若异域，比比然也。"

"吾粤为尤甚。鄙人粤之新会人也。所居距治不过二百五十里，而言语已不能通。尤奇者，与吾乡相距十里许，有一小乡子，有居民万余人，皆李氏，其语并吾乡人，亦一字不解。"《历史上中国民族之观察》。

你看，多么复杂。如此看来，内蒙古出现东、中、西部地区的方言，实在不足为奇了。当然，或者不致像江南那么纷繁。

方言的形成，应当看作是客观历史发展的必然，不是哪个单独的私人致之的，正像它必将消失也是历史的必然，不是私人任意左右的一样。

研究方言必须在概念上有个清晰的了解，什么是方言？怎样界定？自己水平低，未敢自信，这里权且冒失一下。不妨假定，某种地区山水利弊、气象寒暖、土壤肥瘠以及人文因素等，构造出一种深具特色的自然环境，宜于吸引和集聚相应的人群。这些人群在这里世代相传，生聚滋息。他们利用周边的地理条件，自耕自织，自给自足，既不与外界互通有无，又没什么赍币往来。他们只结成自身的生产和社会关系，养成自区的风俗，通行自己地区的语言。语言当然是民族的通行语，却在措词、命句、语音、语法方面，赋予了独特的成份，以致别地人听不懂，说不来，俨然一种异族语、闭塞语，如前述梁氏所谓那种。而封建制度、交通阻绝以及天灾人祸，加重了这种方言异化，及至帝国主义入侵，中国沦为半封建半殖民地，使之更加凝重，几乎成为拒绝和抵御外来的一道壁垒。

　　我自己也曾是方言分子，但是内心总不放心这种方言，希望改进、变革。当然，要承认客观的存在，没法否认既存的方言的现实。

　　方言的意义何在？这要从阴阳两方面看。

　　阳面看，方言的存在至少有五个特点：一为它的切用性。方言植根于民间。群众在生活与生产中所生发的七情六欲，都从方言中表露。为此，方言特别地创造出极为生动活泼的语句。这些语句极具生命力，即使方言一旦消失，这些语句也会在通行语中存留，成为它的组成部分，而普通话也必然吸收，以使民族语言更丰富多彩。二为它的凝聚性。共说同一方言的人，彼此总觉得自然亲和、融通，"亲不亲，家乡人"，"乡"就是同语。即使在异乡，遇到操同一方言的人，不论如何陌生，一交谈，特别欣喜。"他乡遇故知"，这据说是人生四大喜事之一。这"故知"就是故语，不必只指老友。有个故事说，浙江的钱镠原是乡里的无赖，后来出外闯荡，混得不错，被五代的梁祖封为吴越王。衣锦还乡，聚集乡老，引喉高歌，用的是"官话"，乡人听不懂，反应冷淡，场面失洽。于是他用乡音（吴语）唱道："你辈见侬底欢喜，别是一般滋味子，长在我侬心子里。"（这恐怕也是文字译语，未必吴音原句）唱完，举座和唱，欢声振席，非常融洽。这个例子表明当年当地方言的凝聚功力之大。这种凝聚力对于保护本地利益、团结本地人成为一体，极为重要。三为它的排他性。对非本地人、说异乡话的人会很戒备，称之为"侉子"，不情愿许彼异乡人加入此乡，以保持自家的纯一性，要来也须融入本地方言。四为它的自信性。本地人总认为本地方言是民族最正确、最通行的语言。清时雍正年间，福建地方政府曾用闽语向朝廷上报地方政情，朝中没有人看得懂它说了些什么，立即退还原奏，让他们用"官话"（通行全国的汉族正音吧）重奏，并诏令各省都要设置"官话"训练机构。由此可知，本地人是何等地自信自家方言。就是清末，不是还有用方言写小说如《海上花列传》的吗？五是它的稳定性（保守性）。方言随着生产的发展以及社会局势的演变，也有演变趋势，或新造词语，或吸收某些外来词句，但是不论怎么演变，它原有的声韵、语法结构以及语义，终究习惯化不变。中华人民共和国成立，全国统一，而地区方言依然没变。乡人觉得顺口、方便、习惯、亲切，约定俗成，实在没有法子。

但是，从另一方面看，它的消极作用也很强，坚持方言不变，它不利于本地社会经济的开拓；不利于新物质、新思想、新气象的吸收；不利于与外界的物质和文化的交流；不利于国家、民族的真正统一；不利于民族语言的普及。这种不利也要警戒。中华人民共和国成立，百业通兴，新的社会制度，也为研究和改革诸方言创造了空前的物质与精神保障。

历史地看，方言形成及其实地影响，历来受到人们的重视。在封建时代，新官异地莅任，第一要事就是采风，而"风"的最大门槛乃是方言。弄不清当地的方言，你就很难入俗，因而你的施政就难通行，就是今天，方言理论知识仍很重要。实践的需要及资料的积累、经验的增益，已逐渐出现专事方言研究及改革的语言学家，特别是专门的方言学家，现在方言已成为特立的学科，叫作方言学，而且有不同的学说，他们的理论体系不可无视。仔细学习一点儿方言理论知识，对于研究这里所说的"西部"方言，应有实践上的指导作用。实践证明，有正确的理论指导和自发的没有理论驾驭的实践大不相同。

自己不是方言学家，对于乡梓语言的了解和研究也很隔阂。可是对这方面的事有时也挂点儿心，总觉得方言必须消失，研究它的终极目的不是要巩固它，而是要改革它。可是，究竟应当怎么办？没底。不过，我想鲁迅先生的这些话，倒是很有启发意义，应当重温。

"方言土语里，很有些意味深长的话。用起来很有意思，恰如文言的用古典，听者也觉得趣味津津。各就各处的方言，将语法和语汇，更加提炼，使他们发达上去的，就是专化。这于文学，是很有益处的，它可以做得比使用泛泛的话头的文章更加有意思。所以我想，启蒙时候用方言，但一面也要渐渐地加入普通的语法和词汇去。先用固有的，是一些地方的语文的大众化，加入新的去，是全国的语言的大众化。现在确已有着好像普通话模样的东西，大家说话，既非'国语'，已不是京话，各各带着乡音、乡调，却又不是方言，即使说得吃力，听得也吃力，然而终归说得出，听得懂，如果加以整理，帮它发达，也是大众语中的一支，说不定将来还简直是主力。我说要在方言里'加入新的去'，那'新的'的来源就在这地方。待到这一种出于自然又加人工的一普遍，我们的大众语文就算大致统一了。"（《且介亭杂文》）

这真是通情达理，宜于整治方言的好方针，其于文学更切要了。但是，我想要付诸实施，一个前提是必具的，这就是调查方言，要熟悉它。

<h2 style="text-align:center">三</h2>

"西部"方言及其历史的研究，是"西部"民族、社会、移民乃至宗教及其历史最重要的途径，"西部"方言的考察与研究的领域，因此也甚为广阔。语言学家及兴趣于此的乡友，在这里尽可以施展才力，纵横驰骋。为今之要在于及早地、迫不可待地做出可行计划，组织力量，有步骤、有方向地广泛调查基层，访问乡耆，积累资料，写出"西部"方言志，编纂方言汇全之类的成文卷档。我不知这一工作是否已经进行，希望没有历史遗憾。

我很有兴这事。但是，离乡这么多年，一切陌生。抗日战争以至于今，那里必然有诸多变化，这对我来说，尤如隔世，没有说话的资格。现在身处异乡，水平有限，体力也不佳，实在是如《诗》所说"吾仪图之，爱莫助之"了。

自己新事无知，可旧事有些却还依稀。这里就抗日战争前的亲身体验，试着来一点儿概略的回忆，略抒乡谊，算是为新事供献一点儿有限的历史资料，不是有"温故知新"的话吗？我所说的"家乡"，专指人所共知的土默川，即以土著——土默特人而名的平原，俗讹为"土慕川"。它的范围即后来的七县二市领域，面积北至大青山，南达长城"二边"，东至卓资山，西迄黄河。这里平坦无遮，土壤肥沃，气候适宜，物华天宝。"海海漫漫土慕川"，历来境内境外人们的口头禅如此。五原、临河及伊克昭盟，被称为"套"，不在此域内。

这里是个民族迭兴区。现在几个民族（蒙古、回、满、汉）彼此杂居，而主体是汉族，汉语为各族共同使用的交际工具，这个历史已经很久了。

这篇文章，大致从三个方面铺陈：话、谚语、谣，这都在方言范围内。

首先，话。

（一）通行的几乎无例外的是山西省语，这是山西移民带来的。这里的居民除世代土著土默特人外，都有晋裔身份。因此，所谓方言，只是晋语的移植，它没有如前述的江南方言的那样复杂，那么隔绝。

但是仔细回想，好像也有声韵上的不同。如玉泉区老居民，在语音上，略似晋北的大同、右玉地方话，调显轻浮；在商业、金融界则多晋中以下地方的口音，调似淳厚；回族居民，也通行一般市民语；老年中，陇东语调不少，语中夹杂教门和阿拉伯语词。我听见他们中的贫民向本族住户乞讨时，就喊阿拉伯话，我就听不懂。老绥远城清朝时（习惯上叫作"新城"）的主要居民是满族，他们过去彼此间说不说满语不知道，他们来自北京，说汉语，一口纯正的京腔，与玉泉区老居民的通行语截然不同，特别明显。他们吃皇粮，举止很盛气，旧归化城人视之为"异类"。有人间或学这京腔，就辄受非难，讽之为"俩钱买个羊蹄子——咬筋"（"筋"即"京"的谐音），京腔不过是个"羊蹄子"，也不值钱。清朝倒台，"皇粮"没了，穷蹙开始，他们只有放下架子，就近向身边的旧城找出路。可这语言就得过关，一下子改音，去"京"入"晋"，不易呀！于是就在市面上出现了一种又"京"又不"京"的兼京兼晋的语调，听起来特别别扭，不用问，说这种东论西类的话调，绝对是新城的满人。当然，这种语言也正是"西部方言"的部分，是晋语中的变体，它有合理性，人们也接受。

乡村即七县二市地，通行晋语。沿近黄河的地方（如萨、托二县）

也间有秦陇口音，某些话也不易听懂，例如这样的话："格格哈勒乙哥特，吉吉磨来可舍千，舍勒佛，得乐乙前，达得车勒特哈兰。"这是循口音而录的语句。你能听懂吗？原来，他说的是："刚刚喝了一缸子汤，就急急忙忙扛上枪，上了房，当啷一枪，打得苍狼躺下了。"谁能想到竟是这个！但是，时间长了，掌握这种口音的规律，也能听出它的原意来。

此外，托县、和林格尔、清水河等靠长城的地方与大青山麓的居民口音也不甚一致，它们更接近"口"里晋北原话。

（二）在这种通行的共同语言中，无论用词、语调甚至语法，都是别地绝对没有的，这就是民族因素，主要是土默特语因素。土默川在"风吹草低见牛羊"时代，称"敕勒川"。通行的当然是敕勒族（即高车）语（或鲜卑拓拔语）。土默特人兴起，全域通行土默特（蒙古语的方言）语，一切地名、物名及社会生活用语，无一例外。这种语中是否有前民族（如突厥、契丹）语词的成分，没有研究过，理论上说应当有吧。

汉族农民进入本川，开始是"雁行"，春来秋去，为利而来，得利即去。后来逐渐留居，成为土默川居人。但是本地世代土著排斥，就不好办，出路一条是学土默特语，这自然不易。他们在与土著的交接中，时间既久，也就有了门道，编出口诀，像《急就章》一样，成为蒙古语的"蒙学"者的开蒙诀、入门编。这样的东西好像不少，只记得这么几句："庭格儿天，赶只尔地，人孔马麻利，骆驼体面羊哈尼，老子阿巴娘埃记……"编法很巧妙，句法有律，又有韵脚，很符合汉语规律，易记易说。这样，汉语的天、地、人、马、骆驼、羊、父亲、母亲这几个蒙古语名称都学会了。这些都是自愿自行的，没有谁强迫。当然，它与蒙古语原韵有距离，不容易听懂，土默特人虽然不免讪笑，毕竟也能意会地接受。

土默特生产方式的转型，当地社会经济的变化与市场的发展，致土默特语言使用领域越来越窄，使用频率越来越少，使用它的人数也越来越稀。这种语言到处碰壁，一代传一代，它终于被历史边缘化，进而被淘汰。首先就在大小黑河两岸。这里的土默特住户最早汉语化，明代人指之为"汉夷"，即汉化了的土默特人。这些人抛弃了自己的民族语言，把汉语（主要是晋语）当作自己的"祖语"，却嘲笑依然保留民族语言的大青山麓的土默特人，其实这反而嘲笑了他们自己。后来，山麓的土默特人也不得不历尽沧桑，被迫放弃民族语言，而向汉语靠拢，融于汉俗。清朝虽然屡颁禁令，但是人为的禁止，怎么挡得住客观的历史潮流？

整体上土默特本语消失了，也就是前引马克思所说的民族前提失落了，土默特没什么民族语言特点了，但很多语词似乎很有惰性，仍然留其活力，在通行的汉语中频频出现，例如地名。土默川的乡名、村名，百分之八九十是土默特语，汉名不多。汉语通行中，绕不开它，你必须照样说，你硬要把它改成汉语，绝对行不通。又如很多物名也是如此，如"棒子"称"卜浪"，"柽柳"称"速亥"，"松鼠"称"格㑳"，"山雀"称"百林"，"野玫瑰"称"马入"，等等，此外还有：一种搅拌面食称"苦雷"，"盗贼"称"忽拉盖"，一些山柴也有"蔡忽拉""爬柚""赫各林"等名，如此等等；动词如"收拾"称"忽拉"，"跑"叫"扛"，"运输"叫"忒"，"追"叫"段"，"扔"叫"曼"，"磕头"叫"毛儿古"，"死"叫"五亏生"，等等。人唱"大青山的鲁娄一布溜溜灰"，"布溜"意即"灰"；又唱："东南风习路路吹"，"习路"即汉语的"凉"，如此等等。在其他形容词、副词等领域也用诸多蒙古语词，也是人们习惯、无法避免的。这里不便繁举，以省篇幅。可笑的是人们有意无意间把这些民族语词，当作了汉话中的"土话"！

土默特蒙古语方言没有留下文学记录。探索与研究这个消失了的方言，不免叹难。现在这只能作为一个议题留存人间，待后来的识者从头收拾吧。

汉语中使用蒙古语语词，并不始于土默川地，例如元曲中就有事例可寻。元杂剧《射柳捶丸记》第三折：

"（阻孛云）：不会撒因抹邻（蒙古语意好马）

（党项云）：也不会骂门速门（蒙古语意'弓箭'）

（阻孛云）：好米哈吃上几块（蒙古语意'肉'）

（党项云）：打剌孙喝上五壶（蒙古语意'酒'）

（阻孛云）：莎塔八了不去交战（蒙古语意'退缩'）

（党项去）：杀将去牙不牙不（蒙古语意'走走'）

（阻孛云）：来者何人？我都哈剌儿了（蒙古语意'杀'），看这虎剌孩武艺高强（蒙古语意'强盗'）"

这是一出演绎契丹与宋在云州（即今土默川）战争的杂剧。二位契丹大将的汉语中，竟夹有如此清晰的蒙古语词。戏曲或戏台上的这种语法，实在是社会通行的集中反映，可见它的影响之广。

山西地区，据戏曲史家的考证，是金元北方杂剧的始发地。他们在晋南地方的乡镇找到宋、金、元北方杂剧的演出舞台，特别是洪洞县明应王殿内元剧壁画，更增加了元杂剧在山西的繁盛映照。而且还证明，杂剧的创作与演出，甚至是山西本地人用金元语演唱。20世纪20年代，晋剧北路梆子到口外的土默川流动演出，有一出《金沙滩》，其中金国兀术喊他的兵将为"巴都鲁"，不说"将士"，与宋朝战将韩昌对阵时，都不先唱早安，而呼"蒙斗"，以示敬意，其动作也仿蒙古式。可见迄现代，剧中引用蒙古语仍然不改。

晋地自古以来就是民族进出之所。春秋战国时代，就有"晋居深山之中，戎狄之与邻，拜戎不暇"的记载（《左传·昭公二十五年》）。汉以后，特别是晋永嘉以后，历代北族如匈奴、鲜、羯、契丹、女真、蒙古等，都曾进出山西。民族冲突增加了，可民族交流，首先语言交流也增加了，各族语言中夹杂对方的语句，好像也成一时风气。

元亡，明兴，屡次颁发诏令禁止胡语（即蒙古语）。"禁"，说明蒙古语在汉人中的通行，"屡"，说明禁而不止。在汉语（晋语方言）中使用蒙古语，一方面当然是交往的必须，是历史情势的不得不然，而另一方面如元曲及"胡语"这种约定俗成的传统风气，历史先例，也是原因之一吧。

（三）方言声调。自古汉语都讲平、上、去、入四声。隋《切韵》、宋《广韵》都如此。元《中原音韵》一出，来了个大转变，否认有入声，把它分别入阳平、阴平、上、去声。著者周德清是元曲家，他的主张是依据元曲中各角所唱辙韵而说的，后来的语言学家都基本奉之为圭臬。但是，在我看来，"中原"或如此，而在"口"外的土默川则颇有不同。这里的入声十分明显，如"拍"说成"pia"，"跌"说成"dia"，"麦"说成"mia"，"裂"说成"lia"，"捏"说成"nia"，"帖"说成"tia"等。这种声字，汉字绝写不出来，普通话也没有，纯属地方语音。用这声音说话，很普遍，它似乎例外地保存了古老的汉语传统，符合《广韵》的记录。

另外，汉语中有卷舌音。普通话中多以不"卷舌"的"儿""日"表示，往往"勒"与"儿"分不清，而土默川汉语却分明截然。房子"格儿"，绝不说成"格勒"；黄金"阿尔泰"绝不说成"阿勒泰"；灯"鞠勒"绝不说成"炬儿"，如此等等，这种口音在汉语普通话中绝不存在。这里的人认为"口"里人舌头"硬"，因而说不来。其实，我看这恐怕是蒙古语对汉语的影响，它带有独特的民族因素。

（四）土默川汉语方言，有些看似俚语，土里土气，域外人难于听懂。例如，说人的境界不好，称之为"克良"，其实这或者是雅语"可怜"的音讹；又如生活贫困，日子过得不好或者衣服破烂不堪，人家劝他改一下，他说会说，咳，"格浅"吧，这其实也是雅言"苟且"的音变；又如赞女子，说她"栓正"，这也许是"淑贞"的讹化；又如讨厌某人四处招摇，叫做"忽烈"（hulia），这或者与"狐狸"有关。俗传狐狸成精，变化形声，到处骗人惑众，从中获利，所以"忽烈"即"狐狸"的音转吧。又如驱马车行路，车夫一声"甲"，马即拉车前行，又一声"于"，车即停行，我看这"甲""于"之声，应当是"驾驭"二字的同义。此外还可以例举，兹不赘。

此外，不见于文字的土语语词很多，令人费解处随时随地可见。如土语中，每在语前加"格""日"，如"格塔"（谈话），"格老"（墙角）等；"日鬼"（弄），"日绝"（骂），"日哄"（骗）等，这"格""日"如此用法，类似的当然还有。

其次，谚。

什么是谚？说法好像不一。或说是讲故事，或说是有才德的话，或说是有韵的语言，或说是歌谣，各说都不错，我看不妨折衷一下。谚之为意，确有这诸种内涵。《说文解字韵注》认定它只是古话，宋人注为"俗语"是错的云云，不免谬执。你看这"谚"字本身的构成就很说明问题："言"字旁是"彦"，由人、文、采三字合成，这不就表明所谓谚，就是有文采的人所说的话；或者是人说有文采的话吗？这里是不论庙堂之人还是俚巷俗子。所以我看这谚硬是很有分量的语言。谚往往是成语、格言，它是人们历史经验的总结，是人们生活实践的概括，是心理活动的提炼，是指导行动的箴规。它的构成也很有意思，一种谚，总是有格有律，有韵有味，易于记忆，易于征引。它可能是诗词格律的原始，而后者不过是前者的滥觞，它是文人诗词的启运者。人们说话都很喜欢运用它，称"俗话说"，这"俗话"即指谚语。人们会注意到，古籍所载名人也都重视谚语，他们议论时，往往有"谚云""故谚有之曰"等的设词，可见谚语在人们表述中的分量。

俗语，历来人们重视收集，宋人周守忠有《古今谚》，明人杨升菴亦有《古今谚》，清人杜文澜更有一百卷《古谣谚》，王有光专注地方谚语，有《吴下谚联》。他们书中所收，我看必不都是民间流行的语句，其间文人篡改或制造的东西也有泥杂吧。可是，不论如何，终究保存了文化足迹。土默川民间也有众多的、广为传诵的谚语，它们的影响也不短暂。古人云，有亡人，不可有亡言，"亡"了的，也应追记，因此，现在再找一些在世的乡宿，请教记忆，可以补缀于万一。

我当年涉世很浅，也不曾遍走全域，所以，谚语知道的甚少。但是，我所接触的却有各地的人，他们所引用的谚语不免带有地方性。这么多年已经忘记，下面只录尚能复述的几条，信笔而写，不分类，不分地，不改篡。

农谚："庄户人，不用问，人家做甚咱做甚。"

"三月清明不见麦，二月清明遍地青。"道理不记得，大概指闰年与不闰年的区别吧，它影响春耕。

"清明不在家，入伏不在地。"这指栽蒜时间与成熟的时间，不指别的。

"东虹（读江）忽雷西虹雨，南虹上来发大水"。"大水"指雨涝，道理也不记得。

"犁耕三寸，泛土一尺。"这是隐喻人事的，当然，它本身是指如何扶犁的。

"……五九六九消井口，七九河开，八九雁来，九九又一九，犁牛遍地走。"又说"连阴误浇园子"。这些说法，不啻是《四民月令》的土默川版。

讽喻："死狗扶不到墙头上。"意为不堪栽培。

"人活脸面树活皮，墙头活得圪渣泥。"意指人自尊、知耻，不丢面子。"活"读若"hua"，"圪渣"为干巴了的泥浆，覆在土垒墙面，有遮护作用。

"溜沟子走遍天下，质卜头寸步难行。"意指弄谄的小人得势，耿直的君子到处碰壁。"沟子"即屁股，"溜"即舔。此谚刻骨形象。

"软的欺，硬的怕，见了老财圪蹴下。"讽刺不干活的二混子。"硬"读若"宁"；"圪蹴"即蹲、伏，让老财们踏着上马，卑贱啊。

"穿得烂，走得慢，腰里揣的元宝蛋。"意指莫看表面，貌似疲弱，背后却有实力；很滑稽、深刻。

"有的没的灰拍，（不知）光景过得怎说（sua）。"意斥油嘴滑舌，自吹自播的人。"拍"读若"pia"，"说"读若"sua"，"灰拍"意为胡说八道，"灰"在土语中，历来是贬义。

"破得两手泡，不怕旱加涝。""破"义为豁出去，不计后果。

"吃不穷，穿不穷，耗子偷不穷，筹划不到一辈子穷。"这两条好像是颜氏《治家格言》型。有意思。

"不怕慢，只怕站。""站"即停步不前，原指农田务活，实亦有喻别事。

"穷汉乍富，捻腰挖肚。""捻"即挺直，"挖"即"凹"，扁塌之义，喻遽然腾达，腰身似硬，实在腹中空空，没啥实力。

"龙生龙，凤生凤，生下耗子会打洞。"好像"老子英雄儿好汉"的同义语。

"马老了，踹了；人老了，坏了。""坏"即没用了，放弃了，"踹"读若"shuai"，义为疲废了，是自叹，也是叹人。

"后婚老婆后婚汉，睡到半夜蹬了蛋。""蹬蛋"即离异，各奔前程。经验之谈。

"没有金钢钻，敢揽瓷器缸？"这是一种自信或信人的比喻。

"三天不打，上房揭瓦。""不打不相识"。

"争啦，嗡啦；韭菜啦，葱啦。"喻讨厌人们的吹毛求疵，挑剔刁难的意思，农人的话。

"脑子里住壁虱了。""壁虱"即臭虫，意为糊涂，"虫"与"蠢"同音，可释为脑子愚蠢。

"城垣里埋鼓匠。"意为死鬼作乐，讽刺败家子的。

"大年三十吃烧山药，灰心入肚。"有点费解。本意在讽刺不求上进，或者可释为除夕迟曙（与山药即"薯"同声），毁薪（与"灰心"音同）以度（即过年吧）。

"三十年河东，三十年河西。"黄河改道，使土默特与准格尔领土界限复更，今年在河东，河一改流，明年反在河西了，二地每因此兴讼，俗即以此喻世事之无常。

"驴皮贴不到马胯上。"喻人事不相干。

"三棒打不出个响屁来。"喻人性格沉闷，讷讷其言，莫指望。

"土默特，葫芦蔓。"亲中连亲，如葫芦一样，多少果实结在一起，无法分开。

"混在经堂吃卷子。"如"滥竽充数"一样，这指伪喇嘛里的僧侣，也指一般世情与人事。

"咚咚喳、咚咚喳，白面烙饼奶子茶。"讽敲锣打鼓，坐在经堂含混发声，似在念经，其实无非吃好喝好而已，讽讥之，犹如滥竽充数。

"正福音，正福音，扶出外国人。"讽喻街头散发《圣经》诗与《福音》书劝人入教，乡人讨厌而斥之。

"斗金山的蚂蚱，唱不了几天啦。""斗金山"即金銮殿山。在土默川内，那里的野虫呱呱，秋天时叫得特别动听，似很得意，但深秋结束，它们也就完了，以动物喻时事与世情。

"慢工出细活。"

"一锹挖不出深井。"

"好出门不如歹在家。"

"打架忘了拳。"喻学不致用。

"石头往山里背。"喻徒劳、枉作。

"垄头一袋烟，赛如活神仙。"算是消受，也是无奈之中的自聊吧。

"祭神如神在，不祭也不怪。"乡人对神并不迷信，重心在"不祭"。

"吃水不忘掏井人。"

"丰州滩，金银堆，不在丰州噘了嘴。""噘嘴"即没饭吃，警教丰州地方的宝贵。

"好马不备双鞍。"喻世。

"有钱没钱，剃头过年。"自嘲语。

"骆驼死了，架子不倒。"

"走得正，不怕影儿歪。"

就写到这些吧，还有些失雅的谚语，弃之。

对于乡土之谚，从语言或方言的角度说，我是推崇的。但是，只记录原始，提供历史资料而没有研究，究竟应当如何认识这些资料，例如，这些谚语是怎样来的？是本地原产还是有外来传布？是什么人在针对什么情节而作俑的？都对吗？当时的人们是不是都认同？当时的风俗习惯如何？等等，自己都不曾措意。鲁迅先生有一篇文章，题目就是《谚语》，写于1933年。文说："粗略的一想，谚语固然好像一时代一国民的意思的结晶，但其实，却不过是一部分的人们的意思"，"某一种人，一定只有这某一种人的思想和眼光，不能超出他本阶级之外……舜之谚并非全国民的意思，就为了这缘故。"（《南腔北调集》）精辟！

最后，谣。

这里所谓的谣，只指歌唱这一方面，可以视之为歌谣、民歌。歌谣也是语言，不过那是长声的、摇曳的、带韵的语言，不是"歌咏言"吗？它是劳动人民在田野中的申诉，是社会生产和生活的声音反映，观民风必从听民谣取义，歌谣的构词极具精炼、艺术，它实在可与格律诗词并传。我这里只从方言角度说。本土的歌谣特色，也就是本土语言的特色。

土默川民谣的语言（表达方式）大概有这样几种形式：秧歌、小唱、山歌。前二者率为集体，后一则是个人的。秧歌大概原是传自"口"里的，这"秧"字本身就不是本地的特色（除少数菜瓜外，庄稼不插秧），但是，一旦流入本境，就不免化入方言，仍称秧歌；小唱也不始于本地。据记载，朱明官庭的歌舞即称小唱，它们原来也产自宣化、大同一带边境地区，后来自宫庭又流入民间，群起而效之。随着流民出"口"，这种艺术也随之在塞北演唱。几个人组班，人们称之以"小唱班"。农闲时，随时由爱好者组织起来，循乡扫地而唱，很像是内地古时的"路歧"。人们特别是年轻男女非常欢迎。这种小唱现在改称二人台，这有点匪夷所思：第一，那是一个"班"，不止二人；第二，他们扫地开场，平地演唱，并没有什么"台"；第三，这是个历史形成的乡村歌唱，要承认历史传统，何必改称？第四，他们是小唱，其唱曲也大抵是宣化、大同地区流行的曲目。二人台这名则没说明是做什么的。

山歌最普遍。民歌即民风。古人采风，其实就是采歌。它的歌词最不能雕琢，最少伪饰，它真正是人们心声的表露。这里录一段曾经收集过土默川民歌的刘半农先生说过的话："我的爱赏歌谣，就可以说是极自然的趋向了。我并不是说凡是歌谣都好的。但歌谣中也的确有嘉作的，就是真能与我的情感互相牵引的。它的好处，在于能用最自然的言词，最自然的声调，把最自然的情感发抒出来。人类之所以要唱歌，其重要不下于人类之所以要呼吸，其区别处，只是呼吸是维持质体的生命的，唱歌是维持心灵的生命的。"（《半农杂文二集》）半农先生是掀起文学革命、反复古的战将，也是提倡收集歌谣的先行者。他正是来土默川收集民歌而感染流行病去世的。土默川民歌爱好者应当以更多的集品纪念他。他这里明确指出民歌也有好和不好的区别，很是。

土默川的山歌，调子很多，风格也不免有异，这里只就风味及其特色，试举一曲验证："哥哥在山上忽里老拉、泼里泼拉、皮里扒差、希里华拉、汗泼流水、喘气呀哈割（读ga）莜麦（读mia）；妹妹在山下（读ha）珊瑚珠珠，出溜出拉；银手镯镯（读zua）、地里打拉；小个手手，圪丢圪巴，拾（读sa）山药（读ya）呀。"这像是情歌。全歌实体只有"哥哥在山上割莜麦，妹妹在山下拾山药"这16个字，而虚拟词却用了48个字。虚较实多出了3倍之多。这是我从一位后来成为省政府领导成员之一的乡人歌唱中听到的。记忆不减。

这支歌的语言使用，实在妙魅。男的劳动那么泼辣与狂恣；女的在田间却显得细腻文静。这种以虚托实的唱法，不由得使人想起元曲，"字少声长"。元曲中有一种令词，叫《叨叨令》。一支描写人睡不着的唱词是这样的——《悲秋》："叮叮当当，铁马儿乞留玎瑯闹；啾啾唧唧，促织儿，依柔依然叫；滴滴点点，雨儿淅溜淅零哨；潇潇洒洒，梧叶儿，失流疎剌落；睡不着也末哥，睡不着也末哥，孤孤零零，单枕上，迷模登靠。"这里实字18个，虚字40个。它用了那么的衬托，只是为了一个"愁"字，一个睡不着。你看这种睡不着的歌与那唱割莜麦的歌，风格上何等相似。可以假设，那"拾山药"的歌唱实在是这《悲秋》之调的余绪。元曲韵味在土默川有所影响吧！但是话不止此，请看《叨叨令》，据史载，蒙古大军进征蜀地中，随军的歌舞曲中就有这支曲调，可见它原是蒙古歌唱曲，且那个"叨叨"本身就是蒙古语词，犹如前述"倒喇"的音变；那个"也末哥"也是蒙古语垫词，意为"这样""如此"。这样看来，土默川的山歌，尚是古蒙古歌曲风格的余绪，而因此也形成本地歌唱独特的有民族气息的东西了。

山歌，自古就受到人们的喜爱。集山歌成卷的往往而有。明人冯梦龙就收集地方民歌300余首，辑为《童痴二弄》十卷；清人杜文澜编《谚谣集》百卷；近代特别是"五四"时民谣征集处及歌谣研究会成立以文学界名人如顾颉刚、刘半农、董作宾、台静农、李白英等，都有集品出版，成绩蔚然。中华人民共和国成立后，我也见有李景汉《定县秧歌选》，张亚雄《花儿集》（甘、宁、青三省民歌）等。这些集子当然是各地歌谣的集锦，实在也是社会生活的映照；是地方风情研究的基础资料。土默川的歌谣也应当如此吧，所以也应当蒐集，不光歌词，也应兼及歌调。1915年始，北京大学的教授刘半农、周作人、沈尹默、钱玄同等发起征集全国近世民谣的活动，组成研究会，并撰出征集的《简章》。开始时，规定不收集"淫亵"的东西，后来又改正章程说，"歌谣性质并无限制，即语涉迷信或猥亵者亦有研究之价值"，认为"在学术上是无所谓卑猥或粗鄙的"。我看这可以看作教训。收集土默川民谣，也应当以此为例。不要限制，不要擅改。历史资料是什么样子，就依样记录。记旧如旧。早期有法国传教士曾收集过他们教区的民歌，据说曾有汉译本。北大的民谣专家刘半农也曾亲自到土默川收集。中华人民共和国成立后，据说有过绥远民歌集（书名不祥）出版，这自然可喜。不过是不是如北大歌谣会所拟定的宗旨那样广泛？我还是以为放手蒐集，不必抱着先存成见，然后依此为准，适合者则录，不吝颂扬，否则即鄙弃不录的态度。当作供研究的社会资料，应该客观一些好。

消逝在呼和浩特老街的商贸往事

白文宇

呼和浩特建成于1575年，明朝赐名为"归化城"。明朝时建成的呼和浩特城规模并不大，"周二里，砌以砖，高三丈，南北门各一"。清初皇太极到呼和浩特征伐蒙古察哈尔林丹汗时，烧了阿勒坦汗时期建起的呼和浩特城。1636年清朝在呼和浩特设立土默特左右翼旗后，在被烧的呼和浩特城址上又重新建城，并开始广泛使用1575年明朝赐的城名"归化城"。康熙年间，在原归化城外又增筑了一道外城（约加宽100米），包围了原城东、南、西三面，形成了清代的归化城。扩建后的城并不规则，除了比较完整的城墙和高出其他建筑的佛教寺庙，其余都是一片片分布杂乱的房舍和商铺。由于人口增多，后来的居民被迫迁到城外，城郊形成了大片居住区。并逐渐发展为清朝西北重要的商贸集市城市。

历史上，这的确是一座以贸易而扬名的城市，俄罗斯的商品通过恰克图南下这里，内地中原的货物途经这里北达库伦，外来人口络绎不绝，不少人选择在这里定居生活，为这座城市聚集了南来北往的人文底蕴，成就了当时归化城"塞外草原商贸中心"的称号。

从归化城外菜园里的一条土路走半个小时就到了绥远城西门。绥远城是清廷为巩固其政治统治而修筑的一座八旗驻防城，于乾隆四年建成。青砖砌成的城墙高大宽厚，城内是分布整齐的汉式房屋，城市整洁美观，一条宽大的街道贯穿东西。绥远将军和八旗兵丁驻守城里，每天进行操练，守卫着王朝的北大门。

人们把新建的绥远城称为新城，归化城称为旧城，旧城内集聚着大量的居民、商店和娱乐场所，成为了名副其实的商业城。归化城共有三条从北到南的商业大街，即大南街、大召街和席力图街，以及一直延伸到城西端的朋苏克街（今塞上老街），各种商铺遍布街巷。

当然，经济的繁荣也带来了不少负面事件，骆驼、骡子、车辆艰难地行走在凹凸不平的路上，经常发生翻车事故，商品损坏或被扒手们趁机拿走是常有的事，从而增加了城市的混乱。

但这并不影响商旅们贸易的热情，在这片繁华的交易市场上，人和货物不停地流动着。清代诗人王循曾用"穹庐已绝单于域，牧地犹称土默川。小部梨园同上国，千家闹市入丰年。"描绘了归化城商贾云集、百货流通、贸易发达的繁荣景象。除商品贸易外，相关的行业也开始兴起，如估衣、餐饮、客栈、钱庄、票号等。

估衣铺

估衣铺是专卖旧衣服的店铺，又称"旧衣店"。估衣业历史悠久，其起源与当铺有着密切的关系，是典当行业的附属产业。当顾客抵押的衣物到期后仍未赎回，当铺就按下架处理，衣服就会被当铺卖到估衣铺变作钱财。估衣铺另一部分衣服是一些有钱人家中已过时或陈旧的衣服。

咸丰年间的记载称"归化城商贾向有十二行"，每个行业都有自己的组织，称为"社"。估衣铺的组织是醇厚社，醇厚社是杂货批发业，包括的商品种类繁多，涉及衣物、食物、用物、杂货四大类，总计商品数百种，下有估衣铺和洋货铺等商铺，主要批发货物给往来于西北各地的行商。到清末归化城已有估衣铺20余家。

道光年间（1844年11月），法国传教士古伯察带着考察团队到达西土默特的归化城。时值冬初，天气寒冷，他们便准备购买一些过冬的棉衣物，在计算花费之后，决定去一家估衣铺采购几件旧冬衣。

他们从五塔寺后街出发，经大南街到了通顺街，在那里的银店兑换了一些铜钱，然后去了一家估衣铺。店主出示了一些带里子的羊皮袄，这些旧衣服已经极其破旧，但店主仍索要高价，经过一番讨价还价之后仍没成交。他们又去了另一家估衣铺，接着又一家，最后看了一整条街的估衣铺。他们看到了一些很漂亮又非常合身的衣服，但考虑到开支，没有购买。在街市上奔走了一整天，结识了归化城所有估衣铺的商人，翻动了所有的旧衣服之后，他们又返回了第一家估衣铺，将就着买那些已经看过的衣服。他们买了两件旧皮袄，并立即试穿。买了旧羊皮袄后，又看了一批旧冬帽，最终选了两顶狐皮帽，样子就像坑道工人高大的筒状帽。他们每个人腋下都夹一包旧衣服，返回了客店。

归化城的估衣铺堆满了各种皮裘毛货和各色服装，有蒙古牧民们穿的蒙古袍、皮衣、皮靴子、毛毡鞋垫和帽子；晋陕"雁行人"用的旧皮袄、大襟袄、缅裆裤、牛鼻子鞋、布袜子；喇嘛穿的喇嘛袍等。当客商们在估衣铺里挑衣服时，操着南腔北调讨价还价，场面自然十分热闹。估衣铺分布在归化城大南街、通顺街（今塞上老街）、顺城街、大西街、小西街、小东街一带，主要集中在大南街附近。

民国年间，军阀混战，民不聊生。归绥处于各路军阀争夺之地，商业贸易受到很大冲击，估衣行业就此凋敝。到中华人民共和国成立后，呼和浩特的估衣业已经淘汰，消逝在呼和浩特的老街巷中。

饭 馆

归化城饭馆种类是由食客决定的，大体可分为四类。

第一类是专供有身份的人去的小班馆子，是商号掌柜和先生们（会计）谈生意、交朋友的地方。小班馆子一般建在僻静的街巷，里面不但有南北大菜和丰盛的宴席，还有唱曲的歌女，是城内规格最高的饭馆。另一种是普通店掌柜、伙计学徒、牙纪们去的大戏馆子，仅次于小班馆子。这种饭馆一边吃饭一边听戏，又称戏酒馆子。第三种是普通行商和散客们去的普通饭馆，散落在青城的大街小巷里，里面陈设简单，摆几张桌子和长条木凳，桌子上放陈醋、辣椒和茶壶，来往于归化城的各地行旅商人都会在这里歇脚和吃饭。最后是街巷里的流动饭摊。流动饭摊通常摆在沿街的空地上，尤其是塞上老街一带，流动的饭摊一个连一个，仅留一人行走的小道。流动饭摊主要为经济条件差的劳动者准备一些清汤便饭。

当商队进入归化城走到大南街、通顺街附近，到处都是商铺的幌子，数不清、看不尽、红底墨字、蓝底白字、黑布白心，各有千秋。但若细心找寻，用不了多久就能发现几家饭馆，饭馆通常早晨卖烧卖、包子，中午和晚上卖面食、炒菜等。

进入饭馆，桌子井然有序地摆在大厅。客人刚坐在长条木凳上，店伙计就立即在桌上放一壶茶。在归化城，吃饭之前喝一碗热茶是必经的序曲。

在归化城喝茶与中原地区是不一样的，归化城日常喝的茶称砖茶，是一种茶梗和茶叶混合的粗加工茶，用模子压成砖块形状。喝茶时，从砖茶中砸下一小块，掰碎后放入壶中用开水冲泡，当茶水几乎完全变成咖啡色时，就可以喝了，很多人还要在茶中加入一小撮盐。

除了用砖茶，沏茶的水也有讲究，最好用大召前街玉泉井里的水。玉泉井的水味道甘甜，即使喝多了肚子也不胀，又称"玉水"。由于打水的人非常多，饭馆专门派伙计用马车打水，以确保井水的供应。

当客人喝茶时，店掌柜就走过来，客人按什么顺序上菜，随着大家提出所要的菜名，他唱着重复一遍，以便告诉掌锅的厨师。在开始吃饭之前，所有的客人都会站起来并依次邀请坐在同一饭厅中的所有的人，大家都以手势互相邀请说："大家都来一起吃吧！喝一盅酒，吃一点菜。"全体人都回答说："谢谢！谢谢！你们最好还是坐到我们这边来吧，应由我们请你们。"经过一番寒暄之后，就开始吃饭了。

归化城的商人们大都是晋商，菜肴主要以山西人的口味制作。主食以面食为主，像刀削面、饸饹面、抿八股儿、莜面鱼鱼、揪面片儿等；辅食多为炒菜，也有手抓肉、过油肉、羊杂碎、油炸糕等；下酒菜是一小盘酱牛肉、羊蹄子、猪头肉或大溜丸。当客人吃完饭准备走的时候，掌柜的就在柜台重新唱菜谱，以简单易懂语言说出费用，客人们把钱放到柜上，结账走人。

归化城是塞外的商贸集散地，来自游牧地区的奶、肉制品和农耕地区的五谷杂粮两种不同文明的产物汇集到这里，食物数量丰富，品种多样，价格低廉。当北方草原的羊肉、阴山以北的胡油、小麦与南方水乡的砖茶，空间上相隔千里的食物汇集在同一张饭桌上，烧卖就诞生了。清晨来临，在归化城的大街小巷里，商客们吃着热气腾腾的羊肉烧卖，佐以一壶沏得酽酽的砖茶，这是他们一天中最温暖惬意的时候。

旧城以汉族饭馆居多，在北门外清真寺一带亦有回族饭馆。归化城的回族人在传统饮食的基础上，结合汉族的口味，制作出种类繁多的美食，如羊杂汤、烧卖、油旋、油香、馓子、焙子、麻团等。回族饭馆门前的幌子是蓝色的，蓝色有素雅高洁之意，是清真的特殊标志。

除饭馆之外，流动饭摊也是归化城的一大亮点。比较好的饭摊用木板或竹杆搭成棚子，上面覆一层布，摆几张桌椅板凳；简陋的则露天设炉灶，用一块木板作桌子，放几张矮凳，食客们或坐或蹲。摊主既为掌柜，又兼掌锅和伙计，售卖馒头、点心、黄米枣糕、谷米窝窝、片汤、油茶汤等。街上的车倌、驼夫、脚力和走街串巷的小买卖人在劳累了一天之后，聚在流动饭摊，连吃带喝大汗淋漓。

清代的归化城饭馆就出现了现代的"美团外卖"，只要事先联系好伙计，无论什么时候饭馆都能把各种菜肴送到家。这不仅体现了归化城经济贸易的繁荣，更体现了饮食文化内涵的发展和居民生活水平的提高。

遥想当年，食客们坐在饭馆的长条木凳上，品尝着归化城地道的美食，呷上一口砖茶，聆听来往商人讲天南海北的故事，打听着各种有用的商业信息，这确是归化城一道独特的风景。

客　店

归化城商贸业的发展，带动了交通运输业的发展和区域人口的流动，三教九流，黑道白道的人都来归化城讨生活。当年归化城的客店里出入着形形色色的人，是商贸信息的汇集地。

每家客店都有不同的顾客，有专供达官贵人们休息的旅店，这类旅店客房干净舒适，服务好。第二类是供行旅商人住的客店，条件稍差。商人客店又按不同职业分类，有的招待牙纪，有的招待粮商，也有的招待马帮镖师等等，普通行人只适合在"行人客店"里下榻。最差的是车马店，一般都是通敞的大房间，一进门是一盘火炕，炕上铺着一领苇席，一间房能住十几个人，属于最低档的客店。

当一队商旅正走在充塞着马车、骆驼以及各种摊子的归化城街市中，很难找到行人客店。但一般不会等到去询问路人，就会有一个店伙计急匆匆地走向驼队，他向商人们介绍他自家的客店，并试图说服商人与他同行。他不停地献烟，又轻轻地拍着商人们的肩膀，抓住缰绳想亲自为商人们牵骆驼。

当商人们与店伙计一同走到一个路口时，店伙计如同一支离弦的箭冲进了附近的一家店铺，并很快返回来。这时一个掌柜的走出来说："老爷们，你们今天到的？太好了，太好了！一路平安吗？你们的骆驼很好，可能旅途很顺利也很愉快。你们终于到了，太好了……三儿，"他对和商客打交道的伙计说，"快把这些尊贵的客人领到客店中去，客店要好，把他们带到永义店吧。"

沿着狭窄和弯弯曲曲的街道长时间地漫步，骆驼勉强从堵塞的街道中走了出来。进入一条长胡同之后，发现了一块招牌："永义店，安寓客商；马驼店，不误主顾"，于是立即向其大门走去，进入四合院中。

"赶快开一舒适和干净的大间房，大人们来了。"店掌柜的嘴里叼着一把钥匙，一手拿扫帚，另一只手拿着盆子，立刻在房间里洒水、擦抹和扫除。与此同时，院里的伙计开始卸下骆驼的驮子并把行李搬到房中，之后前往市场上给牲口买草料。当准备就绪后，店掌柜的依照惯例给客人的房门挂一把锁并交给客人钥匙，商人便可以休息了。

当商旅们走出归化城到达土默川的乡村时，就不会有城中舒适的客店招待了，只能在沿途的车马店休息。车马店一般都在路边，整个客店由一间土木或砖木屋子和几间简陋的小房子组成，长而宽的火炕就是住宿的地方。炕上铺一领席子，有钱的客人在席子上铺上毛毡或毛毯。前面灶台上有几口大锅为客人做饭，烧热的锅灶通过孔道与炕洞相通，从而使热量传到炕上。炕上的温度一直很高，即使在冬季也感受不到丝毫寒冷。

一旦商人到了，安置好骆驼后，掌柜的就请他们上炕，大家盘腿围坐在炕桌边，伙计给端上热气腾腾的饭菜，吃完倒头便睡。

车马店的炕是一道别致的景观，白天可以在炕上吃饭、喝茶、吸烟和娱乐，到了夜间又变成了睡觉的地方。客人在炕上打开他们的被子，或者是盖上他们的衣服紧挨着睡觉。客人很多时，便排成两行，腿脚方向相反着入睡。

夜晚，在人烟稀少的塞外客栈，木头窗棂档的麻纸上映着微弱的火光，这一切似乎在见证着什么，也许在商旅们看来，能深刻影响这片土地的就是交流与融合。

百年的沧海桑田，随着历史的变迁，古商道早已被尘埃所湮没，有关归化城老街的商贸往事都被覆盖在今天繁华的街市下，没能留下过多的痕迹，留给呼和浩特的是百年兴盛和辉煌的印记。

曾令华夏武林刮目相看的绥远国术馆

郜　贵

颇为特殊的历史渊源

　　从清代康熙后期开始，塞外要地土默川一带的商业贸易逐渐兴起。随着以晋商为主的口里商人对俄蒙贸易的逐渐繁荣，土默川一带更成为一处对外贸易的盛大货物转运地。于是，托克托、包头成为著名的水旱码头，萨拉齐、归化城（呼和浩特旧称）一带成为沟通西北、蒙俄等地的商贸重镇。许多商人从山西、河北、山东、河南等地长途贩运货物而来，多聘请武林高手为其保镖。这些武林高手闲暇时收徒授艺或以武会友，有力地促进了武术的传播。此外，来自晋冀鲁的走西口的百姓中，不乏有一定功底的民间拳师，他们也将多种门派的武术带到这里传授。这两个方面的代表性人物有托克托的陈青云、张三、李凯、贾海水、杨荣、张守智、李三、李祥等，归化城的赵老四、沙老三、邸青山、张天宝、录天喜、马正英等，萨拉齐的赵玉珂、杨一善（绰号杨圪旦）、郭玉宏、程全忠等，包头的孟三等。

　　★郜贵：汉族，1964年生于托克托县。在各类报刊发表诗歌千余首，著有《戏外恩仇》《刘统勋痛断归绥案》《血染鸳鸯镜》等长篇、中篇小说十余部。

绥远城（现呼和浩特新城）作为清政府的第一边关要城，驻守军队中的各级将官和教练武功高强者不乏其人，他们当中也有个别人流落到民间传授武术。清末武状元吴长庚就是具有代表性的一位，当时不少武林高手都受过他的真传。吴长庚，字少波，又名平义，世居绥远城。曾向冯孝兰、杨永等十二位名师学过各门武功，以大刀、举重、臂力过人而闻名，以连环腿、连环掌、三皇炮拳为一绝。他一生授徒众多，主要门徒有那惠英、关德山、赵文元。八卦掌师祖董海川晚年为京城肃王府出塞经营垦地，在住所丰镇二道河子（现属兴和县）也曾收徒传授八卦掌。托克托城的吴英拜董海川为师，潜心研习八卦掌，才使这种拳术开始在塞外广泛流传。清朝中后期，一些揭竿而起反抗清政府腐败统治的武林人物因起义失败而潜入土默川一带，广泛收徒授艺图谋东山再起。中华武术绝技阴把枪的传人赵老同最具代表性，他将这一中华武术奇技传授给萨拉齐的尤四喇嘛、关兴保、霍茂等人，一度威慑清营。辛亥革命前，来自山西大同的同盟会员李懋德等人，曾以踢拳卖艺为名联络武林英雄，秘密发展同盟会员。托克托城的吴英及其胞弟吴耀就和他们结为真诚的武友，并被他们发展为同盟会员。

据《绥远通志稿》记载，清咸丰、同治年间，塞外武林已经产生了技艺非凡的高师，他们都培养出了武功很高的弟子。到光绪年间，托克托、归化城、萨拉齐、包头更是集中了一批各怀奇技的武林高手，诸如绰号为沙尔巴（吴英）、沙六巴、花脸张（脸上有白癜风）、花枪王、炮匠李、旋子张（张永德）等拳师都曾名噪一时。

以上提及的武术前辈们辛勤地将自家的武术技艺身传口授给晚辈，都对土默川一带的武术传承和发展做出过不可磨灭的贡献。

最为人称道的是，塞外武术第一家的托克托吴氏家族。塞外杰出的武术家吴英、吴耀兄弟系武术世家，其曾祖父因反抗清政府的苛捐杂税而遭通缉。无奈之下他从河北沧州孟村回族自治县吴家庄逃亡到托克托谋生，并收徒传授武术。吴英、吴耀以授查拳、太祖拳、靠身捶等拳术为主，尤以杨家大杆子和八卦掌远近闻名。归化城的苏二庆（绰号苏老虎），萨拉齐的云连升、陶大利，包头的孟三，托克托的张三兔利等人都是其门中高足。晚辈吴桐继承了以八卦掌、杨家大杆子为主的家传武业，在北京求学期间，又拜太极拳名家吴鉴泉为师，苦练吴式太极拳、太极推手、太极剑等，并向荣连升学习了八卦朝顶缠枪（即阴把缠枪）、剑点等绝技，最终成长为我国杰出的武术家，被世人称为塞外武豪。

绥远省国术馆的成立过程

1928年10月6日至18日，国民政府在首都南京举办了第一次全国武术比赛（当时称国术国考），托克托的吴氏弟子吴桐、宋彪代表绥远省参加了比赛。当时，山东、河南、河北等中原省份前往参加比赛的武林高手分别多达二三百人，参赛者可谓高手如林。绥远的两名参赛者虽然势单力薄，但以非凡的胆识认真地参加了赛事。吴桐三战三胜获得甲等奖，宋彪三战两胜获得乙等奖。两位武术家的战绩声震长城内外，名扬大江南北，推翻了中原武林一直认为"塞外无武术"的断言。

吴桐和宋彪载誉而归，绥远省政府根据中央国术馆致函各省市成立国术馆的电令，决定成立绥远省国术馆。因吴桐、宋彪在南京擂台上获得殊荣，绥远省成立国术馆的民众呼声也很高。政府立即组建了国术馆董事会，董事会共同推举吴桐为国术馆馆长，并呈报中央国术馆批复。经中央国术馆批复，馆长由当时的绥远省政府主席李培基兼任，吴桐被任命为唯一的副馆长，负责筹建和主持日常工作。

经吴桐带领武林同仁艰难而紧张的筹备，国术馆于1929年4月正式成立，馆址设在回民区太平街的原关帝庙内。在筹备成立过程中，于4月20日在归化城北门外（现内蒙古医学院所在地）的小校场中山纪念堂前举办了一次声势浩大的绥远省国术考试。主考官为吴桐、宋彪的师傅塞外杰出武术家吴耀，在南京擂台上获取殊荣的吴桐、宋彪及托克托的著名老拳师李凯担任裁判。著名满族武术家吴长庚虽然已是暮年，并染上了毒瘾，组委会也聘请他担任了裁判。

国术考试的布告张贴到土默川的各个集镇，百姓争相传告，托克托、萨拉齐、包头等地的武林高手踊跃报名参赛。比赛期间，归化城和绥远城内万人空巷，市民们争先恐后到场观战。归绥县及萨托二县的不少百姓更是提前赶到归化城，耐心地等待着观看比赛。整个考试比赛过程中各位选手争夺得异常激烈，场面热闹非凡，观众人山人海，拥挤不堪。比赛项目起初是徒手、器械表演赛，最后是淘汰性的抽签配对散打。在散打比赛中，虽然有的是师兄弟或多年的挚友抽在一起对打，却各施绝技，互不相让。最为激烈的几场为：归化城的张永德（旋子张）对萨拉齐的张开印，同是来自托克托的一对老武友张守智对杨荣，包头的孟三对归绥县的古文中，归化城的傅根罗对萨拉齐的纪二，托克托的范凯对归化城的苏二庆，归化城的傅世魁对托克托的白秉全。以上几组的参赛者都是当地有名的武林高手，进行对打的场面可谓棋逢对手、将遇良才。他们相互递招惊险叠出，令武林同仁大开眼界，使全体观众惊心动魄。经过几天的激烈比赛，共选出优胜者59名。甲等7名，第一名为张永德（旋子张）；乙等29名，第一名为杨荣；丙等19名，第一名为马正英；丁等4名，第一名为杨效棠。

在国术馆的成立过程中，产生过不少佳话，其中的两件事情被武林传为难能可贵的美谈。其一是塞外武林宿将杨荣与张守智的对打。他俩当时都已年近六旬，自幼一起居住在黄河岸边的河口古镇，是肝胆相照的武林挚友，因恰好抽签配对为一组，只得硬着头皮参战。杨荣所学的拳术中，铁沙掌可谓能够登堂入室；张守智主要练太祖拳，技艺更是非同寻常。二人交手貌似各施绝技以命相搏，实则各自谨让对方，不愿战胜对方使其难堪，故而酣战良久也难以一决雌雄。主考官吴耀对他俩的技艺可谓了如指掌，从他俩的搏斗状态对其心理猜得一清二楚，暗自对他俩的情谊非常赞赏。他俩打斗得将要精疲力竭时，吴耀在怜惜之情驱使下只得裁决为战成平手。其二是马正英割爱相让为国术馆贡献力量。国术馆成立伊始，因吴桐、宋彪都为托克托的吴氏门徒，而其他吴氏弟子主要集中在萨拉齐、包头，归化城内较少。托克托、萨拉齐、包头的武林后生来绥远国术馆求教毕竟路途较远，但由于门派之见，归化城内的武林后生入馆报名者较少。吴桐为了国术馆兴旺发达，屈尊求助于塞外查拳大师马正英。马正英以武术大业为重，打破门派界限，将武功基础颇为扎实的白怀礼、王美、马印等弟子送入国术馆，从而帮助国术馆打开了轰轰烈烈的局面。

武林英雄的荟萃场所

国术馆仅由副馆长吴桐一人负责各项工作，下设教务、总务、编缉三科。各科设科长1人，科员、教练若干人，全馆的正式工作人员实际仅有8人，各种费用开支较大，每月的活动经费及工作人员工资仅有300银圆，其中的100元还靠地方实业促进会资助。馆内虽然经费少、正式工作人员少，但几乎团结了塞外的所有武术同仁，成为武林英雄的汇集场所，相互切磋、学习的平台。

吴桐不但担任国术馆的组织领导工作，还兼任教练一职，主教太极拳、太极剑、太极推手。正是由于他刻苦钻研武术教学，辛勤传授太极功法，才使吴式太极拳开始在绥远地区广泛流传。因生活所迫和教育界的推崇，他同时也兼任绥远一中及绥远女子师范学校的体育教员。吴耀虽然远居托克托，但因在当地武林德高望众，而被特聘为指导教练。他虽然不领分文薪水，但出于对武术事业的满腔热忱经常从托城远道来归化城的国术馆内指点八卦掌和大杆子。

国术馆成立后的最初几年，教练虽仅有宋彪、苏二庆、荣连升3人，却也招来不少武术精英到馆切磋技艺。

宋彪（1897—1976年），杰出的回族拳师，出生于托克托县河口古镇。少小时便师从吴耀习靠身捶、查拳、太祖拳、八卦掌、大杆枪，后又向吴桐学太极拳、太极剑、太极推手，还向荣连升学了阴把缠枪。曾任归绥师范学校武术教员，后移居包头，边授武边从事正骨医务。

苏二庆（1867—1932年），杰出的回族拳师，真名苏福，因兄弟排行老二人称苏二庆，绰号苏老虎，出生于绥远城。年少时便前往200里以外的托克托拜吴英为师习武，主要研练八卦掌。后结识了张永德，继续深钻细研八卦掌。而且，每遇拳师便虚心请教，逐渐练习了太极、形意、长拳及刀、枪、棍、剑等兵器。

荣连升（1877—1940年），著名蒙古族武术家，字中海，萨拉齐人。生平酷爱武术，因访名师学武耗尽家资而无悔。学太祖拳、八卦掌、杨家枪于吴英，学擒拿搏手于赵玉珂，学阴把缠枪于郭玉宏，学炮捶于杨一善，学八卦剑术于了通僧人，尤精阴把缠枪及八卦剑术。擅长兵短用，短兵长用。任绥远省归绥中学武术教员多年，在其不懈努力下，阴把缠枪在塞外广泛流传。

程全忠（1881—1949年），杰出老拳师，又名程老二，出生于托克托，后移居萨拉齐。年少时曾在山西访名师学武，后回到萨拉齐与荣连升一起拜郭玉宏为师。曾受聘任国民军阎锡山部的武术教官，擅长拳、刀枪，尤擅查拳、大刀。

马正英（1892—1968年），杰出的回族拳师，生于北京，少时移居归化城。16岁开始习武，从沙福、马凤山、白福、邓万寿为师，并学习了多种拳术和器械。功底深厚而扎实，查拳、长枪、擒拿技艺颇精。1933年，宋彪因去包头谋生而离职，职务由马正英接任。马正英精心授拳多年，培养了众多武术人才。

国术馆的学员主要有白怀礼、王美、马印、代俊、丁俊、傅士魁、白二旺、潘德元、赵文元、刘恩绶等四五十人，其中，马印、王美、白怀礼等优秀学员经常代师教授新学员。

在省国术馆的指导和支持下，归绥县和萨拉齐县的国术馆也先后成立。归绥县国术馆成立于1931年5月，馆址设在归化城西五十家街。馆长由当时的归绥县长郑直昌兼任，副馆长翟星五（后调入省馆工作），教练潘德元、录天喜，入馆学员百余人。萨拉齐国术馆成立于1933年，馆址设在县城东门奶奶庙内。馆长由当时的县长李应道兼任，副馆长为武继之，张全胜为教务主任兼教练。教练初期为胡文光、杨德山，后期为董吉昌、李振海，入馆学员先后也达百余人。

威震华夏的武术团队

国术馆的武术教学活动每天开始于下午三四点，至晚上七八点结束。有比赛任务的学员另当别论，不但早功练三四个小时，而且晚功常常练到十一二点才结束。教学活动参照中央国术馆的纲要，根据当地武林的特点有计划地进行，对学员的要求非常严格。新学员必须从基本功开始练起，最初统一练最基本的拳术十趟弹腿套路。经常开展教研活动，与国内的其他著名国术馆进行教学交流，取其长而补己短。从徒手到器械的教练过程都科学地循序渐进，且根据学员的身材、特点、爱好及武术基础等基本条件因材施教。

全体教练精诚团结，在交叉教授的同时各自发挥自己的专长，彻底打破了门派界限。吴桐以教授太极拳、太极推手、太极剑为主，荣连升以教授阴把缠枪、剑点为主，宋彪、苏二庆以教授各种基本功、八卦掌、形意拳为主，马正英、程全忠以教授长拳和各类器械为主。吴耀虽然居住于远在200里之外的托克托，却也定期不定期地来归化城的馆内精心指点八卦掌和大杆子。因国术馆越办越红火，入馆新学员一年多于一年，诸如白怀礼、王美、马印、傅世魁等著名馆员也承担起了代师教新学员的各种任务。

日军占领归绥前，国术馆的事业蒸蒸日上。从教练到学员无不一心一意地投入武术事业，教员辛勤耕耘，学员勤学苦练，力争精益求精。由于馆内人才济济，全国和地区每举办赛事无不派人去参加。一部分学员与教练曾多次代表绥远省参加全国及地区性的武术比赛、表演赛，从而开阔了眼界，得到了锻炼。1932年，白怀礼、王美参加了在上海举办的国术表演赛；1933年，程全忠、王美、潘德元、陈增福、代俊参加了青岛举办的国术表演赛；同年，白怀礼、王美、刘恩绥、潘德元、张海参加了南京举办的国术比赛；1934年，白怀礼、马印、王美、刘恩绥、代俊、吴占彪参加了天津举办的华北地区国术表演赛。在各次赛场上，绥远省的参赛者虽然数量少得可怜，但颇引华夏武林瞩目，都获取了较好的成绩。在各个赛事中，吴桐既是领队，又被聘为裁判。

值得一提的是，被誉为"塞外武林大将军"的白怀礼在南京擂台上痛失桂冠一事。在1933年的南京全国国术比赛中，白怀礼以威猛的气势成为焦点人物。徒手散打赛场上，他一连击败了来自全国各地的5名选手。特别是与来自浙江的武林宿将于某的比赛，更成为那次赛事的经典之战，当时的《绥远民国日报》在头版以醒目的标题报道了赛况。双方刚一交手，于某以迅猛的双拳出击。白怀礼沉着冷静，一一破解对方的攻击，并瞅准良机用右手抓住于某的右腕向右后侧拉带，且出左掌以虚招击其面部。于某全力招架对方的左掌，白怀礼疾出右拳猛击对方的腋下，使其后退数丈。于某因恼羞成怒而失去理智，猛扑上前抓住对方的衣衫不放。白怀礼并没有借此良机施出毒招，而是利用太极拳的以柔克刚再次将对方推出数丈。此战令观众屏息凝神，更令获胜者齐声叫好。而在最后的枪术比赛中，白怀礼过高地估计了对方的功力，迅猛地运用了吴耀传授的"三点枪"而没有控制住惯性。在打落对手持枪的前把之后又扎到了其肩关节上，险些将其捅下擂台。这一猛攻违反了"点到为止"的竞赛规则，裁判只好取消其获奖资格。因欣赏白怀礼、王美的非凡功底，受邀前来观看比赛的吴鉴泉先生将他俩纳为自己的弟子，并委托吴桐代师授徒。

由于在多次比赛中战绩可观，绥远省国术馆逐渐被中央及地方各省国术馆刮目相看，纷纷前来观摩教学，而且，中央国术馆点名要绥远国术馆派馆员去学习交流。在年轻馆员中，因刘恩绶尚未成家而无牵无挂，且武术功底扎实，便被委派到中央国术馆学习一年半时间。20世纪80年代创办青城武馆的赵文元一生钟爱武术，也曾经去中央国术馆学习，但因家中的老人需要照顾，仅坚持不到一个月便返回归化城。绥远地区流传的三才剑套路，就是刘恩绶从中央国术馆学回来的剑术套路。被誉为华夏武术绝技的阴把缠枪功法奇特，实用性强，引起了武林的特别关注。中央及各省国术馆一致要求绥远省国术馆多派使阴把枪的队员参加各种赛事，为此，国术馆加紧了对阴把缠枪和其他套路的训练。然而，因日军已经入侵东北，时局逐渐紧张，至使阴把枪未能参加一次比赛。

李培基离职后，国术馆馆长由接任绥远省政府主席的傅作义将军兼任。吴桐追随傅作义将军力主抗日，并利用国术馆这一阵地为抗日救国尽力服务，指导开展了广泛的群众性武术活动。国术馆派出不少学员去各单位教授武术，如马印被聘到电话公司当教练，王美被聘到电报公司当教练，陈增福被聘到政府机关当教练……1937年初，省政府还抽调了17名学员分赴各旗县教授武术，学员们主要教授馆内为抗日做准备而新编的枪术、锹术等技法，参加练武的各界群众总计达四五千人。国术馆为抗日救国进行的努力，同样受到了华夏武林的关注。

1937年"七七"事变后，日军侵占了绥远，国术馆被迫关闭。抗日战争胜利后的1947年8月，国术馆才得以恢复活动。馆长由当时的绥远省主席董其武兼任，吴桐又被国术馆董事会推选为副馆长。这一阶段，著名拳师侯卓如将山西代县的七星螳螂拳带到了塞外，与国术馆的馆员们进行了深入的交流，并在塞外武林占有了一席之地。1949年，吴桐代表绥远武术界参加了"九一九"和平起义，国术馆与体育场、图书馆、文化馆合并为社会教育推行委员会。自此，绥远国术馆寿终正寝。

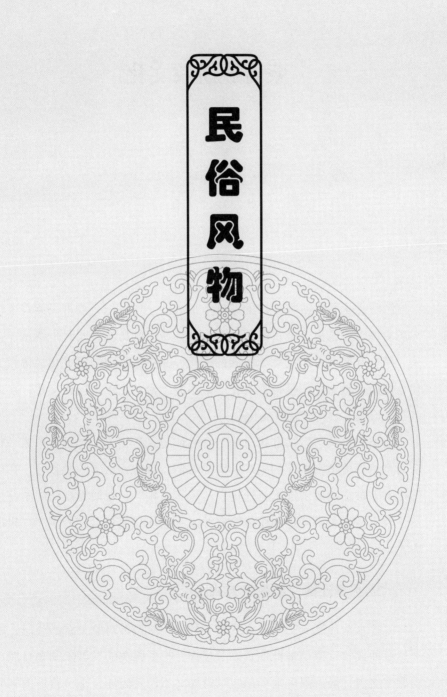

民俗风物

蒙古族游牧文化

徐福玲

　　游牧文化是在游牧生产的基础上形成的。13世纪，蒙古民族登上世界历史舞台，结束了蒙古高原民族、部族纷争的历史，同时也继承、汇聚、整合和发展了历代草原民族的文化，并积极吸收儒家文化、佛教文化、伊斯兰教文化、基督教文化等，不断丰富和完善本民族文化，在此基础上形成了蒙古族游牧文化。

　　人类的生产、生活方式总是与自然环境息息相关，并且会形成一整套与自然环境紧密相连的生产、生活习俗。蒙古族从事的游牧业，在中国史书上被描绘成"逐水草迁徙""黑车白帐"，看似无规律的游荡生活，其实是最大限度地利用牧草资源又不破坏和使其退化的生产、生活方式。

"逐水草迁徙"的生产方式

　　"逐水草迁徙"的生产方式是一种人类对自然对象关系的适应，以天然草地放牧，遵循畜群性及季节规律，把畜牧业的发展限制在自然承受能力之内，最大限度地利用牧草资源又不使其破坏。季节营地的划分是游牧业最明显的特性。可以分为四季营地、三季营地和两季营地。三季营地一般将牧场划分为冬春营地、夏营地以及秋营地，除上述形式，也有夏秋为一季牧的情况。每一季营地驻牧期间，牧人还要根据草场与牲畜状况，做多次迁移。游牧路线一般不轻易改变，年年都基本一样。

走"敖特尔"的生产方式

"敖特尔"为蒙古语，意为"走场"。走"敖特尔"分为两种情况，一种是在遇到自然灾害时，如春季干旱无雨，夏季酷旱，需要走"敖特尔"来解决牲畜的缺水缺草问题。冬季的"黑白"二灾，黑灾是无雪导致吃水困难，白灾则是因多雪覆盖则导致牲畜吃草困难。走"敖特尔"能使牲畜安全度过灾年，另一种是在水草肥美时，为了使牲畜能吃到适合的牧草而远离营地，赶着畜群到远处好的草场放牧若干天，使畜牲能尽快长膘。

走"敖特尔"除了在自然灾害情况下保护畜牲外，另一个目的就是抓膘和保护膘情。与此同时也保护了牧场休养生息。

在蒙古高原生态环境下，游牧式的生产方式是适应自然的结果，更是主动保护草原的选择，是一种投入少、效益大的有效措施。迁徙本身是一种建设，是协调人、自然与牲畜三者关系的自然法则。游牧就是为了减轻草原人为压力的一种文化生态样式，它确保了牧草和水源的生生不息，蒙古族的游牧方式表现出了浓厚的生态气息和天人合一的自然状态。

洁白的蒙古包

哈拉兀纳

"望不尽那连绵的山川，蒙古包像飞落的大雁，勒勒车追赶着太阳游荡在天边，敖包美丽的神话守护着草原……"

一座座蒙古包散落在绿色无垠的草原上，在晨曦的映照下，或和蓝天白云结合，或和微风相揉，面对人与自然的亲近，仿佛重温大自然中的亲密和流失岁月的感伤。

对早期游牧的土默特人来说，蒙古包就是草原生活的落脚点和归宿，就是游牧人天人合一的完美意境。

草原上流传着这样一首描绘蒙古族传统房屋——蒙古包的民歌：

因为仿造蓝天的样子，
才是圆圆的包顶；
因为仿造白云的颜色，
才用羊毛毡制成。
这就是穹庐——
我们蒙古人的家庭。

因为模拟苍天的形体，

天窗才是太阳的象征；

因为模拟天体的星座，

吊灯才是月亮的圆形。

这就是穹庐——

我们蒙古人的家庭。

这首民歌描绘了逐水草而居的游牧民族古老的生活方式，这首歌形象、生动地再现了蒙古包形状、颜色的由来。

土默特部驻地也称丰州滩，是从辽至明代中期人们对土默川平原的称谓。历史上这里曾是游牧与农耕民族不断争夺的一个地区。两汉时期这里主要是匈奴人的游牧地，之后其他游牧民族先后活动于此。北魏时期，敕勒族驻牧阴山南北，故有"敕勒川"之称。辽代在此设丰州，元代仍为丰州。北元中后期，因土默特部游牧于此，而被称作为土默川。

在漫漫的历史长河中，土默川平原上的各个游牧民族共同创造、继承、发展而成的一种居住方式就是蒙古包。古时候称蒙古包为"穹庐""毡帐"或"毡房"等。这使人蓦然想起《敕勒歌》中关于敕勒川的描写："敕勒山，阴山下，天似穹庐，笼盖四野。天苍苍，野茫茫，风吹草低见牛羊。"而这里的"穹庐"便是古代的蒙古包。

日月如梭，斗转星移，随着时间的流逝，到了清代，满族人将土默特蒙古族的住房称呼为"包"，满语是"家""屋"的意思。蒙古包呈圆形，有大有小，大者，可纳二十多人休息；小者，也能容十几个人。

蒙古包构件原则上是3个三位一体。制作的材料是毡子、绳子、木头。蒙古包由两部分组成，一部分是里面的架木，一部分是外面的苫毡。架木和苫毡分别又有2个三位一体，即分别都由三部分组成。架木由套脑（也叫陶纳，即天窗）、奥尼（也叫乌尼，是套脑和哈那的连接杆子，即蒙古包上半部分的支撑主体）、哈那（蒙古包的木围子）、顶棚（苫盖乌尼的部分，即蒙古包上半部分）、围毡（苫盖哈那的部分，即蒙古包下半部分）组成。包顶上有一个类似天窗的圆圆的通风口，蒙古包正中央是被称为"高勒木图"的火灶，平台上摆放着叫做"土拉嘎"的火撑子，这里被认为是火神的位置，极受尊重。包内铺着厚厚的毡子或地毯，中间放一张桌子，而桌子上则是炒米、奶茶、手扒肉等，总之，凡是好吃的东西都摆在桌子上。

一般情况下，蒙古包的门朝东南方向而设，这主要与古代草原民族崇尚太阳和回避蒙古高原上强大的西北风有关。

除了居住外，蒙古包还有定时功能。按照传统习惯，草原牧民的作息时间，通常是根据从蒙古包天窗射进来的阳光的影子来判断确定。面向东南方向搭盖的4个哈那（墙壁）的蒙古包，每个门楣上有4根椽子共有60根椽子，2个椽子之间形成的角度为6°，恰好与现代钟表的时间刻度表完全符合。这不仅说明在生活实践中掌握了几何学原理的蒙古手工艺者的高超技艺，同时也说明这些能工巧匠已将天文学应用于生活实际中。

在蒙古包内外，许多陈设是固定的，这些规矩中体现的是蒙古人的伦理观念与民俗风情。

火灶的正北或西北是上首，在上首挨着哈那的地方供着佛桌、佛箱、成吉思汗像或土默特部领主阿勒坦汗画像。以门口、火灶、佛桌为主线，西边是男人们的席位，东边是女人们的席位，后来演变为尊贵的客人坐西边上座，男主人坐东边主座。靠近门户的右侧放置马鞍、马具，弓箭、猎枪等挂在西哈那上，左侧放置大富翁橱、炊具及一些妇女用品，其他东西的放置也有固定位置。

长期以来，蒙古民族为什么一直居住在蒙古包，蒙古包的优势是什么？这要从古代的战事说起。成吉思汗时期的军队，"上马可战斗，下马则屯聚牧养"，为了便于行军，这种包平时安放在地上供生活用，作战时便于搬迁。一顶蒙古包只需要两峰骆驼或一辆勒勒车就可以运走，两三个小时就能搭盖起来。元代诗人曾记载过古时代的蒙古军营"车帐如云，将士如雨，马牛披野，兵甲赫天，烟火相望，连营万里"。在没有土坯、砖瓦、白灰等建材的情况下，蒙古包只需要少量的木材、毡子和皮绳，而这些建筑材料恰恰是草原上盛产的。还有，蒙古包从外形看似虽小，但包内使用面积却很大。史书上说，成吉思汗的金帐，大到可容纳200人左右，而且室内空气流通和采光条件均好。除了用于军事外，蒙古包还有助于牧人的游牧生活，住在包里冬暖夏凉，不怕风吹雨打，很适合经常移动放牧的牧民居住和使用。

至今，蒙古、达斡尔、鄂温克、哈萨克、吉尔吉斯、塔吉克等民族仍然使用着这样的蒙古包。

当然，走近蒙古包也是有许多禁忌的：来到包前要勒马慢行，不能从门前穿过和驰骋；迎客者中如有长辈，客人提前下马，拉马前行；客人如是老者，孩子们要用右手从左面搀扶他；三不跨过，即客人不能从鞭子、缰绳（拴马绳）、套马杆上跨过；三不进家，即马鞭、马绊、武器不能带进家；三整理，即帽子戴正、纽扣扣好、腰带扎紧；三垂下，即袍襟垂下、蒙古刀垂下、马蹄袖垂下；注意观察蒙古包，包西挂出小弓，就是生了男孩，包东挂出一朵小花，就是生了女孩。如果天窗关闭，就是有人去世，千万不要进去；进门先迈右腿跨门槛；不能在拴马桩前小便；客人来后，男的坐西边，女的坐东边，年龄大的靠北，年龄小的靠南；端茶不能倒满，也不能半碗端过去，客人用右手把碗接过来，把碗放在左掌上，用右手扶着，表示对主人的尊敬。

总之，草原上的蒙古包是草原文化的缩影，它如同大海里的一叶扁舟，视觉上给人一种孤独的美感。记得一位著名诗人在描述蒙古包中写道："小时候，东方拂晓，家人拆开蒙古包，装在驼车上出发。坐在干牛粪篓子里的幼儿，在拉车公驼整齐的步伐中，无数次看到过旭日东升。"尽管古代的蒙古包与现代的蒙古包在形状上有所不同，但基本上大同小异。蒙古长调声中，天人合一的思想在这里得到了最好的诠释。拴马桩、蒙古包，更多草原文化仿佛已成为一种历史记忆。

土默川上祭敖包

韩国栋

　　出呼和浩特30千米，在土默特左旗北什轴乡恰台吉村北，建有一座用石头垒成的敖包，其直径6米有余，高约3米，至今已有400多年的历史。

　　恰台吉村名源自于北元阿勒坦汗的义子恰台吉。恰台吉，原名由罕都雷喜雅，又名萨尔玛尼，也称脱脱，又称恰台吉、达云恰、达延恰，土默特之蒙郭勒津人。在他幼年时，被土默特万户领主阿勒坦汗收为义子，并赐予"恰台吉"称号（"恰"为随从、护卫、随员、侍从的意思，台吉为明朝后期、清朝时成吉思汗家族男子的称号）。成年后，阿勒坦汗任其为管理部落外交事务的官员，因其能力超群，办事公正受到人们称赞并声名远传。

　　明末清初，由于恰台吉的后裔或属民在此定居放牧，遂形成了嘎查（牧村），村名即以恰台吉名字命之。

　　游牧的蒙古人把日月山川、天地河流、树木奉为神灵来崇拜，对他

　　★韩国栋：内蒙古作家协会会员、阿勒坦汗学会会员，土默特历史文化研究会副会长，土左旗文联副主席、作协主席。

们日常生活产生影响的天象如雷、闪电、地震、暴风雪等都认为十分神秘和无法理解的，他们认为这一切都是由各种神灵主宰着，对这些神秘的神灵充满了敬畏与依赖，认为神灵无处不在，一切事物的发展都必须按照神灵的意志去办，如果想达到自己的愿望必须向神灵祈祷，在神灵的庇护下，人们的愿望才能如愿以偿。由于神灵没有偶像，人们就用石头、土堆集成石堆、土堆作为象征。祭祀敖包也就是在祭祀各种神灵。16世纪70年代，在藏传佛教进入土默特地区后，喇嘛的诵经等宗教活动也逐渐被吸纳进了祭祀敖包的习俗中。

恰台吉敖包是一座用石头堆砌起来的圆形建筑物。敖包的两端各插着4支苏勒德，苏勒德为三岔铁矛，其下有1个铁盘，盘上系着公马的鬃毛。

苏勒德是成吉思汗蒙古军队的军旗和军徽，当年成吉思汗在征战中，就举着这个苏勒德，攻无不克，战无不胜，此后，苏勒德就代表着蒙古的战神，也代表着成吉思汗的权威。恰台吉敖包两边插着8支苏勒德，既表示着蒙古人对战神的敬畏，又表示对圣主的崇敬与纪念。

据恰台吉村人相传，恰台吉村敖包建于16世纪中叶，当时居住在这里的恰台吉被这片富饶美丽的草场所陶醉，为了祭祀长生天，他在村北的草场上建了一个敖包。当时的敖包，多用石块和土筑就，敖包的顶端周围，多用柳条、树枝装饰。包的东西和正北，各竖3个木杆，杆顶分别刻有日、月、云图形，用彩带与苏勒德相连。带上多悬树枝、风铃、旗帜和经幡，以示蒙古人不忘从森林走向草原。

因恰台吉敖包是诺颜（领主）敖包，其东南和西南还要各栽一根高杆，左右对称，其间扯一细绳，上挂红黄蓝白绿五面禄马风旗，以此象征领主的门庭。敖包正南或四周设香案一个或数个，用来接受供物和香火。

敖包最早是作为指路的路标和界标出现的，蒙古族祭祀敖包并崇拜敖包，应缘于成吉思汗的祭圣山。蒙古族强大占据辽阔的草原后，由于有的地方没有山或高山较远，人们就垒石像山、视之为神。后来由一个发展成三个，分别代表天、地、人加以供奉，进而演变为七个，代表七曜或日、月、金、木、水、火、土。十三敖包。十三在蒙古人民中是个非常吉祥的数字，萨满教认为天有十三层，四面八方和中间也存在着十三个天神，同时自己祖先的灵魂也存在于这十三天中，十三敖包代表着十三层天和四面八方及中间的十三个神灵和在这十三天中的祖先的灵魂。

恰台吉敖包不同于别的敖包，它是在黄教流行以后所建，所以在祭祀中，也注入了黄教的内容，祭祀当中喇嘛不到就不能进行。除此而外，祭品改用奶食代替，即三白供。恰台吉敖包由于是16世纪中叶建的，因此敖包内供奉的经文都是由建包者密藏包内，而一年一度的祭祀活动都是由建包者确定下来的。恰台吉敖包是土默特地区一座有影响的敖包，在当地蒙古人心目中，它是"神敖包"。自恰台吉人接受了民间的点旺火、烧香、敬纸、接神的习俗后，数百年来，它一直有一个神奇的现象，即每年的除夕夜接神时，敖包的顶上总会有蓝光出现，人们无法解释这一现象，就将它称为"神光"。后来时间久了，恰台吉人发现蓝光出现的时候，就是接神的时候，各家各户便开始点旺火，年年如此。后来，周围的村民知道了这件事后，每年的接神时间也以恰台吉的时间为准。因此，每年的除夕夜，村里都有专人盯着蓝火，当蓝光一现，即刻旺火冲天、鞭炮齐鸣。还有一条就是蓝光成了年景好坏的一个预兆，蓝光越亮越高，明年的年景越好，反之，则会出现灾荒。随着蓝光的出现，人们焚香、敬纸、接神。吃过年夜饭后，本家的晚辈要给长辈磕头、请安，长辈要给晚辈压岁钱。每年初一一大早，全村人都要去敖包前供祭品，之后便开始互相拜年，这个习俗一直沿袭到"文革"前。

每年阴历五月十三日是恰台吉的敖包祭祀日，这一天，祭祀活动十分庄严、隆重。祭祀活动由村中德高望重的人担任主祭，大家从四面八方走来，人们拿着供品，一起祭拜神恩、一起分食供品。

在土默川，关于敖包的祭祀，有的蒙古族聚居村在阴历五月举行，有的则在阴历六月举行，也有的在秋季举行。

恰台吉人对敖包的祭祀，通常都有严密的组织，主要由四人组成：主祭人——敖包祭祀的总策划者；召集人——按照惯例向百姓征收祭品者；保管员——施主所献物品的保管登记；勤杂员——备办茶饭者，他们必须根据祭祀敖包的不同要求，在相应的时间里把该办的事情办好。

到了祭敖包这天，人们穿上崭新的蒙古袍，从四面八方向敖包走来。到了敖包前，在王、伊两姓蒙古人的带领下，从西南方向来到敖包，在敖包正前方香案前叩拜以后，将带来的石块加在敖包上，随后用五色哈达、彩旗等将敖包装饰一新，然后在敖包前的祭案上，摆上村民们奉献的鲜乳、奶酪、黄油、圣饼、白酒、什锦粥、盐、茶等食品，接着喇嘛们开始燃放柏叶香火，进行烟祭。这时鼓钹大作、号管齐鸣、法铃齐响，人们不论相识与否，均向着敖包三拜九叩，祈祷"风调雨顺，五谷丰登，六畜兴旺"，继而将马奶、醇酒等洒在敖包上，这时游人们便群起仿效，诵读《敖包祭祀词》，然后围敖包顺转三圈，将食品象征性地祭洒在敖包上，接着敬献哈达、佛灯。

近些年来，恰台吉村的祭敖包活动，引起了有关方面的重视，恰台吉敖包先后被中国民俗学会、内蒙古民俗学会评为"内蒙古知名敖包"，同时将恰台吉祭敖包列入呼和浩特市非物质文化遗产名录。

恰台吉敖包经过400多年的不断发展变化，已形成一种文化现象，作为游牧文化中的一个重要组成部分，在进入21世纪以来，恰台吉敖包恢复了多年没有举行的活动，更主要的是在原有的祭祀活动得到充分保留继承的同时，娱乐活动和物资交流活动更加浓烈地表现出来，而且在这两方面又有许多时代性的文化成分呈现在人们的面前，倍受蒙古族群众的欢迎，这样，就将祭敖包活动由固有的传统文化氛围，扩展到贴近现代文明的轨迹。

土默川上话河炭

赵子清

在呼和浩特市土默特左旗境内的一些地方，蕴藏着一种矿物——河炭。

河炭一词是本地区民间的俗称，在矿物志上称作"泥炭"或"草炭"，对其解释为：泥炭是一种经过几千年所形成的天然沼泽地产物，是煤化程度最低的煤，同时也是煤最原始的状态，无菌、无毒、无污染、通气性好……

《土默特志上卷·矿物》对此有如下记载：本地区的泥炭主要有两处，一在沙家营子、台阁牧、栽生、羊羔尔村、忽尔格气及大里堡以南滩中，自东向西长约10千米，储量约为130万立方米。一在妥妥岱以南、大阳以西滩中，储量约为320万立方米。

上述记载中，前面提到几个村子的河炭（即泥炭，以下均称河炭）当以台阁牧村和羊羔尔村储量多且采挖时间也最早，在清末的光绪年间就开始采挖了，所挖河炭都作为燃料使用。后面提到的妥妥岱、大阳等地，储量虽大，但采挖时间相对较晚，大约在20世纪70年代初，采挖的河炭大都加工成肥料用在了田间。另外，土默特左旗其他村子也有少量河炭可采挖，不过面积相对较小储量也少，如杨家堡村。

其实河炭的发现是比较早的，以羊羔尔村为例，过去村南、村东均为湿地草滩，在其周边居住的农户自家院内地下都有河炭，人们在取土、打井、挖菜窖时经常挖出河炭，只是当时还不知此物是什么，都当作普通泥土扔掉。据村中耆老讲：光绪年间有一次发大水，把村东的小河冲出一道深沟，其中就冲出了不少黑东西，当大水退去后，到草滩捡粪的孩童把这些黑乎乎的玩意顺便捡了回去，晒干后居然和牛粪一样，可以燃烧，这一发现引得大家都纷纷去草滩捡这些黑东西。要知道那个年代烧柴奇缺，农家常常为烧柴发愁，稍有功夫便去搂柴、拾楂、捡牛粪，也有进山割山柴的。当地俚语云："烧在前，吃在后。"把烧柴看得和粮食同等重要。当这些黑东西被捡光后，人们又到河槽去掏挖两侧裸露的黑东西，农家认为此物是从河（水）中发现，所以给其冠名"河炭"。

当裸露的河炭被掏完后，人们又到低洼的草滩去寻找这种宝贝，结果发现在一些湿地草滩的地下也有河炭，于是又都聚到那里去采挖。周边有着相同地形的村子也效仿邻村的做法去探寻，结果也发现了河炭，开始采挖。由于产炭地点都在草滩上，曾遭到蒙社的阻拦，怎奈经不住每年的采挖人群不断扩大采挖面积，因而当时也只守护住了一小部分湿地草滩，但随着时间的推移，这些禁地最后也逐步被采挖殆尽。

其间，村里是不允许外村人来挖河炭的，但个别村的一些私人地块也有卖于外村人去采挖的。

到了民国初年，采挖量越来越大，一些家有劳力土地又较少的农户已不限于自家燃烧用，以此为业采挖河炭出售。作为一种资源如此大面积的采挖，土默特总管署当时是如何去管理的呢？在土左旗档案局保存的民国档案中，有一件民国十三年总管署关于河炭事由的一份布告，可对那时采挖河炭状况略知一二。现摘录如下：

土默特总管署布告
财字第三号

照得本署招商包办河炭租税，每于期满之前设匦投票，以认缴包价最多者即予准包，业经办理有案。兹查台格木等村河炭租税包办已届期满，自应照章招商承包。合将规定承包办法各条开列於后。布告周知。如有商人愿意包办者，仰即查明后开各条办法办理。定於六月四日即阴历五月初三日开票，当以认价最多者即予准包。为此布告商民人等一体知明，切勿观望自误！此布。

兹将招商包办河炭租税办法开列於后台格木等村河炭租税上年包价现洋贰佰叁拾柒元。包商呈递包单须书明姓名及同伙姓名并包价数目，投入本署大门外投票匦内。

包商投票后随即到总务科收发处报名挂号。

包商挂号时须取具字号保条交由收发处存。查无铺保，则须暂交保证金洋十元，由收发处发给收据交该商收执。

开票之日各包商务於午前十二点钟到署听候开票，俟开票后即将保证金发还各包商，随将收发处所发收据缴销。

开票之日各包商如不依时到署听候者，则所交之保证金即予充公。

包商承包后须按所递全年包价数目先交包价二成以作押款，并取具妥实铺保呈核，即行填发执照。

包商呈递包单未经报名挂号者即作无效。

包商承包后除先交包价二成作为押款外，其余包价由本署按全年旺淡月分别匀配数目，逐月照交不准拖欠。

包商每月应交包价限定一个月后十日，照配定数目交清，逾期不交，即行撤销并将押款充公。

上述资料中只记载了对台阁牧一带河炭（采挖）招商包办租税的细则，对其采挖事项未作具体说明，从内容上看，似乎当时总管署收取河炭租税要早于民国十三年。包商承包后又是怎样去向采挖者收取税费已无资料可查考，只有当地的一些口头传说。笔者曾听家族中一位老者讲：他在民国年间曾承包过河炭租税，那时对采挖人收税不以人头论而是以锹论，即一张锹收洋一元，因为一张（把）锹就代表着一个采挖劳力，锹是他们必备的工具。收取税费时也非一帆风顺，毕竟穷人居多，且挖多挖少也难平衡，因而收取颇费功夫，到时除了上缴署衙外，其余利润甚微，只能勉强而为之。

每年农历五月末到六月初，上述地区便开始采挖河炭了。选择在这一季节开始动工，是与农活儿有关系的，因为此时地里的大秋作物刚刚锄耧过，大家暂时有一些闲工夫，另外离雨季到来还有一些日子，正是采挖的好时候。

河炭大都在平坦的湿地草滩地层下，离地表层较浅处只有1米多厚，最深处也就在2米左右，比起山场中的那些煤窑来，河炭的采挖方式完全是另一种形式，相对比较简单也容易了许多，安全了许多。

采挖地又称河炭场，一个产河炭的村子这种场子大概有好几处，面积大小不等，是人们探测过了的，地下都有河炭。每年采挖时要紧靠着上年挖过的边沿开始采挖，大家相互间都要留开一些距离，为的是互不影响。其间也都遵守着一条规矩：谁也不能到处乱挖，都要挨着挖，避免造成采挖地的浪费，更不能提前多占场地。这条不成文的规矩，一直沿袭着，因而在挖河炭时，绝少发生因地皮而产生的争抢打斗纠纷。

开始采挖又称开窑，即在选好的开挖地方将复盖在河炭上方的土方挖出去。挖土方也有讲究，一般是挖一个直径在2米左右呈圆形的坑，这种坑又称筒子。选择圆形开挖的筒子不容易坍塌，这其中包含着一定的科学原理，也是大家多年摸索出的经验。挖河炭唯一使用的工具就是一把锹，即过去农家常用的老式方锹，此锹由铁匠炉锻打，不同地区的方锹形制、质量也不尽相同。过去毕克齐铁匠炉锻打的方锹最佳，使用起来很是得心应手，挖起一锹土来很少撒落，且锹头都是掺入了生铁的"摊生锹"（渗碳），非常耐用。一张在使用过程中磨出来的方锹，其尖（锹头）成刀刃状非常锋利，这种锹是出炭不可缺少的工具，人们非常爱惜。挖土时要一层一层的去挖，每层的深度即是1锹头的尺寸，其长度不足1尺。每窖筒的深度也均以锹来计算，从不以几尺来论深浅，如某窖有7锹深或8锹深等。每挖出一层土方后，窖筒里的边角必须铲平，不能留有毛碴，更不能挖成凹凸不平状，否则窖筒极易坍塌。过去的地表水非常丰富，所以土壤中含有一定水分，挖起来比较省力，用不着锤敲镐刨。一般情况下，七八锹深的窖筒单个壮劳力要一天多的时间才能挖成，当土方挖到离河炭还有1到2锹深的样子，便停止不能再挖了，因这层土方是极易出水的泥沙层，要等在出河炭时一并挖出。

当窖筒挖好后，下一步该出河炭了。

出河炭是件大事，到了这天几乎是全家人一起出动，他们一早便来到场地忙开了，男人挖炭，小孩子凡能抱动一块炭的在窖外搬炭，女人在家负责做饭、送饭，间或帮忙搬炭或提水，这天的伙食是要改善的，从干粮到午饭都是可口的细粮。由于出炭非比挖土方，要争分夺秒抢时间，力争在一天之内完成。一个土层深又渗水的窖子，出炭的活儿也不是一个人干的了，最少要两人以上，劳力多的户家有自家人便足够了，缺劳力的家庭可与别人搭伙同挖，或者互相换工。

出炭前首先要把剩下的这层泥沙清理出去，可往往在这层薄沙上不断渗出水来，需要将水控制。治水的办法是沿着窖筒周边将这层泥沙留下5寸左右宽的一条小埂，让渗水在小埂上流动，然后顺着小埂再挖一小水坑将水引入坑内，此时上边有人不断用柳条水斗将坑内的水提出去，治住水后河炭才能采挖。

将一切杂土泥沙铲除后便露出了河炭，这层脚下看到的河炭被称作底炭，也是第一步要采挖出去的炭了。由于河炭是靠水养着的，因此河炭中有一定的含水量，况且又形成于草一类的植物，因而其质地较软，采挖人只需带上有刃方锹，踏锹的那只脚再穿上一只厚底布鞋即可。首先用方锹对准裸露的河炭来上几脚，第一块四四方方的河炭便被挖了出来，初挖出的河炭有一股淡淡的草根味道，上面布满了原始的草根和草叶，非常清晰，河炭扔到地上的那一刻还可弹起，紧接着一块块的四方状河炭块被挖起来扔出了窑外。挖河炭讲究干净利落，即挖起的炭必须是整块的，不能一摔就碎，每挖出一层炭后锹下也不能有过多碎块，要做到这点全靠挖炭人脚下功夫，因为用脚踏锹出炭（本地人又称"蹬锹"）必须脚上出力，每踏一锹都要一步到位，若分两次来踩踏，起出的炭便成两块了。其上层炭质较好，颜色泛黄的质量更佳，下层炭次之。

当底炭出完下一步该掏炭了，掏炭要比挖底炭费时费力，且有一定的难度和危险性，掏的人除有力气还得有技巧。首先要在窑内定好三个点准备掏洞取炭（三个点也是三个洞的位置，方向可是任意的），先把河炭上方的土层挖掉，挖时要挖成4尺左右宽的半圆形状，因此其洞又称旁窑，挖出的土一般都堆放在出过炭的窑内，不再向窑外扔了，当河炭露出后又开始采挖了，所不同的是，这次取炭时要弯着腰横着去挖，而且是由下到上起挖，踏上两锹方能出一块河炭，眼下干活的姿势变了，干起来显得异常吃力。随着窑洞不断向深扩展，上层土也在不断地塌下，窑里窑外的人须随时注意观测，好在土层将要塌下时会提前出现裂缝，也能听到草根断裂的响声，此时掏炭人要赶紧躲闪开。由于土层不断塌方，所以掏旁窑河炭时中间不能停下，要一鼓作气干完，这时掏挖人虽身穿短裤上身赤裸，但还是挥汗如雨，其劳动强度可想而知了，所掏深度一般在5尺左右便停止不能再挖了，若再向深挖就比较困难且又极不安全。出完一个窑洞的河炭后才有喘息机会，稍事休息后再接着掏第二个旁窑，这次将所取出的土方扔到第一个出过炭的窑内，以此类推，直到第三孔炭出完为止。

一个河炭窑从挖底炭到掏窑洞炭，两个壮劳力必需在一天之内干完，如果隔上一夜再干，窑筒内就会存下积水，造成土方坍塌，无法掏取河炭了。这种超强度的活儿往往把人们累得筋疲力尽，过后要歇上一阵子才能缓过劲来。

整个河炭场每天都很热闹，一派繁忙景象，有挖土方的、有掏炭的，还有穿梭在场上那些满脸黢黑在搬炭的小孩子们，这些小不点儿再忙也误不了相互追打戏弄。一些还在挖土方的人忙里偷闲蹲在别人家的窑边看出河炭，这里的土和河炭都是含水分的，因此场上绝无尘土飞扬现象，偶而抹在皮肤上的炭黑也很容易擦去。

刚挖出来的湿河炭要垒成一堵小墙来晾晒，等晒干后再拉回家里，也有将湿河炭直接拉回家劈成块或片再晾晒的，这种做法虽费工费时，但干得快，能早日燃用。晒干后的河炭没有多少重量，在准备燃烧前，遇到块大的不能用锤来敲打，要用旧菜刀之类带刃的工具去劈开，否则会砸成碎渣造成浪费。

挖河炭最忌雨，当雨季来临就不能挖了。通常一户一灶的户家一年挖两窑河炭，再添些柴草之类的杂物，基本够烧了，可那些出售河炭的农户往往要挖到上冻前才停工。到了冬季是绝对不能再挖了，不过也有例外，据说在日伪时期，某村有一瘾君子，为换取一片烟膏不惜冒着生命危险，在冬天里还去找土层浅、炭层厚的地块去掏洞采挖，一时成为人茶余饭后谈论的笑料。

中华人民共和国成立后，河炭作为一种燃料，人们仍在继续掏挖着，同时政府也把租税取消了，可以自由采挖，不过时间上有所限制，要由生产队根据农活情况来安排放假时间，再统一去挖，平时是不允许挖的，更禁止人们向外出售河炭。

河炭从清光绪年间开挖，到20世纪的80年代停挖，当地大约有四代人经历了挖河炭的苦力活儿。在这漫长的过程中，此物一直用作生活燃料，70年代初，生产队曾把河炭挖回制成腐肥，撒在田间当肥料。当时在土默特左旗大阳村一带也发现了大量河炭，公社和大队进行大会战，组织社员去采挖，然后制成肥料上到地里，这一大事曾轰动全旗，时有当地二人台民间艺人王忠元就此事编成了快板书进行传唱。由于当时这种土法制成的腐肥用在地里效果一般，且投工大、成本高，以后就停止生产了。

台阁牧及周边产河炭的一些村子，到80年代其资源基本枯竭，可挖处已寥寥无几。随着人们生活水平的提高和生活结构的改善，河炭已不再作为燃料使用了，取而代之的是煤气与电器，取暖有暖气炉，用的也都是大块炭，河炭在生活中已消失得不见踪影了。

据说，近几年有人利用现代化的大型工具去开采河炭，然后加工成腐肥和种植花卉的肥料土出售，收入颇丰。随着地下水位的下降，一些未挖尽的浅层河炭产生自燃，年轻人不知底里，还去求助媒体来破疑呢。

河炭由于分布稀少，对其了解的人也不多，说起来也是土得掉渣，过去只是农家的一种燃料，入不得大雅之堂。但多少年来就这种不起眼的东西，温暖着这一地区的劳动人民。不过这种大量的采挖所带来的弊端及后果是不容忽视的，首先是植被遭到破坏，凡产河炭的地方都在草滩上，而且大部分还都是湿地，挖土取炭直接破坏了这部分湿地草滩，挖出的深层土、烂泥沙覆盖了原生态的土壤，造成这一地带多年寸草不生，掏完炭的场子满目疮痍，形成了一个接一个的坑（当地人称"卜子"），大部分坑内还蓄有一些含碱性的脏水，有些村子已挖到住户的墙脚下了，每当入夜，这里便成了古诗中描写的"听取蛙声一片"了，但这不是"稻花香里说丰年"的江南水乡，而是塞外一隅的河炭场。

到20世纪90年代，原来的河炭坑内已滴水不见了，更听不到蛙鸣。随着农田机械化耕作的普及，还有大型机械的产生，人们利用这些现代化工具将原来的河炭坑推平，改造成水浇地，也算造福了后来人。

如今，每当炊烟升起时，走进这些产河炭的村子里，人们再也闻不到那种淡淡的河炭味了，这种味道的记忆已留在了昨天。

托克托县昔日的捕鱼风俗

杨　诚

据史料记载，捕捞作业是晚于采集、狩猎的古代生产习俗，形成于新石器时代中期，又称为"捕鱼文化"。托县的捕鱼文化远无稽考。这里记下的，是清朝以来民间传承的风俗。

托县半农半渔区以原中滩乡为代表。此乡地处县境西南角，南缘黄河，呈西北东南走向的狭长地带，是黑河、黄河交汇区域。历史上，黄、黑河经常泛滥，沿岸多为"水占鹅飞"的沼泽地。无水种田，有水捕鱼，从而形成了如树营、东营、蒲滩拐等一些昔日以渔业为主的傍河村落。这些村子的居民"靠河吃河"，村落颇具渔村风情，也形成了很有地方特色的捕鱼文化。

托县水上捕捞，主要是外河（黄河）捕鱼和内河（以黑河为主）捕捞两大场地，按季节又可有明河捕鱼和冻河捕鱼之分。其具体的捕捞方式，既具兵法战术意义，又富有传奇色彩。

明河捕鱼的常见方式有以下几种：

★ 杨诚：男，1943年生，系内蒙古敕勒川文化研究会会员、内蒙古民间文艺家协会会员。主要著作有《托克托风物》《话说云中》《托克托民俗》等。

"偷营劫寨"——打旋网

旋网，是一种平展呈圆形的网具。圆周等距离缀有1寸左右的长方体铁键。铁键环绑在一根称底绳或底缰的细绳上，圆心处的网上拴一根2丈左右长的细绳，称顶绳或顶缰。用时，顶绳梢头挽在右手腕上，左手紧抓底绳另一端，右手扔网，网出如伞状，由铁键缀落入水至底。稍停，双手慢慢收拢底绳，将鱼拘入网中。网眼有大有小，按手指并拢宽度分为"二占"（两指宽）至"五占"。

旋网宜在水深数尺的近岸水缓处喂窝捕鱼。喂窝有两种，一是把莜麦和在红胶泥里捏成泥蛋置于水中；一是将成熟的莜麦禾苗割来扎成把子固定在水中。窝子处插一根小木棍指示方位。窝子安置好后，在适当时（估计鱼群正聚食莜麦时——早了，聚鱼不多；晚了，食尽鱼散），一人扳船，一人站船头架旋网扔网捕鱼。

这种网鱼方式也叫打窝子，最紧要的是"静"，站船上撒网，船桨（俗称棹）入水要轻，出水要慢，还不能在桨尾上带出水滴声。船行要稳，棹杆与棹牙不能发出碰撞声。因为响声大了，窝子喂的鱼群就会被惊散。所以，称这种捕鱼方式为"偷营劫寨"。

旋网捕鱼需高超的技艺。因站在船头撒网，水拍船浮，双脚吃力不匀，船就会疾速移动，从而改变了预测的撒网距离。撒出的网需呈圆形，以窝子为圆心周边同时落水。偏离一方或"吃水不匀"，都会影响捕捞效果。其技巧要求是："左（脚）踏右（脚）蹬，手高膊、肩平，网出如扣锅，落水一条声。""一条声"就是"锅沿"同时落水，发出一个声音，从而使受惊的鱼群本能地向圆心的窝子聚集。

在昔日以捕鱼为主业的树营村，有一位名叫"摸捞子"的渔民。他撒旋网的精湛技艺闻名遐迩。仅就晾旋网的绝技就无人能及。别人凉网，必须上房亲手将网铺展，而他却在房檐前，随手一扬，旋网便均匀平展地铺在了房顶上。传说，日本侵华时期，他曾被选拔到日本参加捕鱼技术竞赛，撒旋网夺了第一名。

旋网有时也在两水汇合处"冒抓"——人站在岸上，撒网无一定目标，凭机遇，碰运气，故称"冒抓"。

"击鼓进军"——拷河网

与旋网打窝方式正好相反的是拷河网。

河网由网帐、牌（网帐上端漂浮于水面的小木板）、上下缗（网帐上下两端系网的长绳）组成。就网的大小分大河网和小河网。大河网长30—40米，高6米，网眼8厘米，俗称"平四"。小河网相对短、低，网眼也小。

小河网多在内河捕捞中（1斤左右）、小（半斤以下）鱼。拷河网一组四只船十个人。两条边船各两人，两条网船各三人。捕捞开始后，两边船一人敲梆（多由十多岁的小孩以两根短木棒击打船舱隔板），一人扳船。边船由中间呈簸箕状背向而行，边行边不紧不慢地敲梆。中间的两条网船一人扳船，两人撒网。网全部下水后，边船按大班（拷河网的指挥）的指令，一右转，一左转，呈前进方向同向前进。两条网船在边船之间的网膛内移动，护网而行。此时，梆声转疾。行到适当距离，大班一声令下："合拢！"两条边船掉头相向而行，网开始靠拢，边船距离愈近，速度愈快，梆声愈疾。此时，两网船离开网膛，前进到两边船之间的空隙，也敲起了梆子。四船呈弧形边靠拢边向网膛方向前进。当四船攒集，大网合拢后，梆声骤停，除撑船人外，其余的人都急速提网于船舱，然后清网解鱼，一场"河网战"告捷。

河网靠响亮的梆声赶鱼、围鱼、声东击西，因此叫"击鼓进军"或"雷鸣击鼓"，它集"围、追、堵、截"诸战术于一体，与旋网打窝时的"偷营劫寨"殊途同归。

传说，这两种把兵法运用于捕捞的习俗源于桃花女与周公斗法。桃花女依"偷营劫寨"之战术发明了旋网；周公则偏用"击鼓进军"拷河网。

大河网适宜在黄河涨潮退落的边界处使用或"打磨水"（洄水

湾）。捕捞的鱼种多是较大的鲇鱼、鲤鱼。俗语有"鲇鱼一天三探口，鲤鱼三天一探口，鲫瓜子有水不出口"之说。又谚："鱼抢清水口。"昔日黄河泛滥，在出岸决堤处形成口子。洪水开始退落时，口子处既有"抢清水"从主流进入岔河的新鱼，又有岔河内探口的大鱼。渔民们根据鱼类的这些习性，就在口子上用大眼河网专捕几斤重、十几斤重的鲇鱼、鲤鱼。大河网只用两条船，每船三人，一人撑船，两人撒网、提网，不再"雷鸣击鼓"。

打河网对行船的方向、距离、速度有特定的行话，如"开些""拢些""慢点""棹"等。开指两边船距离拉宽；拢是边船靠近；慢是缓缓而行；棹是加速前进。

"埋兵布阵"——麻套套鱼

麻套，一种长方形条网，上边绑缚用芨穗杆切成的1寸多长的短棒，叫浮子，借此浮水面使网直立水中。下缀用红胶泥特制的"泥鱼儿"。"泥鱼儿"形似枣核，需用牛粪火煨烧才既不变形又耐水浸。

麻套宜在水面宽阔而又不流动的水塘里使用。麻套捕鱼的方法是"套"。鱼触网后，挣扎摆动，被网线层层缚住，失去活动能力，乖乖就擒。麻套有长有短，网帐有高有低，网眼大小分二占、三占、平四、平五等数种。一般傍晚下套，清晨取套。麻套多了，可根据水面"埋兵布阵"，或"一溜长蛇阵"，或"九曲连环阵"，或"十面埋伏"等等。这种捕捞方式是"伏击战"，等鱼上网。

麻套捕鱼的另一战术是"声东击西""打草惊蛇"赶鱼上网。用麻套"埋兵布阵"后乘船在网区内敲梆惊鱼，使鱼在惊窜中撞网就擒。这种捕鱼方法无论白天还是黑夜都可进行，效果要比被动等鱼上网好得多。

麻套捕鱼，看似简单，却综合运用了多种战术策略。

"安营扎寨"——捞包

扎包捞鱼是黑河捕鱼特有的方式，也叫"围城捞鱼"。

扎包的材料，通常用沙柳、乌柳条、荬杆。

扎包的基本方法是：将柳条或荬杆用枳芨编成长条包片，按一定的规则垂直扎在河中，拦鱼进包，然后打捞。这种捕捞法适宜于水面不太宽也不太深的河道。春季扎好包，可捞至冻冰之时。

扎包的基本形制由城墙、城门、城包、囤子、囤门等几个部分组成。

城墙，是用包片（好似篱笆片）直立插入河泥中扎成的两段"长行包"，横穿河道直达两岸，以阻鱼通游。城包与城墙斜贴的城门处，是一块水中与城墙相挨立，水下不入泥中的活扇儿短包片，只能向城内开启，不能向外。受到城墙阻碍的鱼顺墙游至城门，可毫不费劲地从外挤开活扇儿城门进入城中。所谓"城门经常开，只进出不来。"鱼进入城中后，只有一门可通囤子。而这囤门亦如城门，只进不能出。这样，渔夫把船拢在囤边，用一个叫捞盆的器具在囤里捞鱼。根据包中圈鱼多少，决定捞鱼次数，一般早、晚各一次，俗称"两水"。

依据水面的宽窄、河水的深浅、鱼布的稠稀、材料的多少，扎包的具体形制也多种多样。

"安营扎寨"的捞包捕鱼方式，看似被动，却是"三十六计"中"以逸待劳""欲擒故纵""关门捉贼"以及"诱敌深入"等战术在"捕鱼文化"中的灵活运用。

传奇味儿浓的单钩钓大鱼

钓鱼多在黄河，根据所钓鱼类的不同，鱼钩分一竿一钩（单钩）或一绳多钩（串钩）。按照所钓鱼类的大小，鱼钩有大有小，有粗有细。小如针钩，大似秤钩。单钩一般是用长竿连线挂钩，如钓较大的鲇鱼、鲤鱼时，则用一条指头粗细的长绳拴钩，不再用鱼竿。

串钩是把许多鱼钩等距离拴在一条长绳上，入水的一端用绳缀一块砖头，使串钩沉入水中。另一端固定在岸畔。

黄河单钩钓大鱼的习俗，颇有传奇色彩。

昔日在黄河中捕获几十斤乃至100多斤重的鲇鱼、鲤鱼并不稀罕。这类鱼都是用专钓大鱼的单钩钓上来的。由于这类大鱼在水中"发威"时力量甚大，所以，垂钓的方式非同一般。据说，几百斤重的鲇鱼敢食活人。它们常潜伏于近岸的深水中，如发现有人影映在水面，即疾跃出水，闪电般以"拖泥"（鱼尾）将人打入水中，吞而食之。据此，黄河岸畔的居民，老人常教导小孩，在河畔玩耍、行走，要远离河岸，以防把人影投入水中。其实，这一教诲的用意可想而知，无非是怕孩子们近岸失足落水。不过，专钓大鱼的渔人对此传说则谨而慎之。他们下钩以后，就在距水边数丈远的地方掏一个可蹲进人的浅坑，作为藏身之处，一为隐身，二为安全。

有经验的钓鱼人，将鱼钩绳捯几把，就可大约估计到钓住的鱼有多大。如钓到很大的鱼，揪绳的速度不能快，需从钩绳上感觉到的鱼的动态依其势缓而近之。倘若揪绳过猛，鱼受剧痛，就拼命挣扎。这样，鱼可能豁肉脱钩，或许会连钩带人被拽入水中。鱼近岸，也不可立即出水，需先在浅水滩处，让鱼在失去水势的情况下挣扎一番，力势减弱，方可紧拽上岸。

传说，某人一次起钩时，捯了几把钩绳，觉得异常沉重。他知道钓住了一条大鱼，心中暗喜，就紧拽几把。鱼在水中挣扎几番后，似乎无可奈何地随钩而来。离岸不远时，渔人突然觉得钩绳松了。他以为鱼脱钩走了，一边疾捯钩绳，一边懊悔不迭地唉声叹气。此时，他似乎觉得水浪向岸阵阵涌来，可耳边并无风响。他正诧异间，猛然，眼前不远的水面耸然立起两道胳膊粗细的"黑桩"。他大惊失色，原来是两根大鱼眉！巨鱼正冲波破浪急速向他冲来，他扔掉钩绳，连滚带爬上了岸，跌跌撞撞向前狂奔，顷刻间，背后水响震耳，"哗啦"一声，一片河水倾到岸上——原来是巨鱼用尾巴打人时掀上河岸的河水。渔人瘫倒在地，浑身衣裳如水浇过。良久，才水平浪静——真是惊心动魄哪！

钓鱼的鱼饵有面食、虫食——蝼蛄、蜗牛、青蛙等。据说，最好的鱼饵是油炸"扳仓"（小老鼠），但轻易不敢使用。因在水中闻此饵的奇香，大小鱼群集而来，掀波搅浪，霎时河岸塌陷，甚至由此而"淘河塄"不止。

冻河捕鱼，主要有两种传承习俗，即打冬网和锛鱼。

打冬网

这是明河打坡网在冰面上的运用，而且不受水域宽狭的限制，所用网具除坡网外，还需若干冰锛、马杆（直径约2寸、长约1丈的竹竿）、冰拖等。

选好网场后，在网场一边的中间部位用冰锛锛透冰层，打好一个可容下网的长方形下网口，然后，以下网口为始点，呈射线反方向锛若干冰眼。冰眼为直径2尺左右的窟窿。冰眼间的距离要根据"马跑一程"的远近而定。两条反方向的射线的长度约等于网长。与下网口一线的冰眼便宜后，两端分别按既定的拉网方向等距离同向继续前进。此时，开始下网。网两端拖网的长根绳分别拴在两条马杆的下端。下网时，先下马杆（带网绳的竹杆称"马"）。"马"入下网口后，横浮于水口。"跑马"的用跑马杆——特制的铁钩钩住马杆，使巧力朝前边的冰眼送"马"一程，"马"在冰下跑，跑马的在冰上走到下一个冰眼口边接"马"，往往是人到"马"到。在冰眼用马杆收住"马"，如法将"马"再送入下一个冰眼。如此，两条马杆各带网一端的根绳从下网口先背向而行，将网徐徐拖入水中，在转方向拖网前移时，仅靠马杆带网力不可及，所以，"马"跑一段距离后，就由人拽着网根向前拖网，就这样，直到出网水口。

打冬网负责"跑马"的人，需有相当的经验技巧。要使"马"从一个冰眼不偏不倚恰好跑到下一个冰眼，不但要找准方位，而且使力的角度、强弱要恰到好处。力大了，"马"可能超过冰眼；力小了，又跑不到冰眼；跑高了，"马头"撞冰，跑不开；跑低了，受深水阻力，要偏离方向。

为防冰上拉网脚滑不好使力，拖网人鞋上都套穿一双冰鞋，冰鞋底下前后有钉，使力时，钉头抠入冰中，不致打滑。

网出水后，迅速解鱼，并把捕到的鱼摊于冰上冷冻。鱼冻硬后，装入袋中，放在特制的木筏似的冰拖上。冰拖下的长木上钉有铁条，是专制的冰上运输工具。

打冬网选择在水面结冰1尺多时为宜。冰层厚了，则采用冰镩镩鱼的捕捞方式。

镩 鱼

冰镩镩鱼多在水深三四尺的河岔里施用，而且要选择在冰未冻彻——冰下有一二尺深的活水时进行。方法是用冰镩镩一个直径2尺左右的冰眼，然后用捞盔伸入冰下活水中旋转，水在捞盔搅动下开始流动。鱼顺水流方向游动，从而网入盔中。

捕捞还有打坡网、揭干锅、排水拣干鱼等多种习俗。

《船工谣》

任晓东

　　"在家里预支钱才把家安，背铺盖上大船心中不安。上河风（东南风）扯起篷高兴的嘶声，放下水塌了滩实实淹心。赤条条拉大船驼背弓身，倒水湾拉不动自带囚墩。拿杆子上掖板不保身魂，背绳子进柳林自问充军。下杭盖掏根子自打墓坑，乌加河耍一水拔断儿根。抛妻子撇父母葬（丧）了良心，饥一顿饱一顿不叫营生。"

　　这首《船工谣》在托克托县河口镇、黄河畔不知流传了多少年、多少代。这是当年的船工们自编自唱的"劳者歌其事"的真实写照。

　　河口镇的繁华源于水旱码头，尤以黄河水运为根本。而黄河水运的繁荣则源于一代又一代船工们苦难艰险的默默奉献。几百年来，滔滔黄河水，交融着船工们多少血和泪……

　　在河口镇，有300多户居民祖祖辈辈当船工。我们拜访了现在还健在的3位老船工任永福（招财，87岁）、任天财（84岁）、王福（80岁），他们的船工生涯多是中华人民共和国成立之后，虽然工作艰辛，但已是月有工资的国营航运局的工人了。他们向笔者述说的河路汉生涯，是他们的前辈船工当年的生活情景。

"春分河自乱"，船工们在每年的农历二月就开始捻船——用麻披把船板之间的缝隙塞紧，以防进水。待河水解冻后，就推船下水，一年的河路生涯就开始了。

河口的船多是跑上水，一般到宁夏石嘴山即返航，从石嘴山西上的业务较少。

上行船有八站船、七站船、五站船。八站船为放盐碱的专用船。七站船、五站船放粮食、红柳、枳芨、木料、甘草、皮毛、上河炭等。

河口的船主人很少亲自跟船，都是以船顶股份，和船工按股分红。一般是船3股，人1股。如一船6人，即按9股分红。有时，老艄要从"初初"的股份内取些抽头。

行船很少放孤船，一般以3只、5只为一组。一组船中，有时要带一个小划子，遇到难以识辨水路的时候，就先用小划子在前边"揣路"，"揣通一湾溜一湾"。选一个技术最好的老艄放头船，在前面引航，依次为二船、三船……黄河浪大流急，晨夕瞬变。或泥沙滚滚，迁徙不定；或暗礁嶙峋，环流无踪。经验丰富的老艄公，只凭多年实践，观察水势水色，以定航路通塞。而水势水色，昼夜之间变化不同，固有"早看青，午看红，夜看黑圪棱"之说。

一只船有6个人，有明确的职责分工。老艄为一船之长，是船上技术最高者，行船时掌舵导航，快慢进止悉由老艄指挥，船上一切事务也由老艄决定。其余5人，按照技术高低，分为揽后绳、背头绳、三绳、四绳、二绳。二绳也叫初初，是船上的徒工。船逆水上行时，老艄一人在船上掌舵（俗称舵为尾棹），其他5人全都在岸上背绳拉船。背头绳的在前头，依次是二绳、三绳、四绳、揽后绳的。之所以这样排列，是由他们各自的技能和职责决定的。拉船的纤绳俗称长河绳，不拉船时，就盘成圈放在船上。如要上岸拉船，背头绳的肩负几十斤重的长河绳，脚蹬船舷越水三四米上岸，必须利索快捷，并在拉船行进中协调4人之力与老艄默契配合。如途中要越过拢岸停泊或慢行的大船，背头绳的必须将长河绳轻巧自如地甩起，凌空飞越彼船2丈多高的桅杆顶，使己船不受丝毫延误阻滞，照常行驶。揽后绳的一个关键职能是"耕（此处俗语读作jing）船"。所谓"耕船"，就是在激流中使船滞留。"耕船"一般是在停船泊岸时紧急使用的一种技能。船逆水而行，都是在河水的"大浸"（主河道）近岸一边行驶的。如要拢岸停泊，就须让船在停止前行中移离主河道，进入近岸的浅水缓流中，再慢慢靠岸。"逆水行舟不进则退。"而在黄河的激流中停船又不让船顺流而下，谈何容易！当此时，头绳、二绳、三绳和四绳都弓腰蹬腿，甚至双手抠在土里齐力拽船，不让船被激流冲下。但这种拽船的力量与激流的冲力相比是非常有限的，只是刹那间的作用。就在这千钧一发之际，揽后绳的要用一根套着"出岸绳"的尖头红柳棒以迅雷不及掩耳之势将棒尖深深扎入泥土中，并双手狠力扳牢红柳棒，縻住栓着船头的出岸绳，协同前4人之力使船滞留，再缓缓从"大浸"中移流到近岸的浅水缓流中。在这一"耕船"过程中，揽后绳的如不能适时耕住船，拉船的人来不及取下套在肩膀上的叉套，就可能都被顺水而下的船拽入河中。

上行船如遇顶头疾风，船工们叫"打背蓬"。这时，船就会"犟"——失去控制顺流而下。当此时，老艄就急令拉船的人"快没叉套"，谁如果不能及时利索地取下牵船时挎在肩膀上的叉套，就会被长河绳拉入河中。曾有一对亲哥弟在一条船上当船工，一次船"犟"中，17岁的弟弟未能及时取下叉套，被"犟"船拉入河中，随船顺流浮沉，哥哥为救弟弟，也跳入激流中，结果哥弟2人都葬身洪流。船"犟"后，随水漂流，行踪不定。只待疾风转向，才可停泊。如船停在近岸处，则由背头绳的凫水上船，寻上长河绳，再牵绳上岸，继续拉船前行。如船离岸太远，就需别的船把船工们送到"犟"船上，再设法驰船归流而行。

船遇顺风（东南风），扬帆前行，拉船的人收绳上船，又各自操起蹬船杆。背头绳的和揽后绳的分把前后舱两边，二、三绳在中舱"溜肚子"——因中舱的两船沿旁各放一块七八寸宽的叫做"扎腮"的木板，以加大船沿宽度，供船工装卸货走路，比起前后舱只有六七寸宽的船沿要保险得多。头绳、揽后绳的须是"好撑杆儿",要杆儿蹬船,在岸上只瞭见人屁股瞭不见头。插杆儿稳,抽杆儿疾,肩顶蹬杆儿,头倾船沿,在六七寸宽的掭板(船沿)上逆船送杆儿,如履平地。如一杆蹬脱,一脚踏空,就会跌进滚滚洪流之中。所以说,"拿杆子上掭板不保身魂"。

顺风扬帆时,船上就响起了船工们"叫风"的哨子。哨音悠长清脆,在风吹浪涌中回旋荡漾。如顺风加疾,船行驶在主河道,由帆牵引而行。此时,船工们抽杆停蹬,悠悠然坐在船头上,美滋滋地抽起旱烟,享受着少有的舒服惬意。这就是《船工谣》中所唱的"上河风扯起篷高兴的嘶声"的时候。此时,宽阔的河面上,就会飘起船工们粗犷豪放的歌声,显得分外悠扬悦耳——

> 小妹妹住在黄河畔,
> 为朋友为下个河路汉。
> 脚踏河塄手扳住船,
> 知心的话儿说不完。
> 你走那天天有些阴,
> 响雷打闪我不放心。
> 刮起个东风扯起个篷,
> 拿起那杆杆你操点心。
> 想起妹妹心有点酸,
> 唱几句山曲儿解心宽。
> 脚踏掭板背朝天,
> 跑河路的人儿实可怜。

傍晚抛锚泊岸,初初负责烧火做饭,故初初又叫"抱火炉的"。

晚上睡觉,船上也有规矩。空船时,船工们睡觉在中舱,底下铺板为床,上面用粗布搭个帐篷遮风避雨。老艄的睡位紧靠后舱,依次是揽后绳的、背头绳的、三绳、四绳。二绳（初初）睡在最外边的帐篷门口处。睡时，用一根细绳把初初的一只脚和老艄的一只脚连着，以防初初睡中"发迷怔"跌入河中。船工们铺的是用枳芨编的一块小囤片，囤片上是自称为"对号"褥子——烂皮片布块、破衣烂裳弥砌在一起，盖的是烂口袋片。睡在船舱中的棚板上，耳畔有浪击船舷的阵阵涛声，身随船体在水上悠悠晃荡，故有"人在船上睡，身在水上漂"之说。雨打风吹，比露天睡觉好不了多少。船装货后，就睡在货顶上。

俗语说"河路汉披的一件血布衫""河路汉一上船，命就交给天"。危难的生计，产生了一系列独特的信仰与忌讳。敬天、敬地、敬河神、敬龟神、敬鱼精……船工们可以互相臭骂，但河路生涯不允许他们闹分裂，骂过就和好无事。船工们说，他们"吃的人饭，发的牛力，受的'扳络肢'苦。"所谓"扳络肢"苦，就是各自自觉自愿尽心竭力做好分内之事，不得投机取巧，拖奸偷懒。他们是真正的同甘苦共命运，就连每顿饭，一组几只船也是要吃甚都吃甚。行船中不敢说"破话"。船工离家后，若遇大风暴雨天气，家里人都要为河上航行的亲人祷告、许愿，祈求神灵保佑亲人平安归来。重船返航时，船上要宰羊领牲，老艄领着船工面对河水齐跪岸畔，撮土焚香、敬表，叩头许愿，祷告老天、河神、河中精灵大发慈悲，保护行船一路平安。

奔腾不羁、变幻莫测的黄河，有时顷刻间会使岸畔几尺、几丈宽的陆地整块坍塌，变为滔滔洪流。迷信说法，那是鱼鳖成心作祟。为此，大船泊岸，要选安全可靠的地方。吃了荤腥饭，洗锅水绝对不能倒入河中，据说鱼鳖闻见腥味，会群集而来，霎时间，波浪翻涌，不仅"淘河塄"（塌岸），甚至会使大船沉没。晚上泊船若遇狂风暴雨，船在拍岸惊涛中颠簸浮沉。此时，船上的人一面加固锚角，严防大船脱缆；一面用尾棹、桨、杆傍在船沿上"镇浪"——借桨、棹抑制浪头，尽可能减少浪头涌进船舱；同时，要不住地把进船的水泼出，否则，船就可能沉没。

放盐碱船一般一年往返一回，有时也运两回。春季河开后就从河口码头推船下水，如顺风顺水，走20多天就到了碱柜。碱柜在今巴彦淖尔市杭锦后旗，距离河口约800里。其间，必须涉过一条乌加河。乌加河入黄河处，水深过人肚脐，水流湍急，水冷如冰。有道是"春拔骨头秋拔肉"。在春寒料峭之际赤身裸体涉过乌加河，船工们一个个被冻得浑身僵硬，心抖肉跳，上下牙发了疯似的不住打架。"乌加河耍一水拔断儿根"说得就是这种苦情。

家乡的火炕

高雁萍

其实大炕的记忆并不遥远，我家1979年盖新房时，五间大正房里除了赶时髦的铁架子单、双人床，依然盘有两铺大炕。照例的席子、炕毡外，新房大炕上还多了原来没有的地毯，说明生活水平提高了。

有道是家暖一盘炕。可我觉得这个暖，不单单是说炕的温度，还有那些被安顿在炕上的日子，以及日子里的亲情、友情及邻里之情。当然这是说冬天的炕，那夏天呢？冬暖夏凉啊！那种天然的凉，比睡凉席舒服多了。

炕还是一道风景，是画匠们的天地江湖。过去姥姥家不光有炕围子，炕上还铺着我妈给画的油布。我妈说姥姥家的炕围子上曾经贴过一个从画儿上剪下来的小娃娃，姥爷抱着我姐姐去和那个娃娃比个儿时，笑着对刚刚几个月大的姐姐说："哎呀，你啥时候能长到和她一般高啊？"

★高雁萍：专栏作家，内蒙古大学文学创作研究班毕业，内蒙古作家协会会员，呼和浩特市赛罕区作家协会副主席。百万字作品见《中国诗歌》《散文诗》《草原》《散文选刊》《西部散文家》《人民日报》等杂志报刊。

过去，一家人吃饭、睡觉都在一铺大炕上，孩子们写作业也在炕上，互相打闹也在炕上；过年过节来了走亲戚的客人，挤一挤，都住在炕上。冬天有人来串门儿，进屋冷得直跺脚，主人就说赶紧脱鞋上炕，快到炕上温一温。意思是炕上热，炕上暖和。大年初二就更不用说了，女婿进门，脱鞋上炕，边嗑瓜子边喝茶，等待女人们把酒肉端上桌。

最有情调的大炕，上边儿应该放着或长或方的荞麦皮斯林布靠枕，紧挨靠枕卧着一只呼噜呼噜"念经"的黄猫或花狸猫。炕上还应该有针线笸箩、烟叶儿笸箩，有扫炕笤帚，夏天还有苍蝇拍子。最有意思的是猫扑着线圪蛋或毛线团儿满炕玩儿，一不小心扑到地上，猫也跟着俯冲而下。

冬天的农村大炕作用可不小，腊月里蒸馒头起面、用瓦缸生绿豆芽、用瓷盆生黄豆芽，还有办事宴放糕的糕瓮，全都放在炕头上。我最爱吃事宴上糕瓮里拽出来的拖油糕；因为吸收了炕头上柴炭所传递的温热，加上瓮外老羊皮袄的保暖，还有长时间的捂，嚼起来比现炸糕更柔韧筋道，也更具风味。

炕有时也是孩子们的战场，打打杀杀中不是扳倒了被卧垛，就是把枕头扔到了地上。彼时如果大人不在家，把枕头捡回炕上，把被卧垛胡乱堆起，也就蒙混过关了。可要是大人在家，那就完啦，领头的肯定要被拉住打一顿，然后连大带小全部轰下炕，还边骂边让都滚得远远儿的。有的人家那孩子打闹开没深浅，又跑又蹦高，结果，就把炕板子给跳塌了。那就不单单是打骂孩子了，还得赶紧和泥换炕板子，否则没法生火做饭不说，炕上有个窟窿，晚上连觉都睡不成。

记得有一年暑假，我们去东郊大厂圈圙村的大爷家住着玩儿。白天满村儿跑，不是去高粱地里打霉霉吃，就是去白塔机场附近等着看飞机起落。有时也去知青点儿找在村里下乡的金枝姐姐，但一次也没找见。因为我们去的时候，人家还没收工呢。晚上也不消停，六七个孩子一个挨一个从炕头往后排开，拉灭灯了还不睡，还叽叽咕咕、嘻嘻哈哈说闹个不停。大爷、大娘脾气好，总由着我们，反正是一帮闲人。有一天我们想染红指甲了，就把院子里的海娜花连根拔起，用剪子剪成段，又加了点儿白矾用擀面杖捣碎。手心里攥一团，五个指甲盖也都敷上，然后用葵花叶子把拳头包牢。睡觉的时候手要老老实实放在木头炕沿上，不能乱动，怕流出来的汤汁弄脏被褥。一夜过后，用清水洗干净，手心和指甲已经变成了好看的黄红色。

最有意思的事情，发生在护城河边我姥姥家的大炕上。那会儿我们都爱住姥姥家，有时候人多实在挤不下，又谁都不想走，姥姥就用板凳、锅盖、案板、搓板、洗衣盆、炭箱子等等一切可用之物，在地上给搭个高低不平的地铺，有时候睡到半夜"塌方"了还得起来重搭。那时候家用电器真的是除了电灯就是手电，再没有第三种。有天吃过晚饭没事干，大人、孩子就都挤在炕上以睡当坐，躺被窝里东拉西扯闲叨拉。早早拉灭灯睡不着，我们就生着方子玩儿。玩儿什么？逮个虱子放到手电玻璃上，对着顶棚照，奇迹就出现了。本来比芝麻还小的虱子，一下就变得有碗那么大，蹄蹄爪爪满顶棚爬，爬得人浑身起鸡皮疙瘩。虱子爬来爬去，我们笑来笑去，手电跟着抖来抖去，就把虱子给抖丢了。于是赶紧拉着灯，众人满炕找虱子，找见继续玩儿，那才叫不亦乐乎呢。

农村一盘热炕有时堪比神医妙药。小孩儿着凉肚子疼，大人就说快去炕头上趴一趴，直趴到肚里的冷气"咕噜咕噜"转，最后"嘟嘟嘟"一连串排出去，肚不疼了，又变得活蹦乱跳了。伤风感冒了也是，吃片儿去痛片，捂严实在热炕上睡一觉，出身汗，病也就去了一多半。农村人多干苦重的营生，晚上要不睡热炕，就解不了乏，第二天身上就不舒服。

过去农村都有把会爬或刚会走的孩子拴在炕上的习惯。不拴不行啊，干活时没人看，一转眼就爬到炕沿边儿，紧跟着"嗵"一声掉下地，连惊吓带疼痛，哭得死去活来。相比那些被拴的孩子，我们可幸福多了。有爷爷和大爷看着，满炕爬的爬、走的走、跑的跑。饭熟了，全家围炕桌而坐，吃饱喝足，爷爷往他的被窝卷儿上一躺，二郎腿一跷，呼噜连天。我们就围着爷爷滚来滚去，偶尔还会爬到爷爷身上，或轻轻拽拽爷爷的胡子，或往开搬搬爷爷的眼皮。爷爷从来不生气，只是睁开眼看看，然后把胡子捋顺，把眼睛闭上，砸吧砸吧嘴，继续跷起二郎腿呼呼大睡。

20世纪70年代后期，我妈在呼市郊区桥靠小学当老师，我们姐儿几个在桥靠小学上学。每天放学后，老师们不能和学生一起离校，得留下判作业。夏天天长无所谓，我们回家先写作业，写完就出去玩儿，一直玩儿到我妈回来，然后帮着拉风箱做饭。可冬天天短，也冷得没处玩儿，我妈就隔三岔五让我们捏煮鱼子消磨时间，当然最主要的，是捏好了她回来做饭还能省点儿事。那时没有厨房，更没有专门的料理台，做饭时面盆子案板往炕上一放就行了。我到现在都觉得奇怪，为什么一捏煮鱼子我们就干仗，而且武器就是手里的莜面。那已经捏成的莜面鱼鱼或没有捏成的莜面团儿，被我们扔过来打过去，飞得满炕都是。可约摸着我妈、我爸、我爷爷都快回来了，就赶紧收敛，老老实实干活，不一会儿就捏下满满两大盖帘儿。等猪肉酸菜汤莜面鱼鱼煮熟端上炕桌，你一碗他一碗，个个吃得红光满面，但绝口不提用莜面打仗的事儿。

黑水泉村散记

韦素亮

2002年秋末的一天，我在呼市席力图召南侧一个饭馆里吃早点。邻座是一位须、发、眉皆白的老人，一根有着鲜明警报装置的拐杖斜靠在他胸前的饭桌上。老人听出我是托县口音时问我："你是托县哪里人？"

"黑水泉。""黑水泉？"听得出来，老人的情绪骤然兴奋起来，问我："黑水泉哪头起？"

一听老人问黑水泉哪头起，我就知道，老人肯定了解黑水泉。因为不了解黑水泉的人，不会提出这样的问题。黑水泉村中的地名，按特点，有东园子、南窑子、庙后头、牛王庙之说。按方位，又有东头起、南头起与西头起之分。

当老人得知我住东头起，便打开了话匣子。"我们那时租用东头起韩家的铺面。西邻为寇家，东邻蔚、薄两姓。"

老人继而饶有兴致地问起韩、寇、薄、蔚几家的老人是否健在，随即便向我说起了黑水泉的泉子。

"你们村的泉子，水真好，我整整吃了6年泉子水！你看，大爷浑身零件都不行了，唯有这牙齿，还凑合。这是泉子的功劳啊！"

"记得我们的掌柜的从南方带回一种茶叶，好像叫什么祁门贡茶，哪儿的水也不行，只有黑水泉那滚烫的泉水才泡得开，远远就能闻到那股清香味儿。别的地方的水，就是泡开了也没有那种香味儿。"

"那时，还没有暖壶。我们掌柜的用一个大铜壶，灌上泉子水放在锅灶上，整天水开着，喝了一壶再灌一壶，壶底从不见一点水渍。别的地方的水，不用几天，壶底就是一层白渍了。"

"收割洋烟的时候，是一年中最热的季节。我们常到地头收购新割下的洋烟。从地里一回来，顾不上回店铺，就放下担子，先趴到泉子北面的水槽口，双手掬起泉子水，"咕噜咕噜"喝一气，那才叫痛快，解渴呀！也从没因喝多了生水而闹肚子！"老人说着，还吧咂了几下嘴，脸上也现出了一种稚气的得意与满足。

"你知道祈雨不？"老人还没待我回答，就接着说，"相邻你们村的人，每遇天旱，常要去你们那儿，向泉子祈雨。有时候，去祈雨时天上蓝茵茵没一丝云彩，阳婆像个大火盆烤得人没地方躲藏。等到给泉子摆了供，上了香，敬了纸，虔诚祈祷后往回走时，东南风来了，云彩有了，雷声也响了起来，紧赶慢赶不待回家，大雨就倾盆而下了。泉子——黑水泉的泉子是神，灵！"

我对他说，祈雨当天能下雨，那是碰了巧。现在，泉子已经干涸。村里的人现在都吃深层机井自来水，水质也不错，估计就是原来的泉子水。老人"噢"了一声，混浊的眼神中掠过一丝不易觉察的失望。

也许是机缘凑巧，2003年，我因公出差到山西太原。在府西路宾馆下面的烟酒专卖店门外，又遇到了一位多次到黑水泉演过戏的老艺人。老人精神矍铄，不是他自己说年已耄耋，我还以为他最多不过60岁。

老人坐在一棵枝叶婆娑的槐树下，摇着蒲扇乘凉。他的头发刚染过，不见一丝白发，且有光亮，皱纹也少，红光满面。看得出，老人活得滋润。当他得知我是内蒙古托县黑水泉人时，就像见到久违的熟人一样，一把摘下在阳光下闪着红紫颜色的墨镜，兴致盎然地说起了他在黑水泉演戏的往事。

他说，记忆中黑水泉是个大村子，买卖字号不少，有钱人也多，很是繁华。因此，到黑水泉演戏，不像在别的地方，演三五天，就卷铺盖倒台口。在黑水泉一般总是演10天或15天。有时，因没有接戏的台口，就在黑水泉演20天甚至1个月。为此，一到黑水泉演戏，团长总要提前给他们开会，要求演职人员格外认真，不然对不起黑水泉人。

他说，黑水泉人不仅爱看戏，也懂戏识戏。一次，他们在黑水泉演出《宋江杀惜》时，扮演阎婆惜的演员感冒了，在别的地方可能要由徒弟顶替。为了保证演出质量，团长没让顶替。结果，该演员在表演上楼时迈了七步，下楼时顿感头晕，多迈了一步，共走了九步（演艺界有"七上八下"之说，即上楼时应迈七步，下楼时应迈八步），当即被观众喝了倒彩。由此，团长大惊，他万万没有想到，那些罩着白羊肚毛巾、满脸沟壑、整天和土坷垃打交道的庄户人大老粗，看戏如此细心，对演技竟是这般了解。散戏后，团长亲自上台，向观众说明该演员带病登台坚持为大家演出，出现了失误，希望乡亲们谅解。团长话音刚落，戏场上响起了热烈的掌声。村中主持还专门给了该演员二两大烟（当时可作货币流通）作为慰问品，要那位演员不必介意，好好保养身体。这事，也使全团演职人员深深感到，在黑水泉演戏，马虎不得啊。

他说，在黑水泉演戏，看戏的人多，戏场秩序也好。很少有起哄捣乱打架斗殴的。用现在时髦的说法，就是文明。说到这里，他笑了笑说，说来可笑，那个年代的规距，看戏的男女不像现在这样都在一起。那时候，无论在哪里演出，戏场中总是男女分开，界限分明。一些有钱的大户人家的女眷，坐着自家的骡马轿车，在戏场后面一字排开。女眷们不下车，从轿车门帘上的窗眼儿看戏，以显示男女有别和财势地位。

和别的地方一样，黑水泉的戏场，也有专门维持秩序的，当时人叫"打场子的"。之所以叫"打场子的"，是因为手里拿着根树梢或木棍。如看到有故意起哄捣乱的，"打场子的"就要发挥树梢或木棍的威慑作用。"打"常常是举起树梢或木棍指指点点吓唬吓唬而已。但是，有一次黑水泉戏场"打场子的"，却真的打了一个人。

那是离黑水泉不远的村子里的一个小混混。据说，他父亲在日伪乡公所应点儿事，这小子就有点狐假虎威得意忘形了。他平时在村里偷鸡摸狗、强买强卖、欺辱良善，还动不动就到乡公所告这个告那个，激起了村人普遍的反感。邻村上下的人一提起他，没有不嗤之以鼻的，但慑于他父亲的权势，大都不愿与他计较，远而避之。而这小子却以为人们都怕他，不仅丝毫不收敛，还愈来愈放肆，竟敢到黑水泉戏场胡作非为。

那是一场夜戏。刚开演，这小子不知在哪儿喝了酒，醉醺醺地到了戏场就往女人堆里钻，还动手动脚起哄捣乱，吓得女人们东躲西闪，不能安心看戏。"打场子的"过去好言相劝，要他站到男人这边来。他非但不听，还抢过"打场子的"手中的木棍，在膝盖上"咔嚓"一声掰成两截，口中不干不净骂骂咧咧。"打场子的"看他喝了酒，没有当真，只是把他从女人们中揪出来，拉到戏场后面，劝他别影响大家看戏，清醒清醒。哪知这小子不识好歹，对拉他的人，飞起就是一脚，"打场子的"看他酒劲儿未过，还是好言相劝。谁知这小子得寸进尺，在众目睽睽之下，将戏场后面停靠的一排轿车的门帘挨个往下扯，还说什么"爷的老子是某某某，爷怕甚！"

就是这句话，惹恼了"打场子的"。"一个日伪狗腿子有什么了不起，吓唬谁？"就在他又一次扯下一个门帘时，两个"打场子的"一拳一脚，打了他个狗吃屎。紧接着老鹰抓小鸡似的把他架到戏场北面僻静处，绑在了一棵大柳树上，"啪、啪、啪"，几个耳光下来，这家伙终于下了软蛋，哀求"打场子的"饶了他。

后来听说，这小子被整整在树上绑了一夜，第二天他父亲拿了不少大烟、说了一筐笋好话，才把他赎了回去，还训斥他："谁让你去黑水泉戏场捣乱。那地方，净刁民。上次老子去收税，就因为说了一句粗话，被一群人围住，险些不能囫囵着身子回来。"自那以后，那小子再也没敢来黑水泉撒过野。

邻近黑水泉的人们说，黑水泉人爱红火、会办红火，办红火舍得花钱，也不嫌麻烦。这话不假，一年一度的元宵节传统社火焰火活动，便是最好的证明。

黑水泉的元宵节活动，和神奇的泉子水一样闻名遐迩，有"多、妙、奇"三大特点。

"多"，首先是指参与人数多。全村共有2400多口人，参与办红火的有时可达200多人。男女老少都有，一家几代皆参与的也屡见不鲜。其次是花样多，诸如舞龙、舞狮、海蚌过河、哑老背妻、撑跷人人、大头和尚、划旱船、跑驴、秧歌、脑阁、抬阁、皇杠、高跷、独龙杠、活龙活狮、太平车等等，晚上的焰火有三打金弹、猴儿尿尿、炮打城、火带弹三盏灯等，传统焰火应有尽有，令人目不暇接。

黑水泉元宵节的舞龙，不是电视上常看到的舞龙。黑水泉的龙，龙头足有磨盘大，龙角也有五六尺长，而龙身足有30多丈长。不是臂力过人的年轻后生，不用说舞龙，连龙头也举不起。随着"起龙"一声令下，龙头、龙身被人高高举着舞起来，似真龙在天空腾云驾雾，气势非凡。龙在黑水泉的元宵节活动中，具有神圣般的权威。龙行，社火才能动；龙舞结束，社火才能表演。而龙行进的路线，就是社火表演的路线，不能马虎，不得颠倒，体现了人们对龙的崇拜与敬畏。

再就是灯笼多样式多。在黑水泉村，从年前腊月开始，家家户户就开始制作裱糊灯笼了。从正月十二开始，灯笼就挂满大街小巷。一排排农户院内是灯笼，院外是灯笼，树上是灯笼，天空是灯笼（村民叫点天灯）。一般人家挂七八个灯笼，不少人家挂10多个20多个灯笼，有一间房就挂一个灯笼，是个门就有一对灯笼。从东头到西头，从庙后头到南窑子，满眼是灯笼。灯笼样式也各不相同，圆的、圆柱的、长的、方的、五星的、正六边正八边形的；玻璃的、纸卷的；白菜、西瓜、孔雀、喜鹊的；还有九曲灯、千盏灯、山形灯、顶箱灯、福寿双喜灯、五路进财灯、四季平安灯，大小形状各异，五颜六色分明。远远望去，灿烂缤纷，如朵朵鲜花盛开，似簇簇火焰燃烧，简直是灯的海洋、灯的世界。黑水泉的元宵节，是真正的灯节。

看的人也多。黑水泉的元宵节，是黑水泉人的传统活动，也是邻村人们的盛大节日。黑水泉地处东山脚下，一溜儿山区的人们，得与黑水泉相邻的地利之便，把到黑水泉看红火当作每年必不可少的一大盛事。加之黑水泉周围都是大村子，来黑水泉看红火的人不少，使得黑水泉元宵节3天活动期间，人山人海，大街小巷欢声笑语，一派万民欢庆喜气洋洋的热闹景象。

"妙"是黑水泉社火焰火的又一特色。焰火和社火道具的制作、表演、燃放，都是土生土长的黑水泉人。虽然他们是春种秋收修理地球的庄稼汉，但是做啥像啥，扮啥像啥。

说实话，黑水泉元宵节活动的经费，远不如城里阔绰。其主要来源是向村中店铺、外出工作挣薪金的和经商的筹措，常常需要因陋就简一分钱分成两半花。黑水泉办红火的人，分文不挣，还往往倒贴些零零碎碎的钱物。但即使这样，每年的红火照样有声有色多姿多彩。这一传统，一直沿续到现在。

一般来说，黑水泉的红火，东头起的太平车最气派，哑老背妻、大头和尚等各样小玩艺儿也多；南头起的高跷最婀娜，皇杠、独龙杠表演最正宗地道；而西头起的活龙活狮、跑旱船等惟妙惟肖极为传神，九曲、过街门楼灯也做得精彩；庙后头的赵家，是负责舞龙的世家。从舞龙的制作表演到保管存放，极其认真，一丝不苟，大人、娃娃把舞龙活动爱如掌上明珠，代代相传，激情不减。

黑水泉的元宵节传统社火焰火活动，历经几百年，从未间断。这在县境农村，是个奇迹。究其原因，除了黑水泉是个古老的村庄，文化积淀丰厚，传统活动已深入人心，寄托着人们追求平安幸福与快乐的美好理想，成了他们生活中不可或缺的一部分外，也表现了这个古老村庄人们挚爱红火的奇妙智慧。

"文化大革命"期间，在极"左"思潮影响下，一年一度的元宵节活动，被冠以影响"农业学大寨"的罪名而被三令五申禁止。为办红火，黑水泉人采取了会办红火的一心一意办红火，不会办红火的承担其责任。这样，从表面看，每年都有农民因办红火受了批评处罚甚或坐了

"学习班"，但红火依然能够按计划举行，丝毫不受影响。一个曾由当时的公社派去制止办红火的干部不无尴尬地说，会办红火的照办不误，不会办红火的自愿冒名接受处罚坐"学习班"，好计、妙计！也正因为如此挚爱到敢冒风险的程度，使得黑水泉元宵节活动能够历百年而不衰，且一代新人换旧人，代代都有办红火的佼佼者、热心人。

三是"奇"。黑水泉的元宵节活动，有两个神奇的项目在县境、呼市以至内蒙古地区鲜见，这就是"寿阳鼓乐"和"摺缝子"民歌。

"寿阳鼓乐"和"隆咚鼓乐"一样，也是用牛皮大鼓和铙钹大镲打奏。不同的是，"寿阳鼓乐"比"隆咚鼓乐"鼓点复杂且变化多样。它时而低慢，如远雷滚滚不急不忙；时而铿锵，似千军万马嘶杀疆场；时而沉稳，如大江出峡谷缓缓流淌；时而激昂，似吹响冲锋号宏亮昂扬。"摺缝子"民歌，也是鼓镲伴奏，可独唱，也可对唱，两句一节四句一段。其内容，或为演绎传统故事，或为赞美纯洁爱情。曲调简洁明快，歌词明白如话，且均为演唱者即兴编词，幽默风趣，为人喜闻乐见，百听不厌。

至于"摺缝子"是何意思，无人知其情。曲调何人何时所创作，无人知其详。人们只知，这里世世代代的农人口耳相传，至今不绝。2011年，县文化部门已将黑水泉的"寿阳鼓乐"和"摺缝子"曲谱列入地方申遗项目。不少文化考古界人士也以浓厚兴趣考察研究其究竟。其庐山真面目，肯定会在不久的将来大白于天下，重放时代异彩。

从2007年开始，新营子镇政府为打造农村文化产业，丰富农民文化生活，挖掘利用黑水泉历史悠久、文化底蕴较为丰厚的优势，斥资450万元，在黑水泉建设了明泉文化广场。

广场占地14000平米，建筑面积1800平米，共分内外两个部分。外有明泉溅玉、百年双柳、巍峨古庙、典雅戏台、小桥流水、明湖泛舟、健身广场和农民文化活动中心。穿过秦汉风韵浓郁的由自治区著名书法家康庄题写的"明泉文化广场"的大门，就进入了文化广场大院。院内，东南西三面120米文化长廊内，镶嵌着500幅历代文学大家的代表作石刻。还有中华民族人文始祖，儒、道、法、兵、阴阳等家创始人、革命先辈、人民英烈的石雕像，再现了中华民族5000年文明史和悠久灿烂的历史，表现了中国人民在党的领导下，为推翻内外反动势力，争取民族解放和国家富强的光辉历程。沿着大院中心甬道拾阶而上，即可进入黑水泉历史变迁及民俗陈列室。室内以珍贵的图片和实物，形象地反映了秦汉武泉县城黑水泉悠久历史和浓郁的地方民情风俗，展示了改革开放40年来黑水泉村发生的巨大变化。

黑水泉的明泉文化广场，内涵丰富，风格别致，集知识性与趣味性于一体。加之，这里绿树成荫，空气清新，环境优雅，堪为雅俗共赏的农村文化建设新亮点。2009年，这里成为呼市"两个文明"建设现场会的一个参观点。当年，中国教育书法协会在这里举行了笔会，来自全国各地的书法家，在这里挥毫泼墨，留下了不少珍贵的书法作品。自此以后，黑水泉迎来了一批又一批参观考察者，也引发了各界人士对黑水泉的议论。

有的说，黑水泉历史悠久，传统文化氛围浓厚，民风、民俗、岁时、节庆有不少独特的文化现象，应当继续研究挖掘。有的说，从黑水泉民居风格与街巷布局特点看，这里的人们，应当素有经商的习惯，肯定出过不少富商大户、能工巧匠与读书致仕的人才。否则，仅靠村周围几千亩又大都是干旱缺水贫瘠的沙地，能养育2000多人的一个大村子？

一位资深的考古工作者说，从这里地上地下出土的文物看，黑水泉是2000多年前秦汉时期的武泉县城，曾有过繁荣鼎盛的辉煌历史。武泉县城，因天沟河（今名大沙河）的一场洪水整体淹没于地下。随着时代进步科技发展，武泉县城的神密面纱一定会揭开，服务于当地的经济社会建设。

一位长期从事农村经济工作的人士说，新营子镇政府不惜巨资，在黑水泉建设文化广场，这是充分利用文化资源发展文化产业、促进经济发展、为民办实事的重要举措，有眼光有气魄。但如何把文化资源转变为经济发展的优势，让农民得到更大的实惠，仍需要认真研究，不断摸索。

清水河县境内明清戏台的特色

胡汉光

　　清水河县境内保存的几处明清戏台（寺庙）遗址一直鲜为人知，在配合万家寨黄河库区建设时，县文管所与内蒙古自治区文物考古研究所、市文物处共同调查、勘察了县境内黄河东岸古戏台（寺庙）遗址，这些遗址分布在长城和黄河沿线，虽经几百年风雨侵蚀和人为破坏，但其精湛的建筑技术仍从残垣断壁处显现出来，是清水河县古戏台的典型代表，也是塞外不可多得的古建筑精品，已被列为自治区级文物保护单位。现就戏台建筑风格及特点做一介绍。

一、建筑风格迥异的古戏台

（一）口子上村明代清泉寺戏台

　　清泉寺戏台位于清水河县北堡乡口子上村南丫角山北麓的缓坡上，明代内长城和外长城在这里交汇，峰峦相迭，烽燧林立，树木葱茏。戏台坐北向南，背对深沟，拔地而起，和长城相映生辉，雄伟壮观。

　　清泉寺戏台建于明代崇祯年间（1628—1644年）。清光绪十三年（1887年）重修戏台立碑文载"五眼井堡所辖村民又募捐钱文重修"。

因戏台的对面建有清泉寺庙，早年被拆除，故叫清泉寺戏台。总占地面积572平方米，其中戏台建筑面积72平方米，观戏平台500平方米，整体呈长方形。

戏台为砖木石结构，由台基、台身、台顶组成，为大木结构硬山式顶。高8米、宽8米、进深7米。台基高1.5米，表层砌锤凿加工的条石，白灰勾缝，整齐大方。台面砌片石，光滑平整。台内露6根支撑金柱，青石柱础石美观坚固。戏台后金柱处置隔扇为屏，分为前后台，右为出将门，左为入相门。格扇上方置方格空棱、下方置实心裙板封护，板上彩绘花鸟、动物图案。戏台前檐檩下两侧伞柱上方施兽形柱头辅作。台脊用雕砖砌制垂檐，青色脊筒瓦盖顶，由上而下弧线形分布，形成凹曲巧妙的台顶，而这种建筑结构更有利于观众的听觉与视觉。台口处由石雕小柱衔接石板组成栏杆，上面刻满花草。石柱上雕雄狮、白菜、八宝灯等。石雕线条粗犷，形象逼真，可谓雄伟中出工巧，拙朴中见匠意，整座戏台构筑风格自然、简洁，又浑然一体。

（二）水门塔清代伏龙寺戏台

伏龙寺戏台，位于清水河县单台子乡水门塔村南，杨家川河与水门塔沟交界处的高台地上。东临悬崖陡壁，南隔杨家川深涧与明长城对峙，西依山丘沙垄，北靠水门冲沟，自古有伏龙卧虎之说，故称伏龙寺。

戏台建于清光绪六年（1880年），属硬山式建筑，整座建筑呈正方形。占地面积为1845平方米，总建筑面积为329.47平方米。其中，戏台面积59.29平方米（寺庙269.18平方米）。戏台和寺庙建筑群，重脊吻兽，雕梁画栋，钟鼓亭、石幢、碑刻都保存完整。

（三）老牛湾清代戏台

老牛湾戏台位于清水河县单台子乡老牛湾下村北侧的黄河岸边，西临黄河，东靠悬崖断壁，南坐冲沟岩石，断壁一凹处一条瀑布直泻而下，清泉飞溅涌流，四周古树环抱，环境优美。

老牛湾戏台碑文记载"建于清代咸丰二年（1852年），又于清光绪四年（1878年）、三十年（1904年）两次维修"。戏台建筑面积为83.09平方米（寺庙建筑面积为77.52平方米），总建筑面积为160.69平方米。

戏台坐南面北，建筑为砖木石结构，屋面为卷棚顶硬山式。垂脊施方形雕花砖，顶扣筒瓦、安吻兽。戏台的前檐檩枋垫板之间施雕花和兽形隔架替木，柱头施莲花座云纹雕饰斗拱铺作，前檐枋下侧及两檐柱内侧施透花菱角牙子，中间檐枋下两侧施透雕云龙雀替。台上后金柱内侧以四扇斜菱落地窗组合为屏风，后金柱外侧与山墙又以田字格落地窗扇为屏，落地窗扇上隔板，下实心裙板和台内两侧墙面彩绘人物、山水、花卉等图案。戏台的后台上墙砌筑一眼拱形窗户，起通风采光作用，距后台墙角高1米处置通外便溺石槽。

老牛湾戏台前檐枋下透雕云龙花牙，柱头莲花座云纹雕饰斗拱铺作，两檐内侧透花菱角牙子以及内堂屏风隔架的雕刻装饰艺术特别精美细腻，时隔几百年还栩栩传神。

（四）柳青河清代戏台

柳青河戏台位于清水河县窑沟乡柳青河村。西临黄河，北拥群山，东隔柳青河沟，一座木石拱桥架于河沟之上，连接东西两座寺庙，河沟泉水潺潺南流，周围杨柳果杏树木繁茂，景色宜人。

柳青河戏台建于清代乾隆二年（1737年），到乾隆十五年（1750年）又续建。占地面积1940平方米，戏台建筑面积85.38平方米（寺庙建筑面积120平方米），整体建筑呈四方形院落。

柳青河戏台与上述戏台建筑风格有不同之处。其一，戏台的前檐两侧设宽八字形影壁，影壁垂脊饰雕花方砖，两侧扣筒瓦，安吻兽。影壁墙基砌须弥座，墙身两侧砌方形砖，在内侧方砖墙心上，刻以高浮砖雕图案。左壁图案以雌雄双鹿作觅食花草和跳跃姿势，上方托以红日祥云。右壁图案为雌雄双鸡，雄鸡口啄仙草作啼鸣姿势，上方衬云晨风卷云钩月。影壁浮雕构思巧妙，设计独特，刻技手法细腻秀美，形象生动逼真。其二，戏台台口处设栏杆，使戏台能和外围封护隔离。戏台前檐台口处加筑石护栏，护栏顶端平面开凹槽，台口处檐下四金柱两侧开榫扣，可安装隔离防护板。这样设计的好处是在演出时，可把防护隔离板开启，待演出结束后，可把防护隔离板安装封护好，一是为戏台的装饰美观，二是为防火、防盗并防止风雨侵蚀戏台。

（五）榆树湾清代戏台

榆树湾戏台位于清水河县喇嘛湾镇大榆树湾村的黄河岸边，西临黄河，东拥群山。

戏台建于清代同治十年（1871年）六月。占地面积792平方米，戏台建筑面积97.02平方米（寺庙建筑93平方米），整体建筑呈长方形院落。

榆树湾戏台的檩梁枋柱较之其他戏台有自己的建筑特点，用材粗大，制作规范，且材料多为松柏木种，而其他戏台则多当地榆木材种。建筑风格是戏台的后墙中间开拱券门，内装木门两扇，上槛框饰弧形斜口窗扇，门外砌下戏台七级台阶。此戏台后置出入门，是为演职人员出入戏台不影响观戏者的视线。

二、建筑结构独特的古戏台

中华民族有着5000年的文明史和灿烂的文化艺术瑰宝。早在七八千年前中国就已有独立的地面房屋建筑，中国古代建筑一直沿着它自己的轨迹发展、完善，形成了独特的民族风格和民族特点，这在清水河现存的戏台中有明显的体现。

一是"墙倒屋不塌"的特点。中国古代木构建筑结构的历史可追溯到几千年前，通常是采用抬梁式或穿斗式的建筑方式，还有密梁平顶式和井平式结构。黄河沿岸和长城沿线的明清古戏台主要是采用了抬梁式建筑结构方法，其特点是柱上架梁，梁上放短柱，其上又抬梁，各梁的两端承檩，组成一个层层上升的梁架，这样的建筑方法是使室内少柱或无柱，获得较大的利用空间。梁、柱和其他各种构件之间使用榫卯结合框架结构，使整个框架具有很好的整体性和柔韧性，能承受地震和大风等强大水平外力的冲击，墙倒了但支撑的框架不倒，所以就有"墙倒屋不塌"的特点。

其后在拆迁老牛湾和柳青河戏台的工作中证实了这一点。大榆树湾戏台木架构多松柏直梁，而其他戏台的梁架属就地取材，以当地榆木为主，制作时工匠设计精巧，用材时随弯就势，使戏台的檩、梁、柱间合理受力，形成了北方黄河沿岸古戏台设计的独特风格。

二是利用斗拱和雀替的特点。斗拱和雀替是中国建筑特有的构件，斗拱成为量度建筑高低大小的尺度，是古建筑的重要特征。斗拱的作用是在梁下可以增加梁身在同一净跨下的荷载力，檐下可以使出檐加远。斗拱由多种不同形状的部件叠加而成，可单层也可以多层，但为了强调斗拱的装饰作用，像门楼、牌坊等也可多达四五层。到清代以后，斗拱的装饰性就更强了。雀替成熟的较晚，它的作用与柱头一样，是柱与梁、枋间为减少梁、枋的跨距或增加梁头抗剪力而施用的构件，明代后期才被使用，到清代广泛使用，成为装饰性很强的构件。

清水河县境内的明清古戏台的建筑方法充分利于了斗拱和雀替，口子上村戏台、榆树湾戏台的椽飞出檐，老牛湾戏台檩枋间的兽形、雕花替木，檩枋下侧施菱角牙子以及大形透雕云龙花牙雀替，榆树湾戏台前檐檩下施荷叶隔架，柱头施花纹坐斗，很好地解决了梁柱间的衔接和出檐问题，而且还大大丰富了柱头和梁、枋、檩子等部分的装饰效果，使古戏台建筑结构更为合理，外形上也更为富丽堂皇。

三是高台基与大屋顶的特点。中国古建筑的立面，主要由三个部分组成：台基、屋身、屋顶。早期的房屋还只是穴居、半穴居或巢居的形式，没有台基。为了避雨防潮，保护木构架，才逐渐发展出高出地面的台基。后来又发展为高大台基上配之栏杆和宽阔的台阶，使台基有威严的气势和丰富的变化，在建筑造型中起了重要作用。其次是建筑物的屋顶上和在角脊下加角梁，使屋角起翘。大屋顶建筑可以保护其下的木构架不雨淋，加角梁使屋角起翘是通过调节梁架各部分的比例，造成凹曲巧妙的屋面，它可以防止雨水直泻下来，通过转折行成抛物线，使雨水排得更远。

长城沿线和黄河沿岸的古戏台的建筑结构都运用了高台基、大屋顶的建筑方法。口子上村的清泉寺戏台台基高1.5米，其他戏台的台基都在1米以上，砌筑坚固，既防雨水又防止潮湿。戏台顶设计为"凹曲巧妙、反宇向阳"的大屋顶，既追求了古建筑曲线美的趣味，又保护了戏台木构架不受雨水侵蚀。但相对于南方的园林建筑屋顶夸张的曲线，口子上村戏台的屋顶曲线还比较平缓。

三、建筑装修与装饰灵活多样的古戏台

一是灵活的空间。我国古建筑结构上的特点给室内的装修与装饰提供了灵活的应用空间。因为整座建筑墙体不承重，内部可进行多种多样的组织和分隔，分隔的方式主要有三种：一种是全隔断。如墙、砖石墙、木板墙，如密室、卧室完全阻隔了两个不同空间。第二种是半隔断。如格扇门、博古架和可移动的屏风、帷帐等，这种半隔断使它们隔的空间有门有窗、有通有断，使用十分方便。第三种是虚隔断。如自顶棚向下延伸的落地罩、花罩等，求得室内空间连续而有变化的自由分隔。

清水河县境内的明清古戏台采用的是第二种半隔断式。为使戏台前台的利用面积增大，把戏台的后金柱设计有意后靠以增大前台的面积。柳青河戏台还在台口处设八字影壁，以增大戏台的面积和观众的瞭望视野。同时，各戏台以后金柱分隔前后台，在扇门上装饰垂莲，隔扇上面的空心花格、糊薄纱或纸，下面的实心裙板绘制山水、人物、花鸟装饰图案，使戏台的空间或虚或实、若有若无，起到烘托空间的效果。

二是多样的格调。对房屋使用功能美的不同追求，导致了装修和装饰的多样化。古建筑的装饰有彩饰和雕饰两大类。彩饰的作法有粉刷、油漆、彩画、壁画等。到了清代彩画分三大类：一是和玺彩画，二是旋子彩画，三是苏式彩画。中国古建筑在色彩运用上的特点是鲜明丰富，对比强烈。

黄河沿岸的清代古戏台的露明柱全部是施紫红色油漆，檩、梁、枋、柱、椽和多点檐斗拱、雀替、隔扇及内墙壁以清代第三类苏式彩

画，山水风景、人物故事、花鸟、博古器等绘画为主，色彩丰富，与紫红色檐柱形成鲜明的对比。

屋顶雕饰在古建筑中也占有很重要的地位，也体现了多样的格调。黄河沿线的清代古戏台，屋顶垂脊施雕花方砖，四角装饰吻兽，特别是柳青河戏台的前檐处的八字形影壁，影壁垂脊上施雕砖，放筒瓦，安吻兽，内侧方砖墙心上的高浮雕砖图案，雕饰十分精美，再配以红、黄、蓝、绿各种彩画颜色，装饰效果非常强烈，在黄河沿岸地区十分罕见。

四、建筑艺术丰富、自然、含蓄的古戏台

一是丰富的特点。长城黄河沿线的古戏台屋顶为大木结构硬山式，但屋顶的曲线没有南方的上扬，也可能是因塞北气候多风的条件所制约。但在结构造型上力求简朴、真实与流畅。而在前檐、台口、台内屏风隔扇则浓笔重彩装饰，来丰富戏台的艺术造型。例如口子上村戏台和柳青河戏台在台口处加饰栏杆、设影壁的作用，一是为防止有人从戏台上跌落到台下，二是为扩大戏台的使用面积和增强台下观众的视野。但是从建筑角度出发，更主要的是起装饰、保护戏台的作用，使北方的古建筑表现出丰富多彩的特征。

二是自然的特点。长城沿线和黄河沿岸的古戏台充分体现了这一特点。口子上村明代戏台寺庙设计在明长城脚下，使单独的戏台寺庙和长城连接成一体，借长城雄伟之观衬戏台曲雅之秀。此外，黄河沿岸多为悬崖峭壁，缓坡冲沟，地势险峻。清代古戏台（寺庙）建筑，或建在悬崖之上，或隐于悬崖之下，利用地形地势，与环境和谐融为一体，或以林掩其幽，或以山壮其势，或以水秀其姿，形成了自然山水与建筑自然结合的独特风格，使人既感悟了大自然的质朴美丽，又欣赏了多姿多彩的戏曲艺术。

三是含蓄的特点。柳青河清代古戏台（寺庙）建筑群，利用地势的不同高度，因地就势，分层建筑，使戏台与寺庙错落有致，景观各异。进戏台（寺庙）方形大门，站在院落中，第一眼看到的是封闭式的

戏台外观，待开启戏台防护隔板后才能看清八字影壁精美绝伦的高浮雕刻技和内部檩、梁、枋、柱的华丽装饰。然后逐级登台阶而上，在一高台地上寺庙建筑群一字排列，各寺庙神殿神像高大威严，檐、廊壁画色彩斑斓，给人一种森严压抑的感觉。沿着卵石小道，东出寺院月洞门，踏上河沟拱桥，桥下溪水潺潺，沟旁树木蔽天，鸟儿鸣唱，怜爱之情油然而生。过拱桥进另一月洞门寺院，景色别有情趣。这里含蓄的特点就是由一个个藏而不露的空间的"院"逐步展开来完成的，"院"的形状、大小和所设计的各种形状的门给空间创造了气氛，院落再由路组成"群"。随着"院"的伸延，形成烘托、对比，促使空间气氛的发展。这种布局特点就是由藏而不露和逐步展开的手法形成中国古建筑含蓄的风格。

家乡民俗之闹洞房、听喜房

内　咸

一、闹洞房

托克托县的闹洞房，往往和"要红包，讨喜糖"联系在一起。洞房中，红烛高烧，新娘盛妆坐于炕上，背后是新红新绿的被褥。喜欢玩笑取闹的男女老少欢聚一堂，以诱发新娘笑起来为条件，可向新娘讨要红包或糖果。有的甚至抢去新娘的衣服鞋袜或被褥枕头以及房中器物要挟，强索红包或糖果，而且还要讨价还价。这时，就有长辈出面，向众人说情，请大家退出以后才算告一段落。

在家乡托县，虽说三天不分大小，其实还是有一些约定俗成的规矩的。最该闹的当是小叔子、嫂子、姐夫以及弟侄辈，他们有毫无争议的"优先权"。其余的人就受一些无形的限制，比如：年龄大的，需辈分小；辈分高的，须年龄小，大伯哥充弟弟，只有本人尚未结婚，年龄又相差不多的才能混水摸鱼。而这些混水摸鱼的人往往不敢成为露头椽子出头鸟。一旦在新媳妇脑海里留下人像密码，时间长了再按图索骥，验明了正身，岂不尴尬。再说，闹洞房的现场本就还有靠揭老底爆笑料的来赚取红包或喜糖的人呢。

闹洞房耍新人在婚礼当天总共有四次。第一次在拜天地结束新媳妇"坐床"开始至中午坐席；第二次是中午坐席敬酒之时；第三次是下午送亲"娘家人"走后至吃晚饭；第四次在"一桌饭"后，这一次闹喜房的人最多、持续时间最长，也最为热闹，有的闹至午夜还无休无止。闹哄哄的场面感染着在场的每一个人，也使初经此事的新媳妇应接不暇、焦头烂额。

闹洞房的形式多种多样，晚饭后集体耍笑的形式最常见的有三样：一是接吻，二是擀毡，三是摸鱼。

现在的人把接吻不当回事，那时的接吻却是相当难的。新婚夫妇并排坐在炕上，闹洞房的人在地下围成一圈。有人要求："亲个嘴吧！"新郎官就抱住女人的头，不管女人如何反抗，男人即使费尽九牛二虎之力，也要与她完成接吻，否则男人就要遭到亲戚朋友们的取笑奚落。一般来说，女人的反抗只是做做样子，男人只要一用力，她就半推半就地服从了。但也有宁死不接吻的，不管男人如何折腾，就是接不成吻；不管男人如何遭到取笑奚落，女人就是不配合。根据这一条，一般就可看出男女双方的感情好坏。

紧接着就是擀毡。擀毡是做房事的预习，程序是让女人平躺在炕上，然后由男人的朋友在女人的胸前铺一块毛巾。新郎骑在新娘身上，用双手前后搓动，要把毛巾卷成一根棍为止。这个项目的难度可想而知，女人一般是不会躺下的，这时，新郎的亲戚朋友们就会上阵帮忙：几个人一起动手，把新娘子扳倒，好让新郎完成动作。一般来说，如果新娘配合，这个节目是容易完成的。如果新娘子不断反抗，毛巾就很难卷起来。一次不行，那就两次；两次不行，那就三次，反正这毡总要卷起来。也有彻头彻尾失败的，新娘怎么也不干，最后翻了脸，说出些恶毒的话，闹洞房的便一哄而散。不闹了，嫌没意思。爱脸面的男人就受不了，等亲戚朋友们走后，就会把新娘狠狠骂一顿，以显示自己的尊严，这也极可能为以后的夫妻不和埋下祸根。

最后一道程序是摸鱼。摸鱼就有些低俗了，亲戚朋友们用纸搓出许多个纸蛋，然后把这些纸蛋放入新郎的裤子里。共放入多少个纸蛋，一定要全部摸出来。新娘子都是头一次接触男人，谁有勇气做这件事？新郎便把新娘的一只手牢牢抓在手里，使劲往自己的裤子里拖。新娘子一开始都不摸，即使是摸到，她也不会把纸球抓在手里。但禁不住长时间折腾，累了、疲了，再加前面的接吻、擀毡，就不把难堪当回事了，这才会一个一个摸出来。这个节目最热闹的是数纸蛋，新娘说摸够了，闹洞房的人说还不够，打打闹闹好一阵子，这才过了闹洞房的瘾。

别人闹完了，小俩口也是要闹一闹的。故乡人认为新婚之夜谁往屋里拿尿盆或关屋门，便会一辈子受对方使；谁要是踩了对方的鞋或抢到炕头，谁就会一辈子占上风，不受对方的气。所以两个人也会嘻皮笑脸地使着小心眼儿、耍着小性子僵持一段时间，结果总会有一方妥协，或是一个去拿尿盆，一个去关屋门；抢先占了炕头的，被对方踩了鞋，踩着了鞋的，又没抢着炕头。究竟谁听谁的话，谁受谁的气那都是后话，却早早地演奏了一支欢快礼让互敬互爱的和谐插曲。

闹完洞房，人们各自散去。其实，大家虽不言语，但都心知肚明，只待夜深人静，一场听喜房的好戏，就要拉开序幕了。

闹洞房新招二十八招：

第一招：如数家珍。结婚当天，新娘衣着单薄，闹洞房时，宾客可以想法子让新人互玩划拳游戏，输一拳即褪去身上衣物或手饰一件，直到不能再褪了为止。

第二招：高跟杯酒。怂恿新娘让新郎为了表示对她爱意深深，想法子让他用高跟鞋连喝三杯。

第三招：圆桌武士。让新郎、新娘拿凳子坐到桌面上，共饮同心酒。

第四招：爱的苹果。为了表示绵绵情爱，要新娘削苹果喂新郎吃，但苹果皮不准削断，断了的话，罚新娘长吻新郎十分钟。

第五招：要你好看。要新郎猜新娘新婚之夜的内裤是什么颜色，猜对了，新娘献宝，只要露出一点点，表示答对即可；猜错了，要新郎拿着内裤绕洞房跑三圈。

第六招：热情冰块。首先要求新郎将新娘抱起来，接着，好友两三人将事先备好的碎冰块，倒入新郎怀中，然后众人一起拥抱这对新人，让新郎冷得过瘾，跳上跳下，以免圆房时热情过度。

第七招：四面埋伏。事先想办法潜入洞房，躲在不易察觉的角落或衣橱，再把预先录好警报鸣笛声响的录音带转到最大声，适时放出，让这对新人吓上一大跳，而躲在各处的人一起窜逃，在洞房里叫闹一阵，再祝新人"早生贵子"。

第八招：爱情气球。在床单下放置气球数个，请新郎新娘一起躺下，以表示爱情坚贞，患难与共。

第九招：巧克力旗袍。由女性贵宾把巧克力放进新娘旗袍内，"新娘当然是坐着"，再要求新郎如数拾取，一粒也少不得，否则要求新郎改用嘴巴逐粒寻回。

第十招：香酥巧克力。由女性好友，用巧克力汁在新娘胸口挤出心形甜蜜液，然后要求新郎当众舔尝，以示心心相印。

第十一招：洞房上锁。事先把洞房房门锁上，钥匙则藏到某处或某好友身上，再让新郎寻找，每找不到一次，新娘则必须让来宾亲一次，直到找着为止。

第十二招：错爱结晶。故意放个借来的某家婴儿在床上，以造成短暂的误会。

第十三招：旧爱重演。要新人当众表演求婚时最逼真的原始场面。

第十四招：警告逃妻。把新娘藏在某处，再由新郎寻觅，直到找着为止，才准送进洞房。

第十五招：旧情绵绵。要新人双方各招出过去男女朋友交往的人数、长相、经过，否则不准同眠共枕。

第十六招：生辰八字。要新郎猜新娘正确的农历出生年月日，答错了做马让新娘骑。

第十七招：哑口无言。用创新谜语考新人，答不出来，男宾各亲吻新娘一分钟。

第十八招：比手画脚。出题目游戏。考双方的默契，所出题目愈糗人愈好，如：她的三围？你爱我吗？我今天穿红色的，20点上床？今天很漂亮等等。

第十九招：爱的黑痣。听说新娘的肚脐眼上方3厘米处，有一颗痣，不知道是不是真的，可不可以请新郎为新娘揭开谜底？

第二十招：昨日重现。要新人在众人面前重演当年约会的情景，包括亲热、搂抱、牵手等动作，直到宾客满意为止。

第二十一招：七步成诗。以头到脚，身体各部器官为题，由两人轮流成诗或成词，如：胸，胸有成竹。主考官为客人，假设客人不满意答案，可要求另一方吻该部位。

第二十二招：胡椒飞天。预先在花炮里混入胡椒粉，在新郎、新娘进洞房时，炮火猛放，后果有得收拾了。

第二十三招：三围新裁。要新郎手环抱新娘的三围，丝毫不差才过关，任何一围有误，罚新郎正面抱起新娘，口口相连走洞房三圈。

第二十四招：春泥护花。为了表示新郎对新娘的护爱情谊，要新郎当众用大围巾包裹两人，为新娘换上简便家居服，如果有穿戴异常时，新郎即罚酒三杯。

第二十五招：爱的软糖。要新郎用嘴去衔结婚喜糖（软糖）给新娘吃，一共得吃30粒，当然，新郎可以帮新娘吃，如果新郎不吃，别的男人也可以代。

第二十六招：三寸金莲。要新郎猜新娘的脚丫子有几厘米长，猜错了，要求新郎穿新娘的高跟鞋走洞房三圈。

第二十七招：弹簧有爱。为了表示新郎勇武有力，将来才能持家，所以要新郎抱新娘入洞房，并且在弹簧床上走五圈，新娘不准掉下，如果新郎体力不继，可由别的男人代劳。

第二十八招：情歌接唱。准备几首喜气的情歌，由宾客带头唱，再由新郎或新娘接力，唱错或不会唱的地方，新娘罚让男宾客亲一下，新郎罚酒三杯！

二、听喜房

婚礼当日，闹洞房是必不可少的项目。直闹到小半夜，总有曲终人散的时候。这时候，来喝喜酒的也都散了场，厨师们也都收拾家伙回了家，左邻右舍帮忙的也都将桌子板凳盘碗拾掇好，事主家的老太太过来说话了："天也不早了，狗也不咬了，该回家睡觉了——没要够明天再来！"一直忙碌难得一见的新郎官也带着几分酒意过来了，对那些贪玩的孩童不管三七二十一，逮谁是谁，照着屁股就是两脚，横鼻子瞪眼地说："快滚！回家吃奶去！"孩童们喊叫着，作鸟兽散。

接下来，最后一场好戏——听喜房就要上演了。据说，当初文曲星在自己姑娘出嫁时，执意要去送亲（按旧俗，姑娘出嫁时父母是不能送亲的）。夜深人静的时候，文曲星出来转悠，无意中看到洞房的窗户外有两个人在偷听，走近一瞧，竟然是黑白无常（捉人下地狱的两位恶鬼）。文曲星火冒三丈，动用神功把黑白无常打跑了。文曲星不放心，担心恶鬼再来，就亲自在窗台下保护女儿和女婿。此事传开后，就逐渐演变成了听房的习俗。

按规矩，新婚之夜，喜房里的灯要彻夜长明，俗称"长命灯"，以避灾驱邪，祈夫妻长寿，白头到老。闹洞房的尾声是听喜房：听一对新人作何言语，有何动静。听到的悄悄话可做为第二天戏闹及日后说话的笑料，但不可当场起哄。民俗认为没人听喜房不好。新人父母见新人就寝没人听喜房，就在窗外放把小凳子，再用一把扫帚斜立在窗上，代表有人听喜房，以图吉利和人丁旺盛。

托克托县农村的习俗，听喜房者一般为妯娌或姐夫等人，或为一些年轻的未婚男性，而且辈分要比被听者小；若是长辈或未出嫁的女性听房，一旦被人发现就会传为笑柄，难在村里抬起头来。

听喜房这一习俗的在农村广为流传，至少反映出以下两方面的心理：

其一，在旧时，农村大部分都是"父母之命，媒妁之言"的包办式婚姻，结婚前男女之间缺乏了解，更谈不到自由恋爱。通过听房可以了解新婚夫妇的关系是否融洽。如果融洽，夫妻就会圆房，这样也就解除了父母的顾虑。

其二，反映了人们对性的好奇心理。毕竟农村苦多趣少，文化生活极其单调，人们在闲暇之余谈论一下性方面的话题，以满足对性的需求。何况这样一个喜庆的日子里不分大小，更是顺理成章去偷听，以此满足这种心理。

由此可以看出，听房其实是农耕时代性教育的一种方式。在传统社会里，对性往往是讳莫如深的，性教育更是奢望。女孩子出嫁前或许会得到母亲的一点点提示，男孩子则基本上要靠自己去感悟了。听房就是弥补传统性教育空白的一种重要的变通方式，是借习俗的力量给少男们打开了一扇性启蒙的窗户。新婚之夜，亲朋好友在洞房窗外窃听新媳妇的言语和动作，人们感兴趣的无非就是男欢女爱之事。从性心理的角度讲，这种为了满足好奇和寻求刺激的举动，似乎正是弗洛伊德理论中的"意淫"之举。

所以，传统习俗中，对小伙子们的听房行为虽然不鼓励，却也并不反对。常言道："夫妻之私，莫过于闺房之乐。"说明人们也是知道"闺房之乐"属于个人隐私范畴的，但却很少有人认为听房是对个人隐私权的侵犯。一方面是因为当时人们权利意识的薄弱，另一方面也说明传统力量之强大。正如现在很多人与陌生人一见面，聊不了几句就开始问对方一些诸如年龄、收入、家里几口人都是干什么等问题，虽容易引起别人的反感而不自知。

在故乡河西老家，听房的习俗蔚然成风，甚至还搬到了舞台上并大肆渲染，本地流传的传统二人台段子《听房》便是明证。所谓的"《听房》《吃醋》《扇子记》，二姑娘得病要女婿《探病》"，讲述的都是这方面的事情。

于是，关于听房的趣闻轶事自然就多了起来。

二圪蛋就是村子里有名的"听房专业户"，一年四季无论春夏秋冬、刮风下雨，从不停歇，也从不漏落一家。他听房听得似乎上了瘾，不管新房旧房，甚至是老夫老妻的房，也照听不误。他掌握着村子里所有人的话柄，人们对他既讨厌又十分敬畏，稍有不慎，他便绘声绘色地爆料一番，这足以让那些新媳妇们狼狈不堪。

二圪蛋听房的确也下了不少功夫，不仅在窗台底下，有时他还会偷偷地潜伏到柜子、米瓮里。新婚之夜，为了防备二圪蛋这样的专业户，新郎仔细清场是必不可少的功课，里里外外、犄角旮旯儿都得查个遍，但窗外就无能为力了。因为那个时候，十有八九的家庭是没有院落的，少数有院落的人家，也只是1米多高的土矮墙并且没有院门，即使有院门，也是木栅或篱笆扎成的简易院门。

新郎和新媳妇当然知道窗外是怎么一种状况——新郎或许也是听过别人房的，于是，他们在房里偏偏不睡觉，故意不制造丝毫有价值的动静。潜在窗外的以二圪蛋为首的一伙人，长时间听不到一点声音，个别的就会小声发问："里边不会都睡着了吧？"就是这小声发问，房里的新郎也能听得到——外面果然有听房的。新郎便悄悄地下来炕，蹑手蹑脚地走到房门，轻轻地拔开门闩开了门，大喊一声："没头鬼——我看你们往哪里跑！"一伙人飞也似地遁去，新郎也不会追赶太远，敲着得胜鼓转身又进了房子。

其他人见状，也就扫兴地散去了。唯独二圪蛋，总要重新潜伏回来，大有听不上绝不会轻易罢手的态势。新郎自然知道二圪蛋的脾性，回来后就没有上炕，悄悄地躲到门后，竖起耳朵听着外面的风吹草动。二圪蛋刚刚摸索到窗台底下，新郎突然开门闯了出来，幸亏二圪蛋非常机敏，差一点就被"活捉"了。

经过几番较量，新郎终于放心地上了炕，就和新娘子说开了悄悄话。

"我说，人要是精明过了头，可就成了愣子。就说二圪蛋吧——成天三更半夜的不回家，今天拉着张三翻墙头，明天带着李四跳篱笆，尽说别人家的风流事，却不知道自己的后院早就起火啦！哈哈……"

殊不知二圪蛋又一次摸了进来，听了个真切。

"他那老婆，虽说快40了，可是还风流着呢！有人去听过她的房，嗨，你别说，还真有那回事呢……"

二圪蛋听到这里，只觉得血往上冒，再也听不下去了。他做梦也想不到，自己的老婆也会勾引野男人。当然，耳听为虚，眼见为实，他要把真凭实据抓到手里。于是，二圪蛋再也没有听下去的兴趣了，便愤然离开，直奔自家的院门，"哧溜溜"攀上墙头，又"噗"地跳进院子，蹑手蹑脚地躲到窗下，竟然听起老婆的房来。

屋内还亮着灯光，虽隔着窗帘，但妻子在灯下做针线的身影，却清晰可见。四周很静，妻子在轻轻地哼着山曲儿："茶无颜色不如水，人没良心不如鬼；苦命人没寻上个好女婿，成天在外面刮野鬼……大红公鸡追草鸡，半肚肚酸来半肚肚气；五明头梦见和二圪蛋睡，枕头上一摸是空城计……"妻子唱得情切切，意绵绵，二圪蛋听得很不是滋味，差点儿落下眼泪。他正想推门进屋，猛听得屋内竟传出"呼噜呼噜"的鼾声，那声音一阵响似一阵，响声还夹杂着一个男人说梦话的声音。

二圪蛋顿时气得七窍生烟：果然是真的！哼，平日里装得一本正经，却原来是只骚狐狸精！二圪蛋抬起脚便去踹门，不料那门是虚掩着的，差一点儿闪倒在地。却见妻子盘坐在炕上，被子里那野汉子的呼噜声仍旧打得震天动地。二圪蛋眼冒金花，冲上前去，将被子一掀，只见枕头边放了个四方方、黑呼呼的东西——原来是家里那台半头砖收录机！

妻子哭了，泣不成声地说："你整夜整夜不回家，我这日子和守寡有啥两样？村里那几个没头鬼，老在打我的主意——每天晚上，院子里总不安静，给你说过多少回，你都当成耳边风啦——没办法，我只好趁你睡着时，把你打鼾的声音录了下来，吓唬吓唬那些没头鬼……"二圪蛋听了妻子的哭诉，如梦方醒，羞得恨不能找个地缝钻进去……

打那天起，二圪蛋洗心革面，痛改前非，再也没有听过房。

自从二圪蛋退出江湖以后，连闹洞房都越来越不热闹了，听房更是无人问津了。

村里人都说，人无头不走，鸟无头不飞。其实，随着时代的发展，好多传统习俗都在改变。现在的新媳妇，没过门就已经长年住在婆家了，挺着大肚子甚至生了孩子才举行婚礼。这样的新媳妇还闹个什么意思？至于听房，一来家家户户高墙大院的，还有的住上了楼房，听房者早没了听房的可能；二来男女之间的那些事，电视里天天都在演绎，早已不再那么神秘了；三来新人结婚的时候早就是名副其实的旧人了，新婚之夜就是有可能听房，你还能听到什么稀罕景象呢？

这也算是一种进步吧！

呼和浩特地区昔日的钉掌、赶大车

李永安

人类以畜力为主要运输、作战的年代，已有2000多年的历史了。车的出现更凸显出畜力的优势，以至于那些王和诸侯乘坐的车马都列于礼制的范畴。畜力的使用，一直沿袭到了今天。

自古以来，马骡驴牛作为运输作战的工具，一直是人类的好伙伴。根据它们的脾性，车倌们对使用大牲畜总结了一些顺口溜。比如打马、扑索（抚摸）牛，见了骡子就磕头。还有十驴九鬼，十骡九漏等。马有灵性，忠义，为小龙。所以越是打，马越跑得快，也越用力。牛的性子犟，要一边安抚一边随性子使用。骡子是马和驴杂交的产物，没有生殖能力，力气大。所以使用时揪着笼头喊号令，人站在后边怕咆蹶子伤人。毛驴天性鬼，多疑。走路时冷不防就急停或是闪躲，叫小躲。人们就叫鬼毛驴。所以骑驴要靠后坐。驴在小躲时人掉不下来。十骡九漏，这个漏是说的一种蹄子上的病。

牲畜在使用的同时，蹄子不断地和路面磨擦。路况又分为土路、山路、泥水路、冰雪路。路面的复杂性也加剧了蹄子的磨损。如果把蹄子的硬趾甲磨完了，磨到柔软部分，蹄子会出血，叫处蹄，牲畜会疼得不能站立，更别说走路了，等待它们的命运只能是挨刀了。人们在长期的生产实践中，总结出了给牲口钉掌的经验。

首先，铁匠师傅给牲口在烘炉上打掌，按动物蹄子的形状，毛驴的掌打得小而尖，像桃形；骡子的掌打成半椭圆；马掌掌面大，打成半圆形。然后打钉子，叫碾钉。碾钉的模具叫钉瓣。钉子桃头针尾。针尾可转松钉入蹄子，桃头可插入路面，抓地力好，作用有点儿像现代的足球鞋。如果牲口蹄子磨偏了，铁匠师傅会打一种偏掌，把蹄子校正了。

钉掌的第一步使用咧鼻，就是在一根尺数长的木棍上穿孔，挽个绳圈。把咧鼻往牲口嘴唇上一挽一拧，牲口的嘴唇立马拧成个乒乓球大小的肉包，叫酸杏。这刑具一上，牲口大多疼得马上尿了，也老实多了。然后把掌凳放上，用马铲铲蹄子。蹄面平了，蹄心铲了，放好马掌，用的锤子叫羊蹄斧子，把钉子倾斜着钉进去，钉尖穿出蹄帮，顶砧顶住，上面锤打，下面顶。一会把钉尖盘个花儿，再用砍镰把超出铁掌部分的蹄子修砍圆就完成了。新手把钉子钉进肉里的，见了血，叫喝血了。钉后蹄掌往往是比较危险的。先用一根皮绳，叫绕尾，把尾巴拴了，再抬起牲口后蹄把蹄子绑了，这样牲口在弹蹄时就会揪得尾巴疼，就老实多了。实在烈性的牲口就捆绑在马桩上，不然牲口乱踢乱奔，叫做驴踢马站，那真是一片尘土飞扬，跟前的人十分危险。如果马和手艺人记下了仇，一听到手艺人说话就嘶鸣起来，人根本靠不到跟前。这就必须把马眼睛用布包住，慢慢才能靠近它。说与狼共舞是狼有尖牙利齿，与马共舞这飞蹄也特别危险。马桩就是个"门"字形木架。把牲口拉进去，用罗绳罗住，用吊绳从前后肚吊起，五花大绑，叫做上五大套。前面讲过的漏蹄，是牲口的一种蹄病，病菌把蹄子从中间弄成空壳，严重的可使蹄子脱落。牲口患了此病，走路一瘸一拐，根本不能使用。治疗方法是：先用锥子把夹缝里的细灰面菌掏干净，再把猪油用勺子放在火上加热到高温，灌进病灶。随后用烟丝填满夹缝，再钉上马掌密封起来。过上一段时间，新蹄甲顶出来，蹄病就好了。顺便说一下，牲口的蹄甲是绝佳的花肥料。

俗话说："骡驾辕，马拉套，车倌带的红缨帽。""鞭稍一响，黄金万两。""车轱辘一转，给上个县长也不干。"车倌过去是令人羡慕的职业，出去拉炭，回来捎带上瓷瓮，东边拉豆子，西边换白面，车马出门，好活众人，那赚钱可是来回的赚呀。没亲戚，娶老婆；没饥荒，拴车马；养骡驹马好人家，成车大马养上，是宽裕富足人家的象征。

一套马车的配置有：大车、骡、马、笼头、搭腰、夹骨、套缨、滚肚、座鞴、鞍子、刹绳。笼头和套缨上插上红缨子，威风凛凛。这叫全套绳线。皮具都是皮坊的米熟皮，特柔软。车倌空中挥舞鞭子"啪、啪、啪"，声声响亮，这才是真正的鞭炮。

车倌赶车出门，得把粮草银钱准备充足，统称"盘缠嚼计"或者叫"燃嚼"。"盘缠"这个词源于古代使用的铜钱，用绳子串起来，几百个为一贯，出门盘缠在腰里。"嚼计"即是吃用生计，"燃嚼"则用烧的吃的来指费用，俗语叫："穷在家里，富在路上。"只有这样，出门碰上为难事（车坏了、马生病了、遇上土匪），才会轻松化解。车倌中途想让人马临时休息，叫打尖，如果需要过夜就叫住店。车马大店提供住宿食物和热水，行李草料车倌自带，出远门的草料由店家负责。车上的口袋叫皮称。骡马生病叫生灾，遇上牲口肚子疼叫出兆水。车倌都会用三棱针给牲口扎针治疗。如果吃的草料里有了土气，牲口就会拉稀。车倌会用妇女用过的月经草纸喂，叫淡骡子或淡马子。实在不行，找到兽医，配大剂量中草药炖好了，撬开牲口的嘴，用"灌角"，就是用圆弧弯曲的半圆槽，给牲口灌药。实在治不了的病，留下一句歇后语："骡子尿血了——绝症。"老车倌都有线装本《马经》书，用来相马买马，看马的骨格相貌，判断扶主人还是妨主人。看毛眼儿顺不顺，看膘情好不好。或是根据大牲口的穴位经络扎针治疗。公马保留生殖功能的叫儿马，切除睾丸的叫骟马。母马发情叫起骡了，因此叫骡马。公驴称为叫驴，母驴叫做草驴。马和驴产下的叫骡子。公马配母驴生下的骡子叫驴骡。公驴配母马生下的骡子叫骡骡。看牲口的年龄是看牙齿，年轻的牲口牙齿没磨损，有牙凸尖齿，叫口轻的，年老体衰的牲口则牙齿磨平了。"老马学窜""老马识途""老牛力尽刀尖死"。老牲口用途不大了，只能去杀坊了。

老车倌赶车，有自己的一套东西用来指挥。在指挥牲口方面，车倌喊"的求儿"是开走，连住喊"驾驾"是快跑，上坡喊"驾求"是用力，喊"吁吁"是停车刹车，"的的的"是左拐，"阿好阿好"是右拐。在路况方面，常说的有："走灰不走白，遇黑停下来"，说的是走夜路，看见路面发灰，是好路可以走。路面发白多是积水坑，要注意。如果路面发黑，多半是大坑，要马上停。还有从路况上总结出来的经验："紧走沙，慢走水，不紧不慢走胶泥。""紧走沙"就是在沙土里要急走，慢了马蹄和车轱辘陷进沙土里，车就陷住了。慢走水就是走水路要慢，因为不知水深浅或水下的坑坑凹凹，一旦走得快了，会造成马失前蹄翻了车。走胶泥耗费畜力，得从从容容地走。从赶路时间上总结出："朝不走东，晚不走西。"说的是逆着太阳光太刺眼了，辨别不了路上情况，容易出事故。如果赶车把人挤在墙上叫"贴了对子。"把人用轱辘碾轧了叫"垫了车夹子"。走冰路过河提心吊胆，俗话说："久走冰桥还能没有一擦了。"如果人车落进冰窟窿里，叫做"住了仰层房。"还有大人在调侃小孩子常说一句："娃娃，没翻车是你走的路少"，用来形容初上社会没有啥经验，没受过挫折。

在天气预测方面，讲究早看东南，晚看西北。如果早上东南方升起黑云，或者晚上西北方有晚霞，第二天一总要变天。那车倌就得采取措施了。靠赶大车谋生活的人，人们戏谑地称呼为"车活子"。老出门的人叫做"三山四码头""大圐圙（乌兰巴托）至包头"。中华人民共和国成立前去外蒙古叫走"后营子"。那些没出门见过世面的人，则被嗤笑为"三六活了九天，夜壶里过了个大年"。老车倌经见的人多事也多，嘴皮子特别溜，不说话便罢，一说就是一串一串的串话。"好汉出在嘴，好马出在腿"，就是从这里来的。

社会不断发展进步，机械化取代了畜力，老旧的行业事物渐渐消失。但这些老经验和老事物，对于今天的人们，依然有很高的实用价值与史料价值。

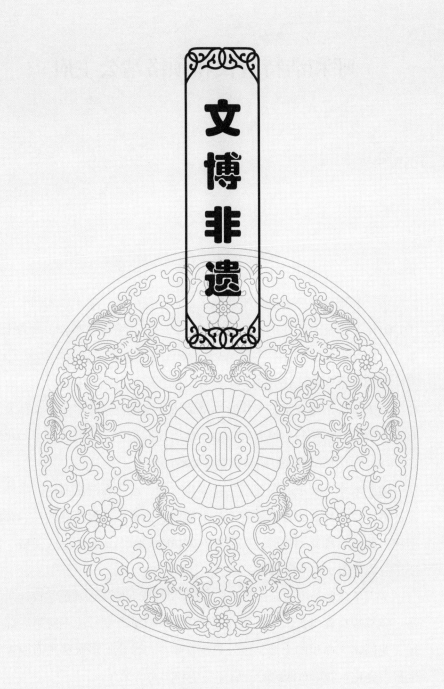

文博非遗

呼和浩特清代和硕恪靖公主府

邢瑞明

清·和硕恪靖公主府位于新城区通道北路62号。建于康熙四十四年（1705年），至今已有300余年的历史，2001年国务院公布公主府为全国重点文物保护单位。

康熙三十六年（1697年）十一月，康熙帝将其第六女四公主（有两位公主夭折）恪靖公主，下嫁喀尔喀蒙古土谢图汗察浑多尔济长孙敦多布多尔济。"赐住归化城大青山前，建府尚四公主"。府址位于归化城北7里许。府第南北长约180米，东西宽约63米。

康熙末年，公主府奉朝廷之命逐步交割，起先在清水河地区耕种的汤沐地，主持经营的官员家眷等分批撤回公主府，各聚落点的户家有所增加。开发治理新划拨的"归化城东240顷水地"，由此形成美岱、新庄子、黑沙图、太平庄四村。

辛亥革命后公主府充作公产。1923年8月成立的绥远师范学校迁入办学。学校规模逐步扩大，府第周围环境风貌日渐改变。原本府第后部马场、花园诺大面积的土地，被外界蚕食殆尽。公主府多次移主而原貌发生很大变化。府第东西跨院、后部马场和园囿已无存。

公主府大院因地制宜由三部分组成，平面呈"凸"字形。居前突出部分的中部为府第前政后寝核心宅院，绕以崇垣。两侧为并齐的东西跨院，外筑重围高墙。其后部西北方乾位（天）是马厩马场；北、东北方坎位和艮位（山、水）是园囿、楼台、假山、池塘，引入艾布盖河的清泉溪流修造人文景观。府第总面积约600亩。史料称，"府凡五进，正寝、旁舍、园囿、楼台悉备。后枕青山，前临碧水，建筑与风景之佳，为一方冠。"

20世纪80年代末，博物馆接收公主府府第内院建筑时的状况是，公主府有大小24座建筑72间房屋。中轴线上依次有影壁、府门、仪门、静宜堂、垂花门、寝殿、后罩房等，堂屋五重四进。

公主府建筑群形制分为四种：

其一，中轴线上的主体建筑静宜堂和寝宫，这两座建筑形制相同，尺度有细微差别，均为硬山式，面宽五间进深九架，抬梁式构架，跨空梁七架前后廊大式营造。静宜堂外檐装为隔扇门槛窗，寝宫修为隔扇门支摘窗。屋面三砖五瓦脊，五脊六兽。

其二，府门、仪门为硬山式各三间，启门各一。明间面宽3.60米，次间面宽3.25米，通面阔10.10米，通进深5.27米，仪门进深略大于府门，其它尺度均小于府门。仪门外檐装为隔扇门槛窗。屋面三砖五瓦脊，五脊六兽。根据功能需求为大木梁架结构。采取三步梁插柱造，五檩前敞后出廊构架。

分隔静宜堂院和寝寝宫院前政后寝分界线上是一座垂花门，表示公主的社会地位和经济地位，选择结构精巧，外观秀美的一殿一卷悬山式四柱六檩垂花门。为增强挺秀华丽的程度，前檐安置单拱交麻叶斗拱、花板、雀替、驼峰、角背、耳牙子、垂柱头，均施精雕细刻。前檐柱间安槛框、余塞板、走马板、攒边门，后檐柱间安门头板、屏门。

其三，静宜堂朵殿、厢房，寝宫院厢房和后罩房为硬山式建筑，静宜堂朵殿、厢房，寝宫院厢房各三间，后罩房十五间，七座建筑都是抬梁式构架，七檩前后廊跨空梁五架大木造。屋面三砖五瓦脊，五脊六兽。静宜堂朵殿、厢房，寝宫院厢房外檐装为隔扇门槛窗，寝殿厢房的横披窗为不分扇，通樘一扇做法，后罩房外檐装修为隔扇门支摘窗。

其四，寝宫朵殿三间为硬山式双脊檩卷棚建筑，东西厢房耳房各一间，四步插梁断面尺度符合常规，下施随梁枋，大个单体都是硬山式双脊檩卷棚建筑。寝宫院耳房外檐装修为隔扇门支摘窗。

公主府府第内院中轴线上的主体建筑大堂（静宜堂）、寝殿二者形制相同，局部尺度有细微差别。均为硬山式，面阔五间进深九架，宫殿抬梁式构架跨空梁七架下施随梁。

府门为门第象征，为硬山式建筑各三间，启门各一。仪门进深略大于府门，其他尺度均小于府门。根据使用功能需求大木梁架结构较特殊，均采取三步梁插后金柱，五檩前敞后出廊构架。三步梁下施随梁，每缝布三柱，排山加山柱做双步梁和单步梁。檐步举架五六举，脊步举架六七举，与常规举架比较屋面略现平缓。檩径同檐柱径，檩下都有垫板和檩枋。府门槛框、余塞板、走马板和实榻大门、攒边门，安装在明间后檐金柱间，次间砌墙封闭。

台明高度是区分王府品级建筑的重要制度之一。大堂、寝殿均为方直台明，阶条石山墙条石下四面包砌陡板石，高度符合典章定制郡王府后寝台明二尺五寸的规定。大堂（静宜堂）的台明高度低于典章定制规定的尺度。

公主府地下取暖设施状况。除府门和厢耳房五座单体外，其他建筑的次间或梢间，后罩房每三间为一个组合的次间廊内槛墙下，均设砖石砌筑的地炉，炉口外廊内地下作方形操作用窨井平台，添加木炭等燃料，热气在室内墁地砖下专门设置的通道里扩散，然后再集中向后排放。不取暖的季节操作用窨井口，由特意制作的木盖封闭，形制做法很是巧妙。

在大堂后寝殿前，是分隔前政后寝分界线上的垂花门，为功能独特的另一类标志性建筑。为显示公主显赫身份和社会地位，特意选择最讲究的精巧结构，外观秀美的一殿一卷悬山式六檩四柱垂花门。为增强玲珑华丽的氛围，其前檐安装单拱交麻叶斗拱，成为全院唯一使用斗拱类构件的建筑，并在花板、雀替、驼峰、角背、耳牙子、垂柱头均施精雕细刻。纵观府第全局，层次分明、坐落有序、建置规范、布局严谨。

府门前的大式青砖悬山一字影壁，高4.30米，长24.24米，厚1.64米。圭脚、须弥座占瓴劈高度的近1/3，须弥座上下枋、混枭均为素面，束腰以竹节式雕砖分成多格类似空壶门。

建筑组群外，绕以内围崇垣。一进院仪门，两侧一、二进院以随墙门卡子墙分隔；为体现前政后寝制度，二、三进院以垂花门看面墙分隔；为主体殿堂制造庄严宁静氛围，在寝殿和东西厢房之间及大堂和东西厢房之间，均以随墙便门拐角卡子墙分隔，二进院、三进院分别成为院中院；又在大堂左右配房内侧山墙后至三进院东西厢房的耳房南山墙之间，以日、月门卡子墙分隔内外。

每进院落的布局看似相同却不尽相同。显然，这不仅是一处悉遵《大清会典》定制建造的府第，也是按《大清会典事例》"典不可变，例可通，辅以而行"的原则营建的清早期郡王府级王府建筑的典型范例。大堂前设仪门是清早期王府制建筑的特点，大堂后不设后廒而置垂花门是公主府与王府的区别。

和硕恪靖公主府是17世纪末，清皇室公主适漠北喀尔喀蒙古部后，兴建的府第，是清王朝在新的形势下继续奉行满蒙联姻政策，维护国家统一的历史见证。也展示了大漠南北血脉相连的历史渊源。恪靖公主府作为特殊历史背景的建筑载体，对于我们研究清朝满蒙联姻政策的产生、发展和归化城在清早期统一蒙古漠北、漠西进程中的历史作用，均具有非常重要的史料价值。正如一位名人所说："建筑同时还是世界的年检，当歌曲和传说已经缄默的时候，而它还在说话。"

和硕恪靖公主府作为清代早期王府制建筑组群，民国时期改作校址沿用至20世纪90年代，对于研究本地区建筑史、民族史、文化史和教育史及呼和浩特城市发展史都具有重要的参考价值。

公主府建筑的空间格局、形制结构、制作工艺、装饰色彩都具有浓厚的时代、地区和民族特征，体现出独具特色的建筑艺术价值。总体布局的辐辏性，府第部分的中轴线贯通，两侧拱卫性核心格局，形制多样"以高为贵、以中为贵、以多为贵"来表现建筑等级的作法，木、瓦、石作的加工、制安、砌筑、雕琢的精湛工艺等，对于研究蒙古地区清代早期王府制建筑，具有很重要的实物考证价值。清代的亲王、郡王、贝勒、贝子等的府第建筑，各有详细分明的等级定制。公主府的府第内院建筑部分，按《大清会典》的定制和《大清会典事例》的规则，中轴线南北贯通，两侧拱卫对称格局。

公主府古建筑，给人最深刻的印象是形制多样，风格典雅，主次分明，和谐有序。遵照典章定制营造，其布置格局，形制特征象征公主的身份品级和社会地位，制作规范、工艺精湛，构件模数基本符合《做法》的系数，公主府是一处蕴涵丰富史料信息的历史见证物。作为全国建筑信息保存最为完整的清代公主府邸，是研究中国古代建筑发展史、民族团结、边疆民族政策、宫廷文化延展等方面的实物载体。

公主府总体布局为中轴对称格局，利用了地面广阔，自然地理条件优势的便利条件，因地制宜建府，使其所属人员各得其所。既体现了身份礼仪差别，又创造了互不干扰各司其职的生活环境。中轴线上依次有府门、仪门、大堂（静宜堂）、垂花门、寝殿、后罩房等，堂屋五重四进布局。拱卫两侧对称的是一进院仪门两厢原有东西翼房；二进院大堂的左右配房及其腰廊，东西厢房和东西厢房的耳房；三进院寝殿的左右正耳房、东西厢房、东西厢房的耳房；四进院后罩房也有左右耳房。此外，从遗址情况看东边日门外，腰廊内靠东围墙有一个类似府溷的建筑基础。"共计24座单体建筑和构筑物72间房"。这个数据与民国早期记载的情况完全吻合。

建筑是自然科学和社会科学发展的实物例证，反映一个时代的科学技术水平。府邸建筑充分展示了清早期，木、瓦、石作等各匠人的技术技能、比例规范和建材质量和工艺特点。并且，鉴于呼和浩特地区气候较寒冷，冻融变化较大，相对风沙天较多，密闭性要求较高等特殊情况，府邸建筑的基础深度、墙体厚度、形体择定、取暖设施等方面，根据当地自然地理气候条件，均作适度改进和加强。府邸建筑历经300年，几次遭受人为严重干扰和破坏，但其安全、稳定、健康和宜居程度仍让人们无需多虑，可以为今天的建筑科技和建材质量的研究提供重要借鉴。

和硕恪靖公主府的兴建，不仅为后人提供了一个了解我国封建社会府邸制度、府邸生活、府邸历史文化的实物例证，更重要的是它的兴建，进一步促进了呼和浩特地区的社会安宁和经济的发展，从而推动了各民族间的文化交流，增进了民族和谐，成为研究地方文化史、民族融合史不可或缺的实物载体。

和硕恪靖公主府府邸建筑组群，具有难能可贵的使用价值。它既能物化体现呼和浩特市悠久历史、深厚文化的底蕴，又能以其所陈列展示的内容满足人们的精神文化需求，成为休闲、参观的好场所。也必将成为呼和浩特市重要的文化景观之一，吸引四方游客，为旅游事业的发展提供必要的物质基础。和硕恪靖公主府是内蒙古中西部地区最早出现的清代官式建筑。"昔之览者，多谓府之规模，比之旧都宫禁盖具体而微云"。它所使用的木材、砖、瓦、石材的讲究程度和各种匠人制作、安装的精湛技艺，在当时，确实达到一方之冠，无与伦比。

史料所记："府凡五进，正寝、旁舍、园囿、楼台悉备。后枕青山，前临碧水，建筑与风景之佳，为一方冠"。受到城市发展的冲击，府邸后部马场、园囿和府邸前广场、平滩，全部被各类学校、民居、工厂、企业占有。环境由原来安静悠然的郊野，变为四周楼房林立、街巷纵横的市区。公主府的附属部分小府、府兴营和公主府花园等，只作为当地街巷名称得以留传，历史的环境风貌彻底改变。偌大府院三部仅存不足原面积1/20的府邸内院弹丸之地。总结历史的经验教训，做好文物古建筑的维修保护工作，有效发挥其咨政育人，传承文明，普及知识，合理利用，对公主府的重要价值做扼要评价。

公主府承载着古代劳动人民智慧结晶的文物古建筑，作为国家、民族的文化遗产的物化成果，具有重要的历史、艺术、科研价值。

红色历史

革命战士的情怀

——李怀亮的革命生涯

乔福俊

2001年4月5日早晨，我接到了托县舅舅的电话，我敬爱的五姥爷在凌晨安详地离世了。一切虽然是预料之中的事，然而，又觉得太突然了，我不禁潸然泪下。我胡乱起床，简单地安顿了一下，骑着摩托车载着我三舅，直奔托克托县城。

两小时后，我们风尘仆仆到了托克托县老干部家属区小平房，我的五姥爷和五姥姥就住在这里。进屋看到，五姥爷静静地躺在炕上，头上戴着一顶崭新的绿军帽，里面穿着一身绿军装，外面套着一件崭新的绿色军大衣，脚穿一双绿军鞋，仿佛一名又要出征的战士，又仿佛是一名凯旋的将军，我甚至能看见他嘴角的笑意，像刚睡着的样子，他很安详、很安详地睡着了。

望着这位饱经风霜，久经沙场，杀敌无数，战功赫赫的革命前辈，我又仿佛看见他骑着那匹枣红色高头大马，消失在那枪林弹雨、弥漫的

★乔福俊：男，汉族，土默特左旗人，内蒙古作家协会会员，现任土左旗作家协会副主席。创作有100多首诗歌作品，分别发表在各类报刊杂志。

硝烟里了。

我的姥爷一共弟兄五人，我姥爷最大，五姥爷最小，名叫李五娃，1924年10月出生于今内蒙古卓资县保安乡小十字村一个农民家庭。他从小机灵，手勤爱做营生。那时穷人家无钱读书，15岁前一直在家务农，饱尝生活艰辛。日本侵略中国后，他亲眼目睹日本侵略者烧、杀、抢、掠的侵略行径，也亲眼看见日军打死我姥爷的血腥场面，一颗仇视侵略者的种子在他幼小的心灵深处发芽、生根，产生了反抗侵略者的想法。

1940年2月，16岁的李五娃正在山坡放羊，恰逢大青山骑兵支队一支部队从这里路过，李五娃便上前询问："我能不能当兵？"连队领导问："你为甚要当兵？"他答："当兵打日本鬼子，给我的哥哥报仇！"连队领导看了看眼前这个机灵的小鬼，给他讲了一番大道理后，同意他参军。在入编队伍的时候，连队领导给他起了一个名字——李怀亮，多么有寓意的名字啊！从此后，这个响亮的名字伴随了他的一生。连队领导见他机智勇敢，把他分配在连部当了通信员。后来在革命队伍里他刻苦钻研，学到了新的东西，思想上有了清醒的认识，他渐渐懂得当兵不仅仅是为了打日军，更重要的是为了解放劳苦大众。

1941年2月，由于机智勇敢，他被调到大青山骑兵支队司令部，给司令员姚喆当了警卫员。1942年10月，大青山骑兵支队在日军的重兵围剿相继转移到晋西北偏关、雁门。1942年11月，大青山骑兵支队编入塞北军分区。李怀亮又给政治部主任曾锦云当了通信员。

当时，中国人民的抗日战争已进入敌我相持的战略阶段。穷凶极恶的日军对我晋西北地区实行烧、杀、抢"三光"政策，多次进行大扫荡。李怀亮所在的骑兵支队，在山西偏关一带与敌人周旋，瞅准时机歼灭敌人。1944年10月20日，塞北军分区司令部在偏关陈家营驻扎，突然遭到日军包围，情况万分危急。司令部和教导队所有人员立即向桦林沟山上转移，一直撤到磁窑沟。第二天，司令部又从磁窑沟出发经高家石上山，10月23日司令部到达黄树坪北山。正准备做饭，忽然，村外又发现五六百敌人，从西面、南面包围了半个村子。司令部全体人员边打边撤。在整整一天的突围中，不少同志牺牲了。当部队撤退至深垴村时，被悬崖阻断了退路，苏谦益主任的战马被敌人炸死了，他被炸飞在一个深坑里，灌木丛掩盖了他，敌人还向坑里投了一枚手榴弹。吉人自有天相，苏主任只是受了伤，成了奇迹般的幸存者。敌人步步紧逼，好多同志与敌人徒手相拼，也有的同志连人带马跳下深渊。李怀亮紧跟主任曾锦云，一路左拼右杀，又遇悬崖断路。这时，日军蜂拥逼近，曾主任誓死不做俘虏，拔枪自尽。情急之下，李怀亮拣起曾主任手枪，顺势翻身滚下几丈深的悬崖，幸好被半山腰树枝卡住，死里逃生。

1944年11月，李怀亮调往司令部通信连任班长。同年，在山西省左云县河村，由通信连指导员王尚雄介绍，加入中国共产党。1945年12月，他被提拔为通信连副排长。在此期间，李怀亮经常化装成商人或农民，深入敌战区侦察敌情。一次，他带领部队主动出击，把一小队日军全部消灭。按照部队纪律，李怀亮把从日军小队长身上搜出的一副墨镜和一条牛皮腰带上交了部队，部队领导根据工作需要，把这两样东西交给他使用。这两样东西，一直伴随他，直到生命的最后。

绥蒙军分区配合主力，1945年9月，塞北军分区编为绥蒙军区攻打绥南地区。留在山西偏关的其余部队，则由副司令员兼副政委张达志带领同时北上。

李怀亮随张达志，经杀虎口向和林格尔挺进。在途中突然发现前面沟边一棵大树下趴着一个人，经询问，原来是个老百姓，因伺候国民党匪军出了错儿，被土匪暴打后逃了出来。这位老乡告诉他们，村子里驻有20多个国民党匪军郭长青的部下。于是，侦察排进村将他们包围，迫使敌人投降。经过进一步搜查，发现一家四合头院里南房梁上吊着5个人，房子中央支着烧红了的油锅，原来敌人正威逼老百姓交出大烟和现洋。战士们急忙把老乡解救下来后，老乡们都下跪磕头，连声称："老总，老总，多谢救命之恩！"李怀亮说："不要叫老总，我们是八路军，是人民的子弟兵，我们就是解救你们这些受苦受难的劳苦大众的！"

老百姓被解救后，李怀亮等继续前进。刚出佛爷沟，来到上道洼，发现半山坡有十来个敌人在休息。李怀亮即令侦察排战士散开，形成包围圈。结果，没费一枪一弹，俘虏了十来个敌人的伤兵。李怀亮将全部俘虏押回了司令部，又接到了去和林格尔新店子村捉"舌头"的任务。

李怀亮等人打扮成庄户人模样，来到新店子村口一个叫点将台的大土堆跟前，发现在"点将台"旁边有一个站岗的敌人哨兵。当时，敌人哨兵也看见了他们。李怀亮等人只好硬着头皮走过去，谎称是本村人，出来寻找丢失的山羊。当哨兵上下打量时，李怀亮一个冷不防，用手里夹着的夹袄罩在敌人头上，把哨兵的脖子用衣袖勒紧。一路连拖带拉过了一个山沟，才发现敌人已经被勒死。为了再抓一个活"舌头"，他们又把死人拖回原地。为给敌人造成假象，将死哨兵靠在点将台上，还没有等李怀亮等人喘过气来，就听得由远到近又来了一个敌人，敌人仿佛感觉到那个哨兵出事了，就乱喊乱叫。还没有等敌人反应过来，李怀亮一个饿虎扑食，用衣服把他的脑袋罩住，与其他侦察人员把俘虏押回司令部。经过审讯，这家伙原来是敌人的查哨排长。根据敌排长的口供，我军大部队没有费多大的周折，于黎明时分就把新店子郭长青部的骑兵300多人全部生擒活捉，并缴获了大量的军用物资。

1945年8月，日军投降后不久，针对傅作义抢占归绥、武川、集宁、大同等地的严峻形势，中央军委决定开展绥远战役。晋察冀部队首战告捷：攻克兴和张皋、丰镇隆盛庄，晋绥部队占领凉城、陶林。随后，两军前锋直指集宁。

李怀亮所属晋绥骑兵部队，配合其他部队，强攻集宁。几经浴血奋战，老虎山阵地尸横遍野，集宁市区水塔千疮百孔。1945年10月24日，我军占领集宁。同日下午七时，李怀亮又急随骑兵部队从集宁奔赴卓资山，配合其他部队作战，于10月25日上午歼灭敌人二十六师4000余人。战斗结束后，李怀亮才发现，战前发的新棉衣已经露出了白花花的棉花。

1945年11月初，李怀亮所在绥蒙军区按照中央军委"由西向东打，最终解放归绥"的战略部署，配合晋绥军区独立一旅，西进包头。李怀亮率领的侦察排在前，先来到绥包线上第一重镇——毕克齐。司令部派李怀亮等人侦察敌情。李怀亮肩挑货担，围着围脖，一身商人打扮，从毕克齐西门进了毕克齐镇内。此时的毕克齐岗哨林立，到处都是防御工事。李怀亮等人给了哨兵两块银圆后，混入镇内，他们从西到东，从北到南，详细了解了毕克齐镇内的敌情，最后进入火车站进行观察，并把地形以及工事情况牢牢记在了心里。化了装的侦察排队员出了火车站后，他们正想抓一个活口，忽然从东北水磨沟方向有一名骑马的敌哨跑过来了，说时迟，那时快，李怀亮忽然一转身，肩上的货担飞转起来，敌哨的马匹猛然受惊，飞蹄翘尾，昂头嘶鸣，敌哨冷不防滚下马来，灰头土脸。敌哨惊魂未定，揉揉眼睛，感觉到情况不妙，一边从枪盒里拔枪一边骂道："瞎了眼了，敢在老子面前玩弄你的货担，把爷摔成这样？"还没等敌哨爬起来，李怀亮不慌不忙地回敬道："你才瞎了你的狗眼！""你们是干什么的？"敌哨问道。"老子是干这个的，不许动！"李怀亮"嗖"地拔出手枪，顶住敌哨的脑袋，一边命令，一边将其擒获。李怀亮把敌哨移至背静处，换上敌哨的衣服，并从敌哨身上搜出一张"通行证"。利用这张"通行证"，天黑前，李怀亮顺利把俘虏带回了司令部。根据俘虏的交代和李怀亮可靠的侦察情报，司令部制定了周密的计划和作战方案，我军很快攻下了毕克齐镇。毕克齐战斗胜利结束后，我军继续向包头方向前进。

经过一夜艰苦行军，李怀亮的部队途径察素齐镇的时候，又遭到了郭长青骑兵部队的阻击。军区副司令员张达志在一间民房上，身披麻袋，用望远镜秘密地观察敌情，一边指挥骑兵歼灭敌人，一边在险要的地方设下埋伏，当敌人狼狈逃窜，慌不择路进入我军埋伏圈的时候，张达志向李怀亮喊道："小李！通知黄团长，不要用枪，用马刀砍！一个也不许跑掉！"我军骑兵全线出击，敌人喊爹叫娘，四下逃窜，郭长青部下两三千人的部队几乎被消灭殆尽。

正在我军乘胜追击敌人的时候，战士们发现一个女人，骑着一匹枣红马，在刚浇完冬水的地里骑行，李怀亮感觉有点蹊跷，果断地喊了一声："站住！"谁料那女人转过身朝着李怀亮开了枪，好险啊！李怀亮机警的躲过了子弹，后来那女人被我军战士包围，收缴了枪支弹药，还意外的缴获了藏在棉袄夹层里面的金条和银圆。经过审问，原来是敌人团长的姨太太。

绥包战役历时2个多月，共歼灭敌人12000多人，收复绥东、绥南广大地区，打破了蒋介石指令傅作义控制平绥铁路的企图，为支援华北、东北战场和以后和平解放绥远打下了坚实基础。

1945年12月中旬，部队向东转进。一路饱经严寒，风餐露宿。1946年1月10日，中国共产党代表和国民党政府代表签订了停战协定，晋绥大部队到丰镇整训。此后，丰镇整训又延续到山西省左云一带。在此期间，国民党反动派为了争抢地盘，仍与我军明争暗斗。

1946年春天的一天，李怀亮带侦察排20多人在大同云冈一个大户人家住下，战士们放马回来，刚做好饭，忽然听到院里"轰隆"一声巨响！大家说："不好！"李怀亮命令战士们立刻冲锋突围，他飞身上马，朝着敌人冲了出去，用马刀连续砍死几个敌人。随后，战士们一个个奋勇杀敌，从敌人的包围圈成功突围，除了一名战士当场牺牲外，曹文玉同志身负重伤，被战友救了出来。

1946年6月，蒋介石悍然撕毁了"停战协定"挑起内战，向我解放区进行全面进攻。为了粉碎敌人的阴谋，我军由周士弟组织指挥了晋北战役，晋绥军区骑兵部队协同作战，李怀亮等人在一次外出侦察任务中，拦截敌军运输汽油车队，缴获汽油200桶，受到上级特令嘉奖。

同年8月15日，我军攻克朔县，李怀亮随大部队一路转战来到大同。为摸清大同敌情，李怀亮率侦察排20来名战士，化装成敌军，从党留庄、小南关进南关，路上敌岗哨盘问，李怀亮骑在马上，出示印有"紧急军情"字样的密封信件，称是乔司令派来给城防司令送信的。他就这样机智地躲过了敌人的盘查，所经之路，大开绿灯。围攻大同战役打响后，李怀亮随晋绥军区三五八旅攻打火车站北关。大同战役历时一个半月，歼敌30000多人。此后，晋绥、晋察冀部队分别转移整训。

1948年，平津战役打响。为配合东北野战军主力11个纵队和特种兵顺利进关，李怀亮跟随绥蒙军区大部队，协同友军作战，参加了一系列军事行动，并参加解放新保安战役。之后，李怀亮随部队又参加了解放张家口的战斗。

1949年4月，李怀亮随部队转战山西，参加了著名的解放太原战役。4月24日午夜，我军1300门大炮齐鸣，敌人吹嘘的"钢城"顷刻间城倒墙毁土崩瓦解。其时，李怀亮随部队参加了攻城战斗。我人民解放军冒着枪林弹雨，前赴后继冲向太原城缺口，黎明，太原城头飘起了我军红旗，太原城回到人民的怀抱。

1949年6月，李怀亮被调往内蒙古军区七十一团团部侦察排任排长。一次，李怀亮和一个侦查员在武川小井沟一带的一个村里夜宿。夜半时分，李怀亮忽然听见房顶有动静，紧接着传来吆喝声："出来哇！你们被包围了！赶快投降！""不好！"李怀亮坐起，随手拉起随同的侦察员，摸出一颗手榴弹，突然开门甩了出去。"轰"一声巨响，浓烟弥漫。两人趁势冲出门外，直奔马棚。这时房顶的土匪回过神来，向屋里开火。李怀亮用匕首割断拴马缰绳，翻身上马，弓身打开大门插拴，箭一般地冲出门外。敌人看见有人跑出大门，跳下房紧追过来，李怀亮和侦察员又接连扔出两颗手榴弹。爆炸声中，两人消失在夜幕中。

1950年，随着全国解放，七十一团又奉命围剿大青山一带的残敌与土匪。同年3月，李怀亮在察素齐镇参加了围歼国民党残匪王有功的战斗。

1950年9月，李怀亮被部队派往内蒙古托克托县农村帮助地方搞秋征。从此，李怀亮结束了他的戎马生涯，留在托克托县从事地方工作。

1952年8月，李怀亮被组织调到托克托县公安局城关派出所当了一名干警。1953年，全国扫毒运动已近尾声，托克托县南街一个姓李的老汉，因家中藏有大烟被判一年徒刑后释放。李怀亮听街道群众反映说，此人虽在入狱前交出部分烟土，但手头还有很多。李怀亮便深入其家中，以拉家常方式进行攻心教育，设身处地地讲大烟对人体的危害，讲党的政策。经过多次的耐心说服教育，姓李的老汉终于有一天来到派出所，对李怀亮说："我想来想去，还是你说的话有道理，你跟我走哇！"老汉从家里挖出大烟600两和一包重量三四两的料面，交给了派出所。托克托县公安局党组织为表彰李怀亮的贡献，评他为公安局战线三等功臣。

1957年，李怀亮被组织调到托克托县农牧林水局任副局长。1965年组织安排他参加了"四清"工作队，进驻察右中旗。

1972年，李怀亮任托克托县南坪公社副主任。1974年，任县地毯厂书记、厂长。党的十一届三中全会后，他又调任托克托县城关镇人民政府副镇长。

1983年5月，年过六旬的李怀亮从城关镇人民政府工作岗位离休。那时正好我家从卓资山搬到了毕克齐，他骑着一匹枣红马来毕克齐看我们。他告诉我，他在大大小小几十次战斗中，一直是骑着一匹枣红马。他还特意去毕克齐镇内，告诉我他曾经作战过的地方，告诉我曾经化装成货郎抓敌人的地方。旧地重游，感慨万千。当时，毕克齐火车站那座水塔依然耸立着，依稀可见枪林弹雨洗礼过的痕迹。

2001年春，我得知五姥爷身患重病，专程去托克托看望过他一次。他深知自己将不久于人世，让我五姥姥把他那些珍藏的军功章拿出来，摆在病榻前，又把我姨夫郑存喜和我舅舅李军叫到病榻前，和他们讲述这一段段出生入死的革命故事。他告诉我们自己亲手杀死了多少多少敌人的哨兵和探子，常念叨在不久的将来和自己的战友还会并肩作战。他千叮咛万嘱咐，走后不穿别的寿衣，要穿一生中最喜欢的绿军装、军大衣；不要做任何花圈纸货，就做一匹他当兵时喜欢的枣红马。2001年4月5日，优秀的革命战士、我敬爱的五姥爷李怀亮走完了他光辉战斗的人生旅程，享年78岁。我们尊重他的遗愿，为他穿上一身军衣，骑着他心爱的枣红马，去了南山那片郁郁葱葱的树林里去了。

英雄的血手印

康德文

　　1938年农历五月十一日，八路军120师警备六团从山西省右玉县出发，长途奔袭和林格尔县新店子日伪据点，并于12日凌晨4点发起总攻。新店子据点呈长方形，城垣坚固，易守难攻。但警备六团不畏艰险，团政委张达志身先士卒，带领战士们勇猛出击，第三个登上城头，并于上午8点结束战斗。此战全歼守敌近百人，缴获了大量军用物资。战斗结束后，警备六团找了当地5名村民为向导，迅速向浑河以南的一间房村转移。

　　到达一间房村之后，部队立即安排了宿营地，团部驻扎在一间房村，二营住在四间房、五间房村，骑兵连驻扎在乔家十二号村，另外一个连队驻扎于梁家十五号村。警备六团的团部住进了一间房村的梁科家，战士们则分散住进了各家各户。为防不测，部队还在村西口、东口和团部左上方设了岗哨。一切安排妥当后，团领导给5名同来的新店子村民讲解了一番抗战道理，教育他们坚定抗战信心，不做亡国奴，然后就

　　★康德文：文史专家，曾参与编纂《和林格尔县志》《和林格尔政协志》等史志书籍。

让他们返回新店子村。

新店子据点被端掉的消息，迅速传到了厚和市（今呼和浩特市）日军指挥部。震惊之余，日军当即派出4辆满载日军和军需保障的大卡车驶向新店子。当日本军车抵达新店子时，恰巧遇上了给警备六团带路的5名新店子村民。就此，日军获悉了警备六团的去向。在日军的威逼利诱下，由这5位村民带路，日军马不停蹄，直扑一间房村。

半夜时分，日军赶到了一间房村，在村北二十亩圪蛋埋伏下来。瞅准时机，敌人将一间房村西口的哨兵勒死，接着布置了火力，阴谋一举歼灭我警备六团。在村西脑包山，敌人设了一个火力点并配了机关枪阵地，在村东南马场梁设了一个火力点，也配了机枪。

设在警备六团团部左上方的哨兵十分机警，天快亮时，哨兵有了困意，抱着枪打起了盹儿。敌人见机行动，一个日本兵持刀靠近，哨兵奋起反抗，但为时已晚，尖刀深深刺进了他的右胸，并从窑顶滑落到院子里。见此，日军迅速从二十亩圪蛋冲了下来，在村里每家窑顶布置3到5名射击手，枪口均对准了院子，只等八路军吹响起床号。

被刺伤滑落院子的哨兵并未牺牲，此刻，他想站起来鸣枪报警，可枪此时已甩到了窑洞里。他努力站起来，左手捂着血流如注的伤口往窑洞挪去。只有短短十几米，这名八路军战士的步伐越来越沉重，终于靠近了窑屋。在过道门口，他手扶墙壁稍停片刻，结果，墙上留下几个鲜红的血手印。战士爬上炕，双手扶墙想要坐稳，结果在右墙壁上又留下一双血手印。接着，战士用尽最后一丝力气，扣动了长枪扳机……

听到报警枪声的警备六团指挥员知道敌情紧急，迅速组织出击。但是，村里各家各户窑顶均有日军把守，战士们刚冲出窑屋，便遭到敌人的射杀，而冲到院外的战士们则受到脑包山、台墩山、马场梁敌人火力的打击，使警备六团遭到了很大伤亡。尽管如此，勇敢的战士们还是顽强作战，相继打掉了几家窑顶上的敌人。大油楞家窑顶上的敌人被消灭后，屋里冲出一名大个子八路军战士，他手提机关枪，冲进碾道里，架起机关枪，向团首长住的窑顶上的敌人射出一串串子弹。

驻扎在四间房和五间房村的二营听到激烈的枪声后，立即集合部队支援一间房，部队行进到一间房村西口时，遭受到脑包山上敌人火力点的阻击。二营派出一个战士绕道上了脑包山顶，消灭了几个敌人，其余敌人则向村里逃去。二营的战士们边追边打，到村东口时受到马场梁敌人火力点的扫射。此刻，驻梁家十五号村的增援部队及时赶到，消灭了这股敌人。在警备六团的英勇反击下，敌人退到了二十亩圪蛋，双方形成对峙局面。

遭到敌人突袭的警备六团认为战机已失，且部队伤亡较大，于是带领部队撤到右玉县云石堡休整待命。日军见警备六团撤走，便返回一间房村大肆搜查，只要发现活着的八路军重伤员，就再次开枪射杀，暴露出日本侵略军的豺狼本性。此后，日军在村边树荫下用餐后，返回了新店子据点。

敌人退走后，梁科、二油楞等男人们纷纷返回村庄，将56名警备六团战士的遗体分别掩埋在小南湾、村东的漩漩圪塔。此次遭遇战还有一名幸存者，他就是抢占制高点的那名战士。他是清水河县韭菜庄人，姓闫。梁科和二油楞用门板抬着他，连夜找到右和清县游击大队指导员石生荣，然后转到了后方医院。

通过这次战斗，抗战之残酷可见一斑。

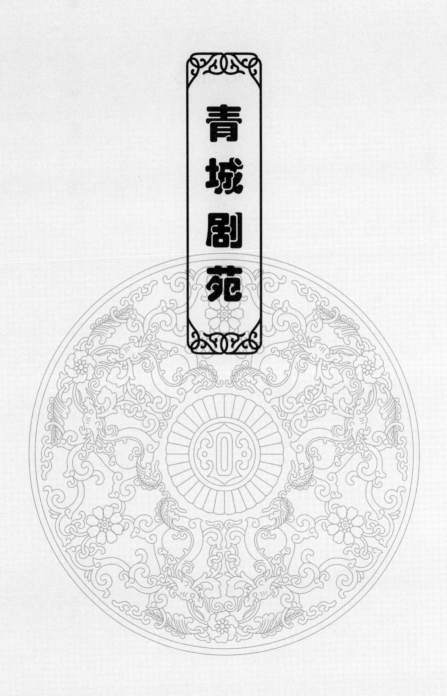

青城剧苑

卧虎湾

（二人台革命历史剧）

白新怀

时间　1937年10月

地点　山西大同火车站卧虎湾日军军火库

人物　贾力更，30多岁

阿拉腾扎布，30多岁

王计蝉，28岁

日本兵，甲

日本兵，乙

乞丐

竿头

军火库入口哨兵

军火库日本军官

汽车司机

劳工、乞丐若干名

第一幕　过关入城

背景　火车站、日本岗哨关卡

画外音　（列车的汽笛声、列车停车的声音）

幕启，日军宪兵队、日伪盘查下车入城的旅客，贾力更、阿拉腾扎布、王计蝉上。阿拉腾扎布手提酒瓶，王计蝉身背褡裢，三人商人打扮。

贾力更　（唱）

天欲寒秋叶黄山河残破，

家国仇民族恨忍看烽火。

日寇暴德王奸饥民倒悬，

看敌人卧虎湾广布罗网。

求真理闹共产远走他乡，

二九年去蒙古学有所长。

八年来苦锤炼意志如钢，

妻亡故儿女死悲愤满腔。

探听得日本军广运军火，

卧虎湾硝烟浓其冲首当。

敌垂涎晋西北虎视河套，

陕苏区和延安攻势加强。

今日里入虎穴生死未卜，

好兄弟同携手敢于担当。

舍此身定拔掉杀人武库，

下火车要智斗倭寇虎狼。

（白）我，贾力更，土默特旗把什板升人氏。原名康富成，受党组织委派，到蒙古人民共和国学习8年，现回国参加抗日斗争。今日来到卧虎湾，即使有刀山火海，我也要来个虎口拔牙。

贾力更　（从王计蝉褡裢里取出一只烧鸡，提在手里）老阿、小王，咱们要见机行事，多加小心才是。

阿、王　（合）老贾，你放心吧。

贾力更　（唱）今日里大同站戒备森严，

阿拉腾扎布　（唱）日寇凶伪军狂画影图像。

王计蝉　（唱）打路人骂客商丧尽天良，

（合唱）逢恶煞增胆量斗志昂扬。

（走场，设"出站口"字样，张贴有贾力更画像）。

日本兵甲　站住，你的，什么的干活？

贾力更　我们买卖人的干活！

日本兵乙　（抓住贾力更的手，看了手上的形态，而后狐疑地盯着贾力更的脸）

（唱）画影图形画得清，

　　　　此人太像贾力更。

日本兵乙　（唱）画像上画有脸上痣，

　　　　　　此人的面孔干干净。

贾力更　（唱）回国时取掉脸上痣，

　　　　　上级安排多用心。

日本兵乙　你地，八格牙路，良心大大地坏了！

贾力更　太君，我的，良民的干活。（掏出土默特旗署所开的护照）买卖人的干活。

日本兵乙　你的，贾力更的干活！

贾力更　太君，我"家里混"就没有饭吃，只好在"外边混"好歹混口饭吃。

日本兵甲　八格，举起手来！

（三人举起手，日本兵甲搜身，唱）

三个客商是有钱人，

实在不像八路军。

又有酒来又有肉，

西口路上大财神。

（贾力更举起的手里烧鸡油光黄亮，阿拉腾手里酒瓶闪光，日本兵甲咂咂嘴向烧鸡注目，眼睛又溜向烧酒，而后目光又转向烧鸡）。

贾力更　（将笑脸送在日本兵面前）太君，烧鸡、白酒大大的好，咪西、咪西！

（手中的烧鸡塞在日本兵手里，将两瓶烧酒从阿拉腾扎布手中取过，递到日本兵乙手里）

（唱）太君良心大大好，

　　　　东亚共荣功劳高。

　　　　好酒好肉孝敬您，

　　　　借我今日路一条。

日本兵　（合）开路！开路！

贾、阿、王　（合）谢过太君！

贾力更　（唱）大同车站巧周旋，

阿拉腾扎布　（唱）躲过了豺豹和虎狼。

王计禅　（唱）一瓶硫酸藏在身，（边唱边取出示意硫酸）

贾、阿、王　（合唱）高升旅店把身藏。

（下场）

第二幕　结交乞丐

背景　豪宅门前，高大门楼，有石狮子、上马石、下马石

乞丐（上，呱嘴）

走太原，过大同，

没吃没喝还是个穷。

白天讨一口救命饭，

黑夜就钻那炕洞洞。

从南来了个买卖人，

卖的是琉璃圪卜红头绳。

刮野鬼的一阵风，

连钱带货抢了个干干净。

从北来了个毛毛匠，

背着羊毛扛着弓。

手里还提着一对毛嘎登，

赤脚走路不怕疼。

有靴不穿为了甚？

归根到底还是个穷。

从东来了个日本人，

提枪挎刀瞪眼睛。

八格牙路坏良心，

"花姑娘住在哪个村？"

从西来了个阎大人，

军队住在太原城。

爱管女人臭脚板，

搅得百姓不安生。

（白）今天时气不错，念喜讨了个窝窝，有点草料就不饿。要饭的得过且过，阳婆圪崂暖和。甚？咋样念喜了？我且给你学上一回：

鞭炮一响喜开门，

迎门进来念喜的来。

念喜的不迟不早，

正赶上新人下轿。

新人下轿贵人搀，

一搀搀到八宝龙凤庵。

今天老东家喜洋洋，

儿子娶回个大姑娘。

喜糕喜茶喜馍馍，

媳妇找了个好婆婆。

喜糕喜菜糖蛋蛋，

媳妇找了个好汉汉。

馍馍独上红点点，

东家给上我几个小钱钱。

（白）唉，虽然吃饭不饱，还要依靠墙头圪崂。

（挠痒，不方便，干脆脱去外衣，找虱子，用指甲灭虱，看罢指甲上虱血，面现惬意。后又脱下内衣，用碗在上马石上碾杀内衣腰子上的虱子）

贾力更　（上，化装成乞丐，手提讨吃棍，唱讨吃调）

不种芝麻吃香油，

不种高粱喝烧酒。

东京收了我往东走，

西京收了往西走。

东西二京都不收，

黄河两岸渡春秋。

乞丐　（见同行站立面前）你唱的讨吃调挺好。

贾力更　讨吃叫街刮野鬼，夜倒卧死没人埋，唱好唱赖还不是个讨吃鬼？

乞丐　你是生客，哪来的？

贾力更　绥远来的，听说大同饭香，面广（黑话：饭食多的意思）。

乞丐　噢。来这里有甚抵挡？（黑话：凭啥，靠啥）

贾力更　在家靠结拜，出门倚老大。我这儿有虱子笔，老哥不妨试试。（掏出虱子笔，在乞丐内衣腰子上画了画）

乞丐　（显难闻状，龇牙，而后惊奇）死了，死了，好东西！好东西！

贾力更　老哥若喜欢，这就送给你吧。（递虱子笔给乞丐）

乞丐　这个好，这个好。你是生主，恐怕吃亏受气，我引荐你去见俺们竿头子（帮主）去吧。

贾力更（高兴地）　我是薛平贵遭磨难了，以后有好处绝不忘了老哥的恩情。

乞丐　（穿好衣服，小心装好虱笔）咱已经沦为乞丐，已经没了盼头，还能有甚出长，走罢。

（唱）今日里认下了落难兄弟，

竿子头那里去道清原委。

贾力更　（唱）普天下乞丐帮互通消息，

定叫那日伪军生死不知。

（下场）

第三幕　入伙丐帮

背景　关帝庙破旧不堪，群丐躺卧其间，一把破椅坐着竿头

贾力更　（手提打狗棍，上，唱）

为杀敌炸军火打入丐帮，

走一步设一计颇费思量。

卧棘薪尝苦胆不张不扬，

见竿头我还需不卑不亢。

乞丐　老大，我跟您说的绥远讨吃子到了。

竿头　哦，让他来见我。

（乞丐使眼色，贾力更上前见礼）

贾力更　竿头老大，绥远刮野鬼贾三给您施礼了，这几个烟泡是孝敬您的。（随手将大烟递上）

竿头　听说你的虱子笔很是神奇，让我见识见识。

贾力更　是。（将三支虱子笔递上）

竿头　你有甚么本事，敢闯我的地盘。

贾力更　在厚和市我是那里的帮主。

竿头　　哇哈哈，好大的风！（黑话）

众丐　　灭了他！灭了他！（众丐棍逼贾力更，围定）

贾力更　　哈哈哈，有道是，丐不相欺，不料大同讨吃子却要众殴投奔之客！

竿头　　退下！（众乞丐退下）既是厚和帮主，就该有使唤讨吃棍的本事！（说话间，竿头手中棍力劈华山，直奔贾力更头顶）

贾力更　　来得好！（听风声，辨方向，贾力更不躲不闪，手中讨吃棍向上平举，接了头一招）

竿头　　好！（手中棍又扫贾力更下路）

贾力更　　（棍立身侧，挡了竿头打狗棍的走势）

竿头　　（打狗棍顺势上提，直取贾力更眉心）

贾力更　　（贾不慌不忙，手中棍金蛇缠身，搅乱对方棍头走向，竿头握棍不住，打狗棍脱手而出，贾力更将竿头的棍子搅动粘连。风车状转了几圈，竿头的棍子直插于香炉之中）

竿头　　（目瞪口呆，惊悚）

众丐　　好！好手段！

竿头　　（脸色由青变白）既如此，使打狗棍法试试看。

贾力更　　献丑了！

（贾力更操棍在手，不再垂首驼背，闪展腾挪，指东打西，使的漠南武社火的套路。）

竿头　　（一边鼓掌一边唱）

大同城管丐帮十五余载，

未曾见讨吃汉踢竿拆梁。

今日里刮野鬼遇上无常，

野山鸡草垛上赶走凤凰。

竿头　　这么看来，你是踢棍头的？

贾力更　　哪敢哪敢，落难之人能讨几口草料（指饭食）就管荣乎了，哪敢冒犯老大，从今以后，老大让我冲南蹶起，我也不敢向北扭腰。

竿头　哈哈哈哈！从今以后，俺捞浮油，就不叫你喝泔水！

贾力更　（唱）

鹊靠窝鸟靠树牛马靠圈，

人缘生地不熟要靠叫街汉。

竿头　（唱）乞丐帮谋生存也要抱团，

众丐　（唱）喜竿头收来了王朝马汉。

第四幕　智取汽油

背景　四牌楼一侧，有商店，也有饭店，饭馆门首，挂招牌"仙客来"

（贾、阿、王三人次第上场，扮商人状，装作互不见，互不同路）

贾力更　（唱）八年来蒙古国苦学本领，

搞侦察施爆破样样在行。

有硫酸无汽油难制炸弹，

今日里定方案筹办停当。

（汽车鸣笛，马达响声，停车）

汽车司机　（下车，唱）

日本人今日里用车紧张，

营生多活儿累饥饿难当。

仙客来赶紧点吃口痨饭，

误不了装卸货形色匆忙。

（下车，进饭店，贾力更使眼色，王计禅跟进，出来后向贾力更点点头，示意司机已开始吃饭。贾力更向汽车走去，阿拉腾扎布迎面向贾力更走来，打照面）

贾力更　（向阿拉腾扎布打招呼）金掌柜，多时不见，发财！发财！

阿拉腾扎布　是你呀，唐老板，买卖兴隆吧！

（两人靠车头谈生意状，说话间，贾力更敏捷地拧开水箱盖，把一包白糖倒了进去，把盖拧好，二人走开）

贾力更　（唱）绵白糖倒进了汽车水箱，

　　　　　　　这出戏巧安排刚刚开张。

阿拉腾扎布　（唱）真佩服贾力更足智多谋，

　　　　　　　有技能有胆量不同凡响。

（贾、阿、王退后作逛街购物样，司机从饭馆门上场）

司机　（唱）这顿饭吃得我实在匆忙，

　　　　　　肚子疼满头汗臭屁乱响。

　　　　　　赶时间开马达奔赴货场，

（打马达）

　　　　　　这汽车今日里觉得异样？

（汽车如同病牛，轰油、喘气，走几步灭火）

司机　房漏偏逢连阴雨，船破又遇顶头风，今天这是见鬼了哇，我赶时间怕坏事，偏偏这车不济事，唉，这可怎么办！

（搓手，团团转，忙修车，鼓捣，发车，走几步，又不动，反复数次，无计可施，脸上抹了油腻）

贾力更　（走过去）

师傅，是车坏了吧？

司机　倒霉呀！修了半天也找不出个毛病，要耽误装货了，咳！

贾力更　不要着急，我帮您看看。

司机　您？

贾力更　（卷袖口）老弟，以前我也是干这个的，（拿起司机手里的工具。查电路，看油门）啊呀！水箱这么烫，快，换水试试！

司机　哦，我来，我来！（爬车底，画外音：放水声，起身，到饭馆打水，加水。上车，打马达，试行，一切正常，下车）

（唱）这位先生真是神，

　　　　马上找到车病根。

千恩万谢我心激动，

救急当下乃善念功。

这位兄长，谢谢您啊，您可帮我大忙了！（掏出香烟，恭恭敬敬递上，贾力更掏出打火机，咔咔咔，连打十几下，怎么也打不着）

贾力更　又没油了！

司机　我油箱里有的是，您灌点吧！

贾力更　（装作不好意思）使不得吧！

司机　没关系，您有瓶子吗？

王计蝉　（拿几个空瓶，急急跑上）唐掌柜，家里来了客人，快回去吧，我去打酒买肉！

贾力更　知道了，哎，等一下，把酒瓶给我一个（转身对司机）师傅，要不妨事，就少给点吧，谢您了！

司机　你是我的恩公，一点汽油不足为道。

（满满灌了一瓶，画外音液体进瓶声）

贾力更　（接瓶在手且躬身道谢）谢您啦！

司机　是我谢您才对！（上车，司机开车下）

贾力更　（唱）

有硫酸有汽油事半功倍，

定时弹在手中鼓舞欢欣。

随乞丐作苦力掩人耳目，

细侦察已得知军车靠停。

阿拉腾扎布，王计蝉二位兄弟，咱回高升旅店再行定夺。

（下场）

第五幕　甘作劳工

背景　关帝庙里，关公周仓等泥塑，竿头端坐供桌前，抽烟。其他乞丐斜躺顺卧

贾力更　（着乞丐装，灰头土脸，饥寒交迫状。上，唱）

拿破碗装乞丐可怜模样，

找竿头为只为填饱饥肠。

为报国忠贞士效死沙场，

屈尊严形肮脏又有何妨。

贾力更　落难人贾三见过竿头老大。

竿头　贾三，你是咋啦？咕咕鸠打断脖颈啦——灰头耷拉的？

贾力更　（坐到地上，唉声叹气）咱讨吃要饭的，真难啊，比登天都难，这两天实在饿灰了，头儿，求您可怜可怜，给咱想个办法吧！

乞丐　老大，军火库又雇搬运工了，要不让他去吧？

竿头　你能受了那个苦吗？

贾力更　给钱就干，再苦也比饿死强。

竿头　好吧，明儿个保你当上搬运工。不过……

贾力更　老大，您放心，贾三哪能忘了您呢？挣的钱有您的一半。

竿头　哈、哈、哈，好，这才像个样儿！

贾力更　（唱）

人道是世道不好存虎狼，

谁曾想乞丐帮里也一样。

更教我坚定信念跟着党，

扫不尽蛇蝎绝不下战场。

第六幕　卧虎湾军火库

背景　铁道道轨、军火库、铁丝网、炮楼、日本旗等

贾力更　（唱）

这一回进虎口生死未卜，

炸军火如荆轲有勇有谋。

拼性命卖苦力赢取信任，

定要叫小鬼子吃尽苦头。

（贾力更穿破烂皮袄，在入口岗亭前接受检查，搜身）

日军哨兵　你的，苦力的，老实老实的干活！

贾力更　（点头哈腰）是！是！哈依！哈依！

（火车前，众丐背军火木箱）

日军军官　（杀气腾腾）统统的卖力，金票大大给，捣乱的不行，死了死了的！

贾力更　（背大木箱唱）

　　　　叉道口到库房二里多路，

　　　　上百斤弹药箱百般艰苦。

　　　　腿打颤心发慌六神无主，

　　　　穷弟兄挣扎在黄泉之处。

　　　　监工狠鬼子残刀枪封路，

　　　　稍不慎皮鞭打头破血流。

　　　　泪封眼咬牙关舍死挺住，

　　　　为埋葬这魔窟舍罢血肉。

日本军官　你地，苦力的大大的好！

贾力更　（唱）

　　　　莫看你今日里气扬趾高，

　　　　打劳工骂乞丐不依不饶。

　　　　大丈夫能屈伸岂止今朝，

　　　　没几时定让你鬼哭狼嚎。

　　　　边搬货边留心仔细观瞧，

　　　　　子弹箱炮弹箱手雷不少。

　　　　分类别码三处齐整剁高，

　　　　留甬道鬼子兵明察分毫。

贾力更　（对搬运工）伙计们，轻点放！来，兄弟，放整齐些！

日本军官　你的，良心的大大的好，你的良民的干活！

贾力更　（唱）

　　　　放眼看重武器堆积如山，

战场上会酿成灭顶灾难。

每想起我同胞妻离子散，

总叫我贾力更痛断心肝。

趁鬼子不注意放心而去，

码剁成一空洞以图明天。

封洞口急得我一身冷汗，

只庆幸小鬼子不曾看见。

弟兄们，加把劲，争取把这挂车皮尽快卸完。

日本军官　你的，大大的好，金票大大的有！

贾力更　谢过太君！

（幕落）

第七幕　接头

背景　夜色浓，乱坟岗墓碑赫然，阴森可怖

贾力更　（唱）

夜色浓暮秋寒静夜森然，

野狼嚎鬼火燃蝉鸣荒野。

收罢工乱坟滩弟兄相见，

巧部署明日里背水一战。

（学布谷鸟叫）布谷！布谷！布布谷！

阿拉腾扎布：布布谷！布布谷！布布布谷！

贾力更　听暗号心激动急忙相见，

在敌营受磨难度日如年。

好弟兄又相逢万语千言，

乱坟滩来接头倾刻之间，（拥抱）

老阿，小王呢？

阿拉腾扎布　在那边警戒呢！

贾力更　东西带来了吗？

阿拉腾扎布　（拿出两个瓶和麻纸）这是汽油，小瓶里是硫酸，这是麻纸。

贾力更　（接过东西装在身上）明晚实施爆破，你和小王明天午后出发，到古店车站等我。

阿拉腾扎布　有把握吗？

贾力更　引爆不成问题，军火库库房相距二、三十米，弹药库一爆炸，彻底摧毁军火库不成问题，你们必须按时撤出，要轻装行动！

阿拉腾扎布　不行，太危险，我留下来接应你。

贾力更　人多反而不便，我懂点儿日语，情况也熟悉，没问题。

阿拉腾扎布　（依依不舍）老贾，小心啊！

贾力更　放心吧！（匆匆下）

阿拉腾扎布　（唱）

> 看老贾人枯瘦步履蹒跚，
>
> 为杀敌舍妻女又上刀山。
>
> 今晚别难预料能否相见，
>
> 洒泪水回旅店长夜难眠。

（阿拉腾扎布下）

第八幕　实施爆破

背景　卧虎湾弹药库

贾力更　（幕后唱，徐上场）

> 秋风劲百草黄满目苍凉，
>
> 苦劳工吐血亡揪人肝肠。
>
> 报深仇雪耻恨使命担当，
>
> 今日里定要炸魔窟豺狼。
>
> 老皮袄穿身上百孔千疮，
>
> 袖筒里藏硫酸汽油纸张。
>
> 这出戏冒风险刀横颈项，

为杀敌舍生死当仁不让。

日本哨兵 你的，站住！

贾力更 （掏出一盒香烟）太君，香烟，孝敬您的有。苦力的，金票的干活。

日本哨兵 （劈手打掉贾力更递来的香烟，撕住破皮袄领子往下扯，贾力更忙坐倒在地）

日本军官（上前趋步推开哨兵） 苦力的，大大的好。你的，良民的干活。

贾力更 （站起身，躬身）谢谢太君。

（一队劳工背箱上场，走场，下场，贾力更扛弹药箱唱）

脱关卡遭检查有惊无险，

暗庆幸昨日里取信于他。

今日里卖力气麻痹敌人，

叫敌人无法辨是真是假。

弟兄们，好好干，干好了咱好领工钱。

日本军官 你的，大大的好，皇军大大的喜欢！

（鼓点声中，搬运繁忙，下场，再上场）

贾力更 （唱）一日里为使命拼死拼活，

劳工们流血汗搬运不辍。

车皮空人累死只为饥肠，

我这里瞅机会安装爆破。

贾力更 弟兄们，工也快完了，咱可码放整齐呀，尽量让太君高兴。（摆放弹药箱，观察监工鬼子动向）

日本军官 吆西！吆西！大大的好！

（到门侧与另一日本兵说话）

贾力更 见鬼子警惕性有所松懈，

眼看得日西沉时不待人。

我这里搬开了预留空洞，

安炸弹且留神更要细心。

（拿出装汽油的长颈瓶子，将麻纸实实地塞在瓶颈处，而后倒入硫酸，封口堵上弹药箱，码放整齐）

画外音　收工喽！

贾力更　定时弹安装好心情激动，

　　　　　　收工号已响起忘却疲劳。

　　　　　　去领取工钱牌夜色笼罩，

　　　　　　小饭馆吃口饭静待引爆。

（随劳工下场）

第九幕　卧虎湾惊雷

背景　高升旅店，夜色

贾力更　（越墙进院，洗洗脸，换商人衣服）

画外音　平安无事！小心火烛！（梆子响数声）

贾力更　（坐桌旁，唱）

　　　　　　更声响夜已静心情激荡，

　　　　　　十点钟应该是火起炮响。

　　　　　　我这里数分秒前思后想，

　　　　　　不成功便成仁英名留芳。

（起身，检查备用的硫酸瓶，汽油瓶，唱）

　　　　　　十点后如若是爆破失败，

　　　　　　我决然闯库房亲自爆响。

　　　　　　这一去必然是粉身碎骨，

　　　　　　忠魂散也不让日寇逞强。

（坐定，闭目养神，入睡）

（背景火光冲天，响声震天动地）

贾力更　朦胧中耳听得惊天巨响，

　　　　　　望一望卧虎湾冲天火光。

今日里施暴破已然成功，

笑看那土肥原万般沮丧！

（收拾好东西，跨出门，迈步下）

第十幕　凯旋

背景　卧虎湾火光冲天，爆炸声不断，大同城北被烟火映红。

画外音　（警报声凄厉地鸣响）

贾力更　大同城卧虎湾火海一片，

鬼子兵和伪军乱成蜂窝。

人嚎叫警报响实施戒严，

我这里钻水道潜出城墙。

（走场几圈，唱）

走荒园穿山涧来到车站，

远望见好弟兄老阿小王。

激情烈心难平执手相见，

虎口中憾敌阵惊险品尝。

阿拉腾扎布　（握住贾力更手）老贾，成功了！

贾力更　此地离大同不远，必须尽快离开！

王计蝉　没有客车，怎么办！

贾力更　你们看，货车来了，咱扒货车走！

阿、王　好，就这么办！

（火车声、汽笛声、三人下场）

（画外音，歌声起）

卧虎湾、起惊雷，

孤胆英雄铭青史。

黄河滔滔唱赞歌，

青山巍巍作丰碑。

（剧终）

争厨神

（二人台小戏）

侯晓琴

人物 喜梅——女，40来岁，回龙湾喜梅农家乐老板

铁锤——男，40多岁，回龙湾铁锤农家乐老板

董书记——男，50来岁，回龙湾驻村第一书记

赵美桃（女）、钱铁小（男），舞蹈演员、村民若干

时间 中秋节前。

地点 黄河岸边回龙湾。

[布景 黄河岸边回龙湾村村口，远处是峡谷间浩渺远去的黄河，近处是一座擂台，擂台上方悬挂"回龙湾村首届厨神争霸赛"横幅，擂台左右各摆有一排桌子，桌上放着菜板、菜刀等各种厨具。

[幕后歌 哗啦啦的黄河水向东流，流到咱这里它调了个头。忽撒撒九月金秋到，黄澄澄五谷又丰收。打擂台，争厨神，妙手掌勺庆中秋。新农村有了新气象，新农民也要竞风流。[歌声中，曹书记与众村民捧各样瓜果蔬菜上。

曹书记 大家静一静，听我说两句。今年咱们粮食生产取得了大丰收，乡村旅游迎来了小高峰。为了迎接即将到来的中秋旅游旺季，打出回龙湾旅游的名气，我们特别举办了本次回龙湾厨神大赛评比，谁赢了这场比赛，谁就掌勺我们回龙湾中秋晚宴！（众鼓掌）经过两天的比拼，喜梅农家乐老板孙喜梅、铁锤农家乐主厨李铁锤脱颖而出，闯入决赛，下面让有请两位选手闪亮登场！

[鼓乐声中。铁锤头戴厨师帽，身着厨师服，挥舞菜刀从一侧上场。喜梅身着民族服饰，手拿铜勺铁铲从另一侧上场。

铁　锤 （念）身穿主厨大白袍，手拿青龙切菜刀。

厨神争霸我驾到，小猫小狗别挡道！

喜　梅 （念）身着农民本色袄，手拿铁铲和铜勺。

厨房天地我最大，何方妖孽赶紧逃！

[二人相遇，如武打般地过起了招，造型亮相。众人欢呼。

董书记 赛前亮相，剑拔弩张，本场比赛，精彩无双！下面请两位选手发表赛前宣言！

喜　梅 女士优先，我先来！

（唱）中秋晚宴选厨神，喜梅厨艺非常人。农家乐开张一年整，日日红火客盈门。若是大家将我选，六十四道大菜任君品。品罢美味手不空，八八折优惠卡送亲人。（掏卡）

众村民 好！

铁　锤 小恩小惠！

（唱）中秋晚宴选厨神，铁锤怎是落后人。农家乐开张十二月，月月订单数不清。若是大家将我选，不怕菜刀剁到手抽筋。打折卡那是小伎俩，消费券真金白银送上门。（掏优惠券）

众村民 妙！

董书记 （忙制止）赛前宣言，不是现场拉票；公平竞争，不搞歪门邪道！接下来，请两位选手操作台前准备，谁高谁低，比赛来分；孰优孰劣，厨艺来定！鸣锣开赛！

303

[锣声大响,众人分开两列。

董书记 第一关比拼热菜,黄河一绝:炖鲤鱼!(朝幕后)上鲤鱼!

(唱)黄河里生来黄河里养, 黄河里长成俏模样。 金鳞赤尾体梭长,色泽艳丽味鲜香。

[歌声中,歌舞演员端鲤鱼上。

喜 梅 (唱)炖鲤鱼要想味道香, 调料选择有主张。 辣椒剁得碎纷纷,去腥提味靠茴香。

铁 锤 (唱)要想鲤鱼炖得精, 石磨豆腐来加分。 软软的豆腐捧手上,菜刀翻飞切成形。

喜 梅 (唱)烹饪美味要细心, 火候掌握不分神。 鲤鱼更是河中精,细火慢炖出神韵。

铁 锤 (边撒调料边唱) 美味烹饪无诀窍, 调味全凭一颗心。失之毫厘谬千里,(突然失手,白)哎呀!

手抖心跳失水准。

董书记 好!时间到!下面请两位选手盛菜装盘,等待检验!

[喜梅、铁锤盛菜装盘,众村民伸长脖子,跃跃欲试。

美 桃 哎呀,不愧是回龙湾有名的农家乐大厨,鲤鱼炖得就是香。

铁 小 我咋看铁锤最后一下有点慌?

美 桃 慌不慌,尝了之后见真章!

董书记 有请大众评审团品尝投票!喜欢谁就往谁的身后靠! [喜梅、铁锤端鱼站于前方,众村民依次品尝,或竖拇指,或摇头。喜梅身后站起长龙,铁锤身后寥寥无几。

美 桃 钱铁小,你那舌头怕是有问题,铁锤的鱼那么咸,你咋还站他那头?

铁 小 老美桃,千人千味,我口重爱吃咸,咋啦?

喜 梅 (得意地)没水平就不要比,趁早认输不丢人!

铁　锤　（自找台阶地）一时落后不要紧，越挫越勇才男人！

董书记　第一局比赛结束，喜梅暂时领先。接下来进行第二局比拼——凉菜，小米凉粉拌苦菜！（对幕后）上食材！

（唱）黄河边生来黄河边长，黄河水灌出小米黄。野生苦菜是精灵，坡上坡下满地长。

[歌声中，歌舞演员端小米、苦菜上场。

铁　锤　（磨米浆，唱）新收的小米色金黄，颗颗饱满粒粒香。手工石磨来相助，磨成米粉味芬芳。

喜　梅　（摘苦菜，唱）手拿小铲上山梁，剜下苦菜一箩筐。苦菜普通功效大，降血降脂又降糖。

铁　锤　（摊米粉，唱）细火慢炖熬米浆，高粱箔上摊形状。薄如蝉翼精又光，咬在嘴里绵又香。

喜　梅　（烫苦菜，唱）凉粉苦菜好搭档，油炝辣子来相帮。滴上几滴窖沟醋，撒把香菜味无双。

铁　锤　（唱）凉菜讲究色与形，做法更在心中装。看家本领使出来，（掏小刀，雕刻）雕朵玫瑰加分项。

董书记　时间到！请两位选手盛菜装盘，大众评审团品尝检验。

[众人依次品尝，或点头，或摇头，明显看出给铁锤点赞的居多。

董书记　请选择。

[众人站位，铁锤身后人数较多。

铁　小　老美桃，你不是力挺喜梅，咋跑到铁锤这儿来了？

美　桃　谁做的菜好我挺谁，我这叫对事不对人！

董书记　美桃姐，那你说为甚选铁锤？

美　桃　说实话，味道俩人差别不大，不过这美食美食，先美后食，铁锤有心雕了朵花，这朵花，就是他的加分项！

铁　锤　（高兴地）知我者，美桃也！

喜　梅　（挖苦地）快不要咬京啦，上了几天农家书屋，还之乎者也，你认为你雕了朵玫瑰花，我看不过是狗尾巴！铁锤嘿，你这个人，输了就输了，不带人身攻击！

　　喜　梅　我就攻击咋了？凉菜不靠味道靠雕花，我看你就像大奸商！

　　铁　锤　咦，输了还不服气，咋，接着比！

　　喜　梅　接着比就接着比！

　　[二人又抢开架式，比划起来。

　　铁　锤　（唱）双刀舞得像飞花，铁锤大名震山乡。当年落魄穷困户，今朝迈步奔小康。烹饪专科学厨艺，五星酒店做羹汤。各样菜式我熟练，厨神非我谁敢当。

　　喜　梅　（唱）架起铜瓢和铁勺，喜梅身边两宝藏。当年夫死我守寡，全凭它俩度时光。白天炒来黑夜炖，冬天热菜夏日凉。饭馆开成农家乐，喜梅厨艺谁能挡？

　　铁　锤　（念）凉菜是我的长项，

　　喜　梅　（念）热菜是我的专长；

　　铁　锤　（念）我冷拼天下无敌，

　　喜　梅　（念）我热炒举世无双！

　　铁　锤　（念）我凉糕做的溜溜精，

　　喜　梅　（念）我伴汤熬得喷喷香！

　　铁　锤　（念）我力气大磨得动石磨，

　　喜　梅　（念）我心眼细捡得到野蘑。

　　铁　锤　（念）我会刀砍斧剁，

　　喜　梅　（念）我会煎炒烹炸。

　　铁　锤　（念）我十八般武艺样样精通，

　　喜　梅　（念）我七十二般变化件件熟练！

　　铁　锤　（念）我……

　　喜　梅　（打断）我甚我……

　　铁　锤　（念）你……

　　喜　梅　（打断）你甚你……

铁　锤　哎呀呀，好男不跟女斗！

喜　梅　呀呀呸，好女偏跟男争！

铁　锤　谁赢谁输，董书记说！

喜　梅　谁输谁赢，老百姓定！

[二人戛然而止，众人看得愣在一边，突然，爆发出一阵大笑！

　　喜　梅　笑甚笑？没见过犍牛和乳牛顶架，还没见过公牛和母牛掐架？

　　铁　锤　闹甚闹？没听过沙场无父子，还没听过上阵无夫妻？

　　喜　梅　（附和地）就是！（突然反应过来）不对，鬼跟你是父子，谁跟你是夫妻！

[众人又是一阵嘘声。

　　美　桃　（打趣）你俩快行了哇，谁知道今天的阎王和判子，是不是明天的老婆和汉子！

　　铁　小　（调笑）就是，这俗话说，寡妇光棍，一样的心病；光棍寡妇，一样的苦楚！快不要表演这个呼儿嗨啦，你俩快唱那个二人台哇！

[众人大笑。铁锤、喜梅（同时，不好意思地）呸！

　　喜　梅　美桃姐，我撕烂你的嘴！

　　铁　锤　铁小子，我踢断你的腿！

[二人欲追打村民，被董书记拦住。

董书记　二位不要生气，我也是这个提议。

喜梅、铁锤　（大感意外）董书记，你这是甚话？

　　董书记　哈哈哈，我是说，感情的事情可以慢慢培养，合作的问题马上商量。

　　喜梅、铁锤　合作？甚合作？

　　董书记　关于中秋晚宴的合作！

　　（唱）九曲黄河十八湾，最美不过回龙湾。远望群山耸云端，近观黄河碧浪翻。乡村旅游宏图展，节庆活动霓虹闪。眼看中秋又来临，回龙湾中秋晚宴不一般。两位大厨同携手，佳肴美味歌声喧。

莜面拌上紫皮蒜，

铁　锤　（接唱）辣得他满头冒热汗；

董书记　（唱）酸米汤泡上酸捞饭，

喜　梅　（接唱）美得他心里直赞叹！

董书记　（唱）胡油炸糕精又软，

铁　锤　（接唱）这一回算他解了馋；

董书记　（唱）黄河鲤鱼嫩又鲜，

喜　梅　（接唱）吃得他大眼瞪小眼。

董书记　（唱）农家乐办成万人欢，旅游业引来大发展！一条大路长又宽，五彩之梦色斑斓。

众　人　好！

董书记　铁锤、喜梅，只要你俩携手并进、强强联合，回龙湾中秋节会活动一定震动四周！你们看这个提议……

铁　锤　（激情澎湃，跃跃欲试）这个提议完全合理，我举双手赞成！

喜　梅　（泼冷水）合甚理？赞甚成？

董书记　喜梅，你不同意？

喜　梅　董书记，不是不同意，是要提防有些人的坏心意。

董书记　甚坏心意？

喜　梅　（对董书记）我跟他（指铁锤）只能是工作上的合作，不能有生活上的纠葛！

铁　锤　（背身，对观众）只要有了相处机会，我这个光棍还扣不开她这个寡妇的心扉？

喜　梅　你嘀咕甚？

铁　锤　我说，我铁锤大小也算个成功人士，趁火打劫的事情咱们不做！

喜　梅　还有一件！

董书记　哪件?

喜　梅　中秋不争厨神,今天却要排名!

铁　锤　咋排?

喜　梅　我第一,你第二!

铁　锤　为甚?

喜　梅　这个第一不是我要的,而是老话讲的!

铁　锤　老话咋讲的?

喜　梅　这老话不是说:喜鹊登梅……

众　人(接)　铁锤相随!

[铁锤一愣,旋即大笑起来。

[幕后歌起:九曲黄河水,不息流万代;几座烽火台,雄壮几千载。一道回龙湾,雄姿未曾改。满坡海红树,青春永常在。家乡换新颜,激情多澎湃;农村新未来,大路通天外!

(歌声中,众舞蹈,造型。)

我和青城有个约定

（小品）

茅耀光　　郭兴旺

人物　女导游，城里人，25岁，称：女（普通话）

男导游，郊区人，26岁，称：男（呼普话）

老知青，60来岁，称：客（普通话）

（北国青城。车站附近。人声吵杂中，女举着印有"青城旅行社"的小旗自边上。男摆动着上写"青城旅行社"的小旗自另一边上）

女　哎——各位朋友，欢迎您到青城旅游！我们青城旅行社，愿为您提供最佳的服务！

男　哎——草原青城敞开怀，欢迎朋友八方来。青山绿水好生态，好吃好喝好招待，为你旅游多愉快，青城人民献厚爱来献厚爱！

女　（假装反感地）讨厌！你怎么老跟着我？

男　（假装不满地）讨厌，我怎么能不跟着你？旅行社把咱俩分在一个组，那是让我来照顾你，（假装无奈地）我有什么办法！

女　哼！谁稀罕你照顾！旅行社是把咱们俩分到一个组，那也得保持距离！

男　为什么呀？

女　为什么？工作是工作，生活是生活！

男　亲爱的，咱俩的事情你家里人到底同意不同意？你不会是反悔了吧？

女　想一想吧，我得再考验考验你！

男　哎！看来是有戏！

客　（拎包打电话上）喂，女儿啊！爸爸已经到了，你就放心吧——呼和浩特，我又回来了！

女　先生，您好！您是来呼和浩特旅游的吗？

客　（一怔）哦，是啊，你是？

男　我们是青城旅行社的导游，欢迎您光临我们呼和浩特，希望有什么能够帮到您！

客　呼和浩特，美丽的青城，放眼望去，这就是一坐美丽的现代化大都市嘛！

女　是啊先生，我们呼和浩特这几年的变化可大了！

男　（接）说起我们呼和浩特这几年的变化呀，乃真是买牛没拿缰绳——捉了绝（角）啦！解放军头上的钢盔——铁了壳啦！

女　（埋怨地）你说的什么呀？人家都听不懂！先生，我们呼和浩特被誉为美丽的青城，她不仅是内蒙古自治区首府、经济文化的中心，也是一座历史名城，今年还被评为全国最美蓝天的第二名。

客　嗯！呼和浩特是个好地方啊！你们的真诚也让我再次体会到了青城人民的热情！哎，美女啊，你可不可以给我介绍一下呼和浩特这些年的变化啊？

男　（旁白）哼！亲近美女，远离男士！

女　先生，那我先给您介绍一下呼和浩特的名胜吧！

客　好！

男　甚？名声？乃还是我说唯！我们呼和浩特的名声乃可大了！古

有昭君和亲，后有成吉思汗。现在还有我们双龙头企业蒙牛和伊利，双双进入全球十强。乃真是：现代化乳业有劲气，离不开蒙牛和伊利！

女 （笑）真是驴头不对马嘴，牛角顶了驼尾！

男 我又哪句话说错了？

女 我说的是呼和浩特的名胜！先生，我们呼和浩特有草原秀色、黄河风光，有民族瑰宝、历史画廊，有大窑文化，还有塞外长城。

客： 嗯？塞外长城？

女 是呀，我们有秦长城、汉长城、金长城，还有明长城！

（男冷不丁掏出一副竹板，使劲地打起来）

男 竹板一打呱呱叫，先生听我来介绍。青城名胜有多少，听我说罢就知晓。七大召、八小召，召召建筑有绝招。

女 石头巷里席力图召，十八罗汉塑像高；山清水秀乌素图召，阴山古刹喇嘛洞召；红色遗址巧尔气召，五塔雄伟白塔高。公主府，成瑰宝。玉泉井水真奇妙。

男 南文庙，北文庙，月亮门下有通道。清真大寺走一遭，望月楼上月儿高，将军衙署气势豪，紧紧儿挨着立交桥。本人为你当向导，真心和你把朋友交来朋友交！

客 （鼓掌）好！小伙子快板打得好，说得也好啊！

男 过奖过奖！先生要是爱听，要不我再来一段儿？（举手准备再来）

客 不，我听说咱们呼和浩特现在冬天有很多好玩的项目，可不可以给我介绍一下啊？

男 好啊！我们呼和浩特将打造"冰雪文化旅游节""草原冰雪文化节""武川冰雪欢乐谷""冰雪哈素海""南湖湿地冰雪世界"为主题的盛大冰雪世界，而且呼和浩特被荣列为中国十大幸福城市，排名第四，欢迎全国的朋友来呼和浩特旅游！

女 对，冰雪世界还有冰湖刚捕捞上来的特色鲜鱼火锅，鱼肉鲜美可口，羊肉火锅肉嫩飘香，入口味美。一定会让您吃在嘴里，热在心里。

客　哦，太好了！那要是夏天来呢？

女　夏秋季你来到我们呼和浩特，我请您骑骑彪悍的黑骏马，乘乘温柔的白骆驼，看看神秘的敖包山，请您坐坐古老的勒勒车。拉拉悠扬的马头琴，唱唱深情的祝福歌，跳跳欢快的安代舞，我们再请您转转那升腾的红篝火。

男　我再陪你到乡下看看！骑骑清水河的小毛驴驴，吃吃武川人的莜面鱼鱼，尝尝和林县的炖羊蹄蹄，品品土左旗的鲜奶皮皮。对，再吃吃托克托的现炸油糕，和农家现炖的小笨鸡鸡！

客　嗯！地方饮食文化我也是很喜欢的啦！

女　要说青城地方饮食文化，更具民族特色！我们有大召美食街，玉泉区烧麦一条街，回民区清真美食一条街！还有更丰富的呼和浩特国际美食博览会，那里集聚了各地的美食小吃，你想吃什么就吃什么，准保您吃得香甜不想家！当夜幕降临的时候，呼和浩特又变成灯的海洋、彩的世界。你坐在蒙古包里边喝美酒边听歌，保你心里像团火！

（唱）爱上草原爱上你，爱上这简单让我着迷，爱上爱你这真实的感觉，让我走进你的梦里，和你在一起。

（献哈达）

男　（紧接唱）大青山高来黄河水长，草原青城是个好地方。

客　（接着唱）脆铮铮的山曲香喷喷的酒，香喷喷的酒，笑盈盈献给咱们好朋友。

男　啊呀先生！你就玄了，还会唱漫瀚调了？

客　是啊！（音乐起）呼和浩特！这座美丽的青城，是我的第二故乡。当年我们知识青年上山下乡来到这里，我就被这个美丽的地方和草原人民的热情所感染！我深深的爱上了这个地方！这里的天空，这里的绿地，是我这一生向往的地方，我曾经和这里有个约定，我的晚年生活一定要在这个美丽的地方度过！这次回来呢，我就不准备走了！

（音乐停）

女　哦，先生，原来是这样啊！那您是要在这里定居吗？

客　是啊！但更重要的是我要和你们共同来开发呼和浩特的旅游事业。

男女　好好好——

客　那现在还是先解决我的八大异地（蒙古语"吃饭"）的问题啦！

女　哦，先生，您是说您的吃饭问题吧？那我们请您去品尝青城最具特色的民族风味儿！

男　我请客！

女　我掏钱！

客　哎！不不不，你俩呀，我看出来了，喝喜酒的时候一定要告诉我，今天嘛，还是由我来买单啦！

（三人相视，哈哈大笑，下场）

莜麦熟了

（微电影）

侯晓琴　荣　杰

人物　周福平，男，50多岁，人称周扶贫，扶贫干部

王爱华，女，50来岁，周福平妻

周晓燕，女，20来岁，周福平女，心理学专业大学生

陈铁小，男，50多岁，某村农民

李招弟，女，50来岁，陈铁小妻

陈大勇，男，30来岁，陈铁小子

张美丽，女，30来岁，陈大勇妻

妮　妮，女，5岁，陈大勇女儿

王　强，男，40多岁，村支书

扶贫干部、追债债主、村民若干

01　成熟的莜麦地　日

一望无际的莜麦地，成熟的莜麦在微风轻拂下随风摇曳，收割后的莜麦地如五线谱般斑斓多姿。

身背牛仔挎包的周福平行走在蜿蜒的田埂上，望着丰收的莜麦地，不禁露出微笑。

出片名《莜麦熟了》。

02　莜麦地一角　日

周福平走在莜麦地边，不断有弯腰劳作的村民起身与他打招呼。

村　民　哎呀，周扶贫来啦？

周福平　来啦来啦，今年这莜麦收成不错吧？

村　民　不赖，今年雨水好，看这穗穗，一亩得多收上百斤。

周福平　那就好！

周福平抬眼看见一大片长势稀稀拉拉的莜麦，稍显奇怪。

周福平　哎，那边那片地是谁家的？

村　民　哦，那片啊，老陈，铁小子家的。

周福平　（若有所思）哦？陈铁小家的？

村　民　是，他家啊，唉……

村民正要说，周福平手机铃声响起。周福平接电话。

周福平　喂？

手机里传来噼里啪啦的麻将声。周福平眉头一皱，将刺耳的手机拿得离耳朵远一些。

03　麻将室　日

村小卖店麻将室，麻将声噼啪作响，王强正大声打电话。

王　强　周部长，人我给你找到了。

周福平　（电话里OS）找到了？在哪？

王　强　在小卖店麻将室。

04　莜麦地一角　日

周福平（打手机）　好，我马上过去。

周福平面色凝重地挂掉手机，朝路边走去。

05　麻将室　日

王　强　（生气地对众人）甚时节了，不回去收莜麦，打的个甚麻将？

众人停下手来。

村民甲　哎呀支书，我们也不想打了哇，老陈非让陪他一会。老陈这个情况……

王　强（打断）　快行了哇！

见众人停下，面无表情的陈铁小不耐烦地催促。

陈铁小　打打打，停下做甚！

王　强　打个甚打了！县委周部长找你！

陈铁小　甚周部长，我认不得！

王　强　老陈啊，你说你，你让我咋说你好！把你定为贫困户，要帮你脱贫，你咋这样？

陈铁小（不耐烦地）　支书，我谢你了啊，我不需要帮扶，你快去帮扶别人哇，啊！

王　强　你！这次是县委周部长亲自来帮扶你，你态度好点！

陈铁小　（神色黯然，破罐子破摔地）谁来我也不服，谁扶我也不动！我这情况没人扶得起。（对众人）来来来，接着打！（见众人不动，明白地）哦，你们不打是怕我不给钱是吧？我陈铁小这辈子都不会欠人钱！

陈铁小边说边站起来从衣兜裤兜里掏钱，掏来掏去就掏出点毛票，情绪越来越激动。

陈铁小　我有钱，有钱，我们家有钱。我儿子种树，开车，方向盘一转，给个县长都不干！有钱，有钱，没钱我还有树！

陈铁小情绪越来越激动，众人见状，偷偷溜走。

不知何时，周福平已悄悄进屋。

周福平（忙安慰）　老陈！

陈铁小（喃喃地）　有树，我有树！我有树哇！

周福平欲安慰陈铁小，激动的陈铁小嘴里嘟囔着夺门而出。

周福平等人忙追出。

06　树苗地　日

树苗地，陈铁小呆坐在地头，两眼无神地望着即将出苗的树苗林，脸上泛起悲痛的表情。

王强与周福平跟到树苗地，远远地望着坐在地头的陈铁小。

周福平　他儿子当年是卖树苗出的事？

王　强　是啊周部长，唉，好好一家人，日子正过得红火，谁能想到……

陈铁小从贴身衣兜里掏出一张照片，照片上的陈大勇一脸笑意。陈铁小双眼涌出泪花，泪滴滴落在照片上。

以下为闪回。

07　陈铁小家院子　日

奶奶招弟进进出出地忙着做饭。

媳妇美丽给女儿妮妮扎头绳。

大勇正在维护他的农用车。

陈铁小正在收拾他的农具。

美　丽　妮妮今天5岁啦，妈妈给妮妮扎个漂亮的头绳。

妮　妮　妈妈，我5岁了，是不是该过生日了？

美　丽　对啊，我们妮妮今天过生日！

妮　妮　我听幼儿园的小朋友说过生日要吃蛋糕，我也能吃吗？

美　丽　我的小馋猫香了蛋糕了？

妮　妮　爸爸，我想吃蛋糕。

大　勇　（疼爱地抱起妮妮）今天等爸爸拉完树苗，就去县城给妮妮买蛋糕！不但买蛋糕，还要买新衣服、新鞋子，过两年咱们还要修新房子！

妮　妮　（高兴地）哦，太好咯！

陈铁小　（望着眼前的一切，嘿嘿直笑，突然催促地）老板子，饭好了没？今天上午还要出树苗呀！

招　弟　（在屋内）好啦好啦，都进屋洗手吃饭哇！

08　树苗地　日

树苗地里热火朝天，大勇和铁小指挥一众村民挖苗、装车。

大　勇　（跳上农用车，对铁小）爹，我走了！

陈铁小　哦，路上慢些！

大　勇　（发动农用车）知道啦，你们勤挖树苗的哇，下午还得拉呢！

陈铁小　好！对了，别忘了给妮妮买蛋糕！

大　勇　记得！我走了！

大勇开车离开。铁小望着大勇离去。

村　民　老陈啊，你这儿子可真有本事，这一车一车往外拉树苗，可是能赚不少！

陈铁小心中高兴，面上却故作担忧：唉，都是贷的款和借的钱，几十万呀，甚时候还清了才算。

村　民　照你们家这干法，快！

铁　小　欢欢儿干哇！

09　铁小家院子　傍晚

陈铁小一家人做好了饭菜，妮妮不耐烦地在妈妈怀里哼哼唧唧。

妮　妮　爸爸怎么还不回来？

美　丽　我再给爸爸打个电话。

招弟、铁小焦急在院外张望。

美丽打手机，手机里一直提醒：您所拨打的号码暂时无法接通……

陈铁小的手机响起。

陈铁小接手机。

陈铁小　喂，支书？

王　强　（电话OS）老陈，大勇出事了，快去县医院。

陈铁小　（震惊）大勇咋啦？

王　强　（电话OS）车祸，别问了，你们快准备，我开车送你们去。

陈铁小被突如其来的消息惊呆了。

美　丽　（哭出声来）大，咋啦，大勇咋啦？

看到妈妈哭的妮妮突然也哭起来，嘴里嘟囔着。

妮　妮　爸爸不给我买蛋糕啦？

招　弟　老头子，儿子咋啦？

陈铁小　（木头似的）说出事了，在县医院。

招弟哇地大哭起来。

铁小反　（应过来）哭甚哭！走，去医院。

10　山道　夜

陈铁小、招弟、美丽抱着妮妮跌跌撞撞地在山道上行走。

妮　妮　（哭着）妈妈我们去哪？不过生日了吗？爸爸咋了不回来？爸爸不给我买蛋糕了吗？

王强开着面包车赶来。几人上车。

天色渐暗，在山路上盘旋的面包车渐渐被夜色笼罩。

闪回结束。

11　树苗地　日

王强陪着周福平在不远处望着陈铁小。

王　强　等我们赶去医院的时候，人已经没了。打那以后，老陈每天都要来这树苗地，他说他就不该同意大勇栽树。

陈铁小像一尊雕像似的痴痴望着大勇开车离开的道路，眼底满是思念和不舍。

回过神来的陈铁小用手抚摸着树干，仿佛在抚摸他大勇的脸庞。

突然，陈铁小像想明白什么似的飞快扭头就走。

12　陈铁小家　日

招弟痴痴地坐在炕头，手里拿着孙女妮妮和儿子大勇的照片，喃喃自语。

招　弟　唉，临到头，连张全家福都没有。

招弟突然开始在家中翻箱倒柜找东西，只见她打开所有的抽屉找出散落的照片。

招弟将找到的照片平放在桌上，拿出剪刀将照片上的自己、铁小、媳妇美丽、孙女妮妮、儿子大勇的照片一一剪下来。

招弟小心翼翼地将这些剪下来的照片全部贴在一起，做成了一张七拼八凑的"全家福"，望着照片，嘴角终于露出一抹微笑。

招　弟　嗯，这才像一家人嘛！

早已站在窗外的陈铁小冲了进来，暴躁地夺过招弟手中粘好的全家福，拼命撕烂。

陈铁小　让你粘，让你粘！他都不心疼咱们老两口，你还疼他作甚！

招弟发疯似的与陈铁小抢照片，哭喊着：你还我，你还我，那是儿子！

陈铁小　那不是我儿子，那是讨债鬼！

陈铁小说着扔下照片，夺门而出。

13　院子　日

气冲冲的陈铁小冲到放农具的地方一阵乱翻，手里提着一把镰刀头也不回地朝院子外跑去。

招弟急忙跟出，摔倒在地。

周福平与王强也赶到，周福平忙扶起招弟。

周福平 （对王强）快，你去跟着老陈。

招 弟 （边哭边喊）死老汉，别作孽呀，就那么点念想了！

周福平捡起落在地上的"全家福"。打开看后，将其放入背包后匆匆追出。

14　树苗地旁　日

陈铁小手拿镰刀冲到树苗地里，冲着树苗一阵乱砍。一霎时，一片树苗被砍得七零八落。

铁 小 （暴躁如雷，边砍边喊）我让你种树，让你种树，好好种地不好，非要种树！塌下那么多饥荒，你走了让我们咋活！

陈铁小泪流满面，手上也被树杈扎得满是鲜血。

周福平等人赶到。

招 弟 （痛苦地瘫倒在地头）老头子别砍了，你这是要了我的命啊！

周福平忙跑进地里制止陈铁小，泪流满面的陈铁小终于清醒过来，高高扬起的镰刀缓缓掉落在地上。

周福平拉着陈铁小坐到地头，点燃一根烟送到陈铁小嘴边。

周福平 老陈，心里憋活就叨啦叨啦吧。

陈铁小狠狠地吸了两口烟，眼神变得空洞起来。

陈铁小 儿子死了，魂儿也没了，又塌下那么多饥荒，要债的都追上门来了，周扶贫，我这日子还咋过呀，哪如死了算了。

以下为闪回。

15　陈铁小家　日

众人呆坐在家中，墙上赫然挂着大勇的黑白遗像。

胳膊上系着青纱的美丽神色惨然地抱着妮妮。

妮　妮　（带着哭腔）妈妈，爸爸呢？爸爸怎么还不回家？

听见孙女声的奶奶，捂着嘴在一旁痛哭。

木然的陈铁小呆坐一边。

16　陈铁小家门口　日

几个要债的蹲在铁小家门口。

债主甲　你说这大勇咋说没就没了。

债主乙　是了哇，上午还好好的，一下就给没了。

债主丙　唉，说不了车祸了，真惨！

债主丁　惨不惨哇这会儿人也没了，可他搞树苗种植借咱们的钱该咋办哇？

债主甲　你说这乡里乡亲的，咋开这口！

债主丁　咋开？该咋开咋开？咱们的钱哇又不是大风刮来的。你们进不进？你们不进我进呀！

说着他朝院里走去。其他几人也跟着进去。

17　铁小家　日

四人依次进屋，本就逼仄的家里越发显得局促。

四人互相示意，都等着谁最先开口。

债主丁　（支支吾吾地）那个，陈叔，这大勇，唉，他搞树苗借我们那钱……

陈铁小　（打断）放心，我还。

债主甲　陈叔，我们……

四人见铁小不再说话，四人忙起身去院子。

陈铁小进里屋去拿匣子里的钱，被招弟拦住。

招　弟　这是家里最后一点钱了，还是给儿子办完丧事的搭礼钱，你不能拿。

陈铁小　不能拿咋呀，欠债还钱，天经地义。

招　弟　儿子没了，咱还指着这点钱过日子了！

陈铁小　你过日子人家就不过日子了？人家借钱是情分，咱还钱是本分！

招　弟　（大哭）我不管本分不本分，大勇没了，天塌了！40万呀，可咋还呀！

招弟抱着匣子坐到地上大哭，铁小拽过匣子出屋。

18　院子　日

四人听见屋子里的哭声，面有不忍。

陈铁小抱着钱匣子出来。

债主甲　叔，要不你先用着？

陈铁小　用不上啦，拿走吧，只有3万，你们分。肯定是不够，差下的你们看这家里有甚值钱的，都拿走哇。

债主乙　叔，我们这也是没办法。

陈铁小　唉，都不容易。

屋里传来招弟更凄厉的哭声。

四人忙离开。

闪回结束。

19　树苗地头　日

周福平和陈铁小并肩坐在地头。

陈铁小　40万呀，我老两个咋还？要债的来了一拨又一拨，刚开始还挺客气，同情我们。到后来，这钱越拖越久，人家也不耐烦了，就开始搬东西，家里但凡值点钱的东西都让他们搬走了。儿媳妇受不了这罪，带着孙女走了。

以下为闪回。

20　院子　清晨

美丽一手提着行李，一手抱着妮妮从屋里出来。

妮　妮　（睡眼惺忪的）　妈妈，我们去哪？

美　丽　妈妈带你回姥姥家。

妮　妮　我想和爷爷奶奶在一起。

美　丽　听话啊！

妮妮哭闹起来。

妮　妮　我不走，我不回姥姥家！

美　丽　妮妮乖！

21　铁小屋子　清晨

痛苦的陈铁小和招弟靠在窗边望着院子里哭闹的妮妮。

招　弟　（悄声地）老头子，你就让她带着妮妮走？

陈铁小　不带走咋呀？让孩子留在咱家跟咱受罪？

招　弟　（努力忍住哭声）可是妮妮不想走。

陈铁小　（难忍痛苦地）不想走也得走！

招弟要出门去拦住美丽，被陈铁小牢牢拉住动弹不得，只得看着美丽带着妮妮离开。

22　院子　清晨

妮妮的哭声更大，挣扎着要回家，美丽痛苦地抱起妮妮，走出院子。

23　铁小屋子　清晨

见美丽和妮妮离开，陈铁小放开了招弟，招弟奔出门去。

24 院门口 清晨

招弟追到门口，看着远去的美丽和妮妮，瘫坐在地上。

招 弟 妮妮呀，我的孙女啊，你走了奶奶可咋活呀！

陈铁小 你错了，妮妮走了，她才能活呀！

闪回结束。

25 树苗地 傍晚

日落，火红的夕阳撒铁小脸上，越发显出他的孤独与苍老。

陈铁小 大勇没了，又送走了孙女，这家可就真不叫家了。混日子吧，能混一天是一天，混到哪天不想混了，我就去找大勇了。

周福平若有所思。

陈铁小起身。

陈铁小 周扶贫，你来扶我们家的贫，我们心领了。就我家这个汤水，别人都是绕着走，你也就别费力气了。

说完陈铁小便背着双手离开，一旁的招弟跟在身后。

王 强 周部长，在你之前，有好几个帮扶干部来帮扶过他，但是他一点都不配合，你说该咋办啊！

周福平 （感同身受地）哀莫大于心死，他心都死了，咋能鼓起劲头来？

望着陈铁小和招弟佝偻的背影，周福平陷入沉思。

26 周福平家楼道 夜

周福平进楼道，顺着周福平的视角，可以看到楼道拐角处堆满了用蛇皮袋子装好的土豆。

27 周福平家 夜

周福平进门，女儿晓燕忙迎上来帮忙拿拖鞋。

周福平　我回来啦！

晓　燕　哟，我们扶贫干部回家关心家属生活啦？

周福平换鞋，晓燕嫌弃地捂住鼻子。

晓　燕　哎哟，我说扶贫爸爸，你这是多少天没换袜子啦，熏死我了！

周福平　（嘿嘿一笑）这你妈可得作证，我天天换袜子，也呛不住每天走路啊！

王爱华　（端菜）快洗手吃饭吧！

周福平　（一边洗手一边问）这一天，可给我饿坏了，晚上给吃点甚？

晓　燕　（狡黠地一笑）你自己看看就知道了。

周福平坐在桌前，发现桌上摆着的全是土豆。

周福平　（郁闷地扒拉桌上的菜）煮土豆、炒土豆丝、土豆烩菜，怎么全是土豆，就没点儿别的？

晓　燕　（无奈地拿起一个煮土豆，边剥皮边说）哎哟，我的扶贫爸爸，您看看楼道里你买的那贫困户的土豆，天天吃都够吃到明年了。我们发扬风格吃土豆，省下那菜钱，您好接着帮扶去！你说我们这算不算变相扶贫？

周福平　（忙满脸堆笑地）算算算！

王爱华　（也无奈地说）光靠你一个人能买得了他们多少农产品？还是得找销路！

周福平　（边啃土豆边说）对，得找销路，要不你明天问问你们单位？

王爱华　（一时语塞）你……我……唉，好吧，明天我问问。

周福平　（突然想起来什么，对晓燕说）对了，晓燕，你学的是心理学，我有个问题要问你。

晓　燕　（一本正经地）哟，扶贫爸爸有问题了，问吧！

周福平　如果一个人受的打击太大，家破人亡一蹶不振，该咋帮助他？

　　晓　燕　如果是心理上的打击，肯定得从心理帮扶开始。得帮助他重拾生活的自信。

　　周福平　咋拾？

　　晓　燕　比如说，改变他的生活环境，满足他的愿望。

　　周福平　（若有所思地）改变生活环境？嗯，有道理。

　　周福平放下碗筷，起身进房间。

　　王爱华　（奇怪地）咦，咋了这是，不吃了？

　　晓　燕　（摇摇头）妈，别管了，肯定又去安排工作了。

28　书房　夜

　　周福平进屋，拿出手机，拨通电话。

　　周福平　小王，你组织单位的扶贫工作人员，过几天一起去帮扶对象陈铁小家。

　　挂完电话后。

　　周福平　（大喊）晓燕，晓燕？进来一下。

　　晓燕进屋。

　　周福平　（一本正经地）晓燕，爸爸有件事想找你帮忙。

　　晓　燕　你说。

　　周福平　你看是这么个情况，我有个帮扶对象……

　　父女俩就着灯光商量，窗户上映出两人的身影。

29　城市街道　日

　　一组展现晓燕活动的镜头。

　　某照相馆外，晓燕推门而入。

　　晓燕拿着照片推门而出。

　　晓燕拿着照片向路人打听，路人给她指路，晓燕向人道谢。

30 陈铁小家 清晨

陈铁小还在床上躺着，突然传来"唰唰唰"的声音。

陈铁小翻身起来，从窗户上往外看，发现了院子里不知啥时候来了一群人，正在给他打扫卫生、整理农具。

31 院子 清晨

周福平手拿笤帚正指挥着众人打扫院子。

周福平 把那农具也给摆整齐了。

陈铁小 周扶贫，你这是干甚？

周福平 不干甚，打扫打扫卫生，住得不整洁，心情就不舒畅。

招弟忙抢过周福平手中的扫帚。

招 弟 周扶贫，这咋好意思，让娃娃们给我们打扫卫生。

小 王 没事阿姨，我们就当锻炼身体了。

陈铁小欲拿过簸箕，周福平拉住他。

周福平 老陈，让他们弄吧，你带我去地里转转。

陈铁小 去地里？

周福平 对，去地里，我帮扶你们家，总得知道地里种了点甚吧？

32 地头 日

陈铁小带着周福平来到一大片莜麦地旁。

望着莜麦地里稀稀拉拉的莜麦，陈铁小心痛不已。

陈铁小 这一片都是我家的，可是儿子死后，我也没心情打理了。看这莜麦长得，哎，多施一遍肥，肯定长得比这好。

周福平 老陈，大勇的事情确实让人难过，可事情已经发生了，人死不能复生。他走了，咱还活着呀，活着就得好好过，你说是不？

陈铁小 周扶贫，我想好好过来着，可塌那么大的饥荒，要债的都快把门槛踩断了，我能咋呀？

周福平　饥荒不要紧，怕的是你没有战胜它的信心。

陈铁小　信心？

突然传来妮妮的喊声。

妮　妮　爷爷！

陈铁小愣在那里，当他转过头来，看见儿媳妇美丽正抱着妮妮站在那里。

美　丽　大，我们回来了。

妮　妮　（朝铁小跑来，大喊）爷爷，爷爷！

陈铁小　妮妮，真的是我的宝贝孙女妮妮。

妮　妮　爷爷，我好想你啊！

陈铁小　爷爷也想你啊！

妮　妮　爷爷，我要和你在一起，我不走了！

陈铁小　不走了，不走了！咱们谁也不许走了！

陈铁小抱住妮妮痛哭起来，美丽也在一旁抹着眼泪。

陪在一旁的晓燕暗暗朝父亲竖起大拇指。

33　陈铁小院子　日

经过打扫的院子焕然一新，一众扶贫干部还贴心地在窗户上贴上窗花，在院里拉上彩带，桌子上摆着一个大蛋糕和一堆礼物。

陈铁小抱着妮妮回到院里，妮妮大叫着跑到桌前。

妮　妮　爷爷，蛋糕！这是不是爸爸给我买的蛋糕？

陈铁小感激地望向周福平，周福平向他投以鼓励的眼神。

陈铁小　（一把抱起妮妮）对，这是爸爸给你买的蛋糕。

周福平从包里拿出一个相框递给铁小。

陈铁小看到相框里的照片后泣不成声。

只见那张被陈铁小撕掉的照片又被重新粘合，而且经过了电脑处理，完全看不出破损。

照片中的一家人团团圆圆，和和睦睦。

一旁的美丽和招弟早已泣不成声。

美　丽　大，妈，我把妮妮带回来了，让妮妮陪着你们吧。

招　弟　哎，好，好好好！

小　杨　妮妮，吹蜡烛好不好？

妮　妮　好！

小杨点燃蜡烛，妮妮高兴地吹灭蜡烛，众人开怀大笑。

34　莜麦地边　日

晓燕陪着爸爸走在莜麦地边。

晓　燕　爸，你这招"扶贫先扶心"真高。我看他们一家人，肯定能在脱贫致富的道路上，齐心协力向前奔了！

周福平　多亏了你这个心理学的大学生帮忙！

晓　燕　嗯，是呢，让我去弄相片，还让我去找妮妮。你打算怎么犒劳我？

周福平　扶贫还能谈条件？

晓燕哑口无言。

周福平狡黠地笑笑，望着一望无际的莜麦地：看看，莜麦熟了。

35　莜麦地　日

众人拿着农具朝莜麦地走来。

领头的陈铁小抱着妮妮，脸上露出久违的笑容。

周福平　我干点甚？

陈铁小　佘太君百岁帅旗舞，你给我们当指挥！

周福平一下跳进莜麦地。

周福平　可我更爱割莜麦！

众人大笑。

36

一望无际的莜麦地，叠映扶贫工作照，展现武川县扶贫工作所取得的成绩。

出字幕　在帮扶队的帮助下，本剧原型霍石柱重拾生活信心，通过出售树苗、种植经济作物、饲养家禽等方式，年收入达8万余元，已还清20余万欠款。

出演职员表。剧终。

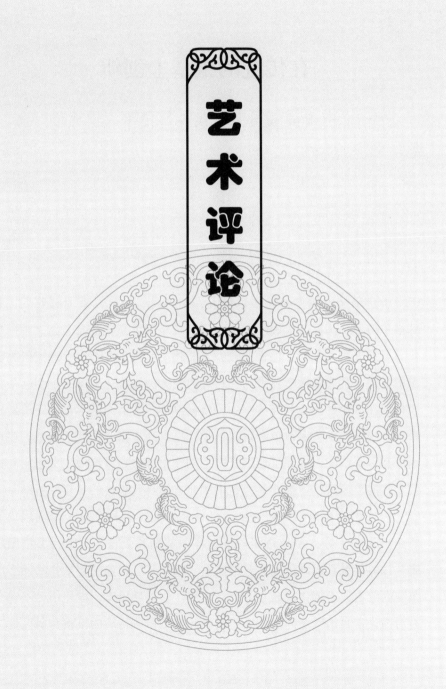

艺术评论

在传统的根基上创新

——记中国剪纸国家级代表性传承人段建珺

陈　竟

　　段建珺是内蒙古和林格尔县人，中国民盟委员，系中国剪纸（和林格尔剪纸）国家级代表性传承人（2012年国家文化部命名），中国当代著名剪纸艺术大师。他长期致力于非物质文化遗产传承、理论研究和保护实践，其成果被学界誉为"打开内蒙古剪纸文化宝库的金钥匙"。段建珺在多年的民族剪纸传承中，将深厚的传统剪纸艺术基因完美地交汇融合于个性的艺术审美和表现当中，极大地丰富和拓展了剪纸的表现语汇和审美空间，达到了新的高度，创作出许多具有浪漫主义色彩和恢弘大气的草原风俗剪纸作品，是中国北方极具代表性的"草原剪纸"大家。段建珺以及他创作的大量剪纸作品，如《春到草原》《驯烈马》《西口长歌》等，曾荣获国家级等各项奖励和荣誉。其中，《草原雄鹰》2001年荣获中国民间文艺最高奖"山花奖"，他的剪纸作品还多次荣获内蒙古艺术创作最高奖"萨日娜奖"。长期以来，段建珺还不遗余力对内蒙古自治区境内濒临失传的民族剪纸做了持续的抢救和研究性工

　　★陈竟：南京大学教授，著名民俗学者，原中国民间剪纸研究会秘书长。

作，他担任过多项国家级或省部级非遗项目的主编或专项课题研究主持人，如担任内蒙古自治区文化长廊工程《蒙古族传统美术大系·剪纸》的学术主持人和编撰者，在学术界首次科学、系统地对古老的蒙古族剪纸文化遗存进行了抢救性梳理和论证；由他编著的国家社科基金特别委托项目、中国民间文化遗产抢救系列重要成果之一——《中国民间剪纸集成·和林格尔卷》是"新中国成立以来我国少数民族地区第一部剪纸专项集成，它的完成填补了我国少数民族地区非物质文化遗产工作的一项空白"（靳之林语），为我国的非物质文化遗产抢救、保护工作留下一笔宝贵的精神财富；段建珺现为中国民间文艺家协会理事、中国民间文艺家协会剪纸艺委会副主任、中华文化促进会剪纸艺委会副主任、内蒙古民间文艺家协会副主席、内蒙古剪纸学会会长、南京大学民俗研究所高级创作研究员。

我结识段建珺是在21世纪初，他给我留下了深刻的印象：淳厚、朴实、好学上进、事业心强。尤其是2002年在北京中央美术学院召开的"中国高等院校首届非物质文化遗产研讨会"上，我与他就剪纸的传承和创新等问题做了深入交流。其中，我对他长期深入乡村牧区，向民间剪纸学习的传承和创作态度，给予了充分肯定。于是他更加坚定了学习传统、学习民间的艺术创作信念。段建珺自幼便学习剪纸等本土民间文化，多年来，他不辞劳苦，深入农村牧区，遍访民间剪纸艺人，并虔诚地拜他们为师。段建珺受过高等教育，奠定了良好的文化艺术素质和基础，同时在向民间剪纸传承人深入学习的过程中，对民间剪纸产生了更为深厚的情感，他不断从民间剪纸艺术中汲取营养，在剪纸传承和创新上有了突破性发展。创作出既具有传统剪纸内蕴，又极富草原时代气息的，在全国有影响的一系列优秀剪纸作品。如《马头琴的传说》《敖包相会》《驯烈马》等，以其独特的表现语汇和审美情趣，再现了草原的无限生机和浪漫境界。

近年来，段建珺在当代剪纸的艺术表现及诸多问题上进行了勤奋而艰苦的探索和尝试。他认为：当代剪纸艺术不论如何创新，其本源的剪纸造型、表现及审美精髓不能丢；十句话的内容用一句话来表达，且要言中要害，言之有味，味之无极。这种审美认知和传承创新实践在他的剪纸《春到草原》（此作荣获第二届国际剪纸艺术展金奖）、《马背祝福》等作品中得到了很好地诠释。作品取材于春天草原里年轻牧人赛马的生活场景。在那激荡回旋的热烈氛围中，力与美的真谛得到了最为鲜活的展示。

段建珺的剪纸具有强烈的艺术感染力，体现出鲜明的艺术个性和灵性的生命感悟。他的剪纸在表现上多用阴剪，具有阴山岩画独特的"影绘"艺术特质，内部刻画也极尽简约，呈现出一种古拙浑厚，丰雅灵秀的鲜明个性，简约而不失厚重，单纯而不失凝炼，静中有动，动中显静，颇耐人寻味。在他的作品中所表现出来的是充满生命张力、充溢着浓烈草原生命气息的艺术之美，在剪纸界产生了重要影响，享誉海内外。近年来，他的作品不但得到农牧民的喜爱，也得到众多社会名流的收藏，还成为收藏界争相珍藏的佳品，有的被中国国家博物院等馆院收藏，有的选入国家邮政局发行的邮票，在全国发行。

此外，段建珺还积极从事剪纸艺术的组织工作，创造了内蒙古民族剪纸艺术的大量成果。在长达30余年的剪纸文化传承和保护中，他立足家乡和林格尔，凭着对中国优秀传统文化的热爱，深入农村牧区，对内蒙古自治区境内濒临失传的民族剪纸做了持续地抢救性挖掘和保护工作，创立了著名的和林格尔剪纸文化品牌。其中，数以十万计的珍贵剪纸和诸如张花女、康枝儿、白音仓、邢素珍等大批国宝级传承人得以保存和发现。其中，有不少堪称珍品，甚至为孤品，成为后人研究内蒙古剪纸的珍贵原始资料，被众多专家誉为"打开内蒙古剪纸艺术宝库的金钥匙"。多年来，段建珺还应邀为中国地质大学、中央美术学院、南京大学、内蒙古师范大学、内蒙古工业大学、内蒙古农业大学、丹麦安徒生博物馆、瑞典斯德哥尔摩大学孔子学院、马耳他中国文化中心、塞舌尔大学、毛里求斯中国文化中心、巴黎库尔贝艺术中心等国内外大、中专院校、团体做中国传统剪纸专题讲座和展演60余场（次）。多年来，组织作者参加全国和区内各种形式的剪纸文化活动，使内蒙古剪纸在国内剪纸艺坛独树一帜。在他的带领下，协会积极抢救、保护、创新民族剪纸艺术，为内蒙古的非物质文化遗产抢救工作，甚至是全国的剪纸艺术抢救工作做出了重要贡献。

段建珺剪纸传承实践的成功，是"站在巨人肩上的起步"，这个"巨人"就是传统民间剪纸。在传统与创新、继承与发展的关系上，段建珺处理得很好。段建珺的剪纸传承和创作道路，为全国广大美术工作者学习民间剪纸，创作出具有传统剪纸文化精髓，又融汇时代气息和地区特色的现代剪纸艺术作品树立了典范。

段建珺如同草原上的雄鹰、骏马。祝愿雄鹰高飞，鹏程万里，也祝愿骏马当先，万马奔腾。

青城的背影

张志刚

呼和浩特汉译为青城，已经有400多年的历史了，历史积淀凝结，为我们赢得了历史文化名城的美誉，再加上历代文人骚客演绎，青城更增添了几许魅力。一天下午，去贾勋先生家取文学史稿，先生赠我签名钤印的散文新作——《青城风物过眼录》。没想到这本书拿起来就放不下了，感激之余，书就常在枕边相伴。品味先生的大作，尘封多年的历史一下子鲜活起来，青城仿佛从遥远的旷野中走来，正与我们擦肩而过，等到想与她招手致意的时候，我们只能回望她的身影了，而《青城风物过眼录》一书正好给了我们驻足凝望青城苍凉背影的机会。

贾勋先生涉猎广博，再加上对青城风物名胜、街巷建筑、掌故历史的熟谙，使他在行文的时候如数家珍，游刃有余，引领我们行走于亭台召庙、穿梭在溪桥烟柳。那些寻常巷陌，经先生之笔点化，文化气息顿生，那些风味小吃，品咂之余也平添了醇厚的历史韵味。

根源于根深蒂固的故园乡邦情结，孕育出清丽秀美的这册文化散文，就连每一辑的小标题都充满了诗意，"又见青冢拥黛时"写名人与青城的历史掌故，"深巷明朝卖杏花"描摹青城街巷，"召城风物何处觅"可视为对召城建筑的文化解读，"小部梨园同上国"见证了青城戏曲的繁荣历史，"紫塞风流拟六朝"可以说是青城匾额书法绘画的艺术大观，"何当共剪西窗烛"则直取义山七律《夜雨寄北》，皆为怀念师友的篇什。其间每一篇都浸润着先生的心血，灌注了他对故乡青城的深情。如果不是对这块土地情有独钟，对这里的人事怀有雅趣，可以说就没有这样的文字面世。

贾勋先生生于青城，长于青城，与青城相伴至今已有83载，"不管寄身何处，自己永远是放在天上的风筝，线的另一端，就是牵系着心灵的故乡的一切影子"，正是由此才激发出诗人的创作热情。这些饱含深情的文字，再现了塞外青城浓厚的文化氛围。读了该书之后，顿然唤醒了沉睡在脑海中的这座城市，原来竟可以变得如此亲切，如此动人，惊喜之余不由惊叹先生驾驭语言的这种魔力。

"驼峰上摇着呼和浩特的童年，忧思里灌满浑浊的泥沙。"这是先生的诗句，从某种程度上来说可以窥见其为文的基调。他的散文篇幅都不算长，却具体而微，为文兼具理性与诗情，语言简练而不失华美。但清新、雅趣绝不是他散文的全部，对于人为斩断历史文化的做法，他心中的难言之隐和无奈之情也是显而易见的，《孤独的小召牌楼》一文有言：

"给老百姓盖高楼、拓马路当然是天经地义的事。所惜者，这样一来，像这样的古老建筑，就像一位孤立无助的华贵老妇，委身街头巡视着周围车水马龙以及背后的洋式建筑，其心情的苦寂可想而知。"

先生对于被1959年大水冲垮的牛桥，字里行间流露出钟爱之情，如果不是经年累月的细致观察，断然不会出现这样的神来之笔："在我的印象中这座有别于江南俏丽风格的石拱桥，极具审美价值。它那石墩石拱的半圆形三孔造型，好像想象中一峰定格后的黛青色骆驼，它伟岸端凝、厚重，大有北国汉子的雄峻之美。"

那"定格后的黛青色骆驼"一语，就把牛桥写活了，相信读过此文的人头脑中也会定格这座桥的倩影。对于文化古迹的消逝，先生只能唏嘘感慨，徒唤奈何。青城的古迹有许多已经灰飞烟灭了，后来者想一睹芳容已经没有可能。所幸该书还为历史留下了几许剪影，也为这座历史文化名城增添了厚重感和说服力，否则我看很多人未必相信青城还有这么富有意蕴的景致。果戈理曾经说过一句耐人回味的话："当歌曲和传说都在缄默的时候，只有建筑在说话。"建筑并不是美丽的女人，不会经过岁月的沧桑人老珠黄，相反，颓颜华发更能显示其独特的风韵。自然，历史是无法假设的，也是不容改变的，无论当初多么热闹，弹指一挥，云烟散尽，留存下来的只有人们的记忆。贾勋先生这册文史并重的散文集，正好为我们留下了珍贵的记忆。皮之不存，毛将焉附？所幸青城还是保留下一些著名建筑的，例如白塔、大召、将军衙署、清真大寺、公主府、五塔寺等。几百年后，后来人会驻足倾听这些建筑默默地诉说。如果没有这些建筑，青城将会变得只有历史没有文化，假若没有这些人文历史勾勒青城的过往和轮廓，记忆到那时也会显出轻浮和苍白。

"青城最好的知识分子贾勋，边活，边忆，边唱，他活得凄苦，忆得深切，唱得哀婉，他是用生命给青城的文史唱一曲荡气回肠的挽歌。"熟悉贾勋先生的人想必对李悦先生的这番话怀有同感。文章憎命达，生活的折磨没有把他摧垮，反倒孕育出秀美的诗文，在散文中看不出纤毫个人的愁苦，他把青城最美的一面呈现在世人面前。李悦先生曾经赠诗给他，其中两句为人所乐道："人瘦成了一朵菊花，却把青城扛在肩上。"君子固穷，这是一种抗争，是一种坚守，是惨淡经营的执着，是负重深耕的坚韧，是恃才放旷的超脱。一个人心中的所信所守，到底能够坚持多久，这是人之所以不同的根本所在。正是由于这种坚守，他的艺术才情得以展现，诗歌、戏剧、散文、书法均成就斐然，也正是由于这种坚守，才成就了他的人格魅力。先生在青城文坛上的名望是有口皆碑的，回族作家代林在《捧芳香故土，抒赤子情怀》一文中说："先生为青城文化赓续数十年如一日，俯首耕耘，虽劳绩不小却不事张扬，赢得同道的尊敬和认可。"诚哉斯言。

　　贾勋先生没有延请名家为自己的著作撰写序文，也再次彰显了其为人谦和、不事张扬的品格。其实，作家是靠作品说话的，断然不是炒作出的。封面素朴的装帧据说也是先生的创意，浅黄色封面最下端浮现出了大召金色的琉璃顶，似乎让人回想起召城往日的容颜。打开扉页，先生钤印时的泰然自若就会立刻浮现在眼前，这三方印章也会让我回味良久。尽管三方印章在艺术上有高下之分，但蕴含其中的雅致却让人浮想联翩。签名处纤细却错落有致的朱文小篆"贾勋"二字正与他的清秀契合如一，还有一方朱文篆书印"纵一苇之所如"，是他的同窗艾融所镌，不知为什么，这方印常令我想到文字驰骋潇洒与自由的苏东坡。但信马由缰的文字，终究没有归宿，贾勋先生的文字更多的是受心灵的指引自然流出的。扉页上方偏左钤了一方白文印"见证青城"，再次让人回味这实实在在的人生笔录，贾勋先生用80余年的经历为我们讲述他的"印象青城"，读罢全书会有一种想把青城分享给更多人的冲动，更会懂得"见证青城"这四个字的分量。

本土著述简介

《回望驼城》内容简介

李樱桃

　　邓九刚童年时就听父亲说过，在后草地曾经有一条商道从那里穿过（他生活的城市呼和浩特北面横亘着一条山脉——大青山，从大青山北麓向北是绵延不绝的草原，被当地人称作后草地）。那是一条由商人和驼夫的双脚、商队骆驼绵软的蹄掌、马匹角质的硬蹄踩踏出来的道路。这条道路由归化城（今呼和浩特）出发，穿越茫茫的蒙古高原和极寒的西伯利亚大地，向着太阳沉落的西方挺进，越过欧亚大陆的分界岭乌拉尔山，一直通向欧洲历史名城莫斯科。这条被呼和浩特人称作驼道的道路，就是后来著名的茶叶之路，习近平主席把它称为万里茶道。

　　为了寻找这条驼道的有关信息，邓九刚骑着自行车走遍了呼和浩特的大街小巷；为了寻找它，他或骑马，或乘骆驼，或坐汽车、火车，从呼和浩特到山西的太原、平遥、祁县、太谷，直到湖北的武汉。他追寻的足迹沿着北京通往莫斯科的铁路一直延伸到俄罗斯境内。为了寻找它，邓九刚花掉了无以计数的美好时光。在呼和浩特市档案馆保存的那些几十年未曾有人翻动过的落满灰尘的历史文献的故纸堆中，在许许多多老人的回忆中，他找到了一个又一个证据，证明散布在大地上的驼道确确实实存在着。

整个清代，四通八达的驼道使归化城成为八方通衢之地。无论是中原、沿海、南方诸地，还是遥远的欧洲城市莫斯科，人们对归化城这个名字都不感到陌生。莫斯科人习惯把呼和浩特称作科科斯坦。400多年的漫长时间里，在北京、天津、汉口、库伦（今蒙古国乌兰巴托）、恰克图（俄罗斯城市，俄语意为"有茶叶的地方"），人们每天都可以看到来自归化城的驼队。从北京、天津、汉口的老照片里都能找到骆驼的踪迹。为了记录这些真实的存在，邓九刚创作了《回望驼城》一书。

《回望驼城》讲述了15世纪中期到20世纪中前期，以"驼城"归化城（呼和浩特）为起点的茶叶之路的故事，详细记录了茶叶之路的行程路径、驼队生活、贸易交流、驼商趣闻以及明代以后蒙古高原的政治、经济、文化的发展情况。书中既有召庙文化对茶叶之路的影响，又有阿勒坦汗、康熙帝、彼得一世等人与茶叶之路的历史渊源；既有对牙行、"桥"市繁荣的生动描写，又有对中俄商贸交流的翔实记录，是一部真实反映呼和浩特城市发展历史、中俄商贸交流和中国商人创业史的著作。

《回望驼城》分为驼城寻梦、归化城的桥、茶叶之路在草原上的经济带、驼城的记忆4章，每章有若干节，约23万字。本书内容极其丰富，涉及面广，可以说无所不包。它集商贸、文化、政治、民族、宗教、民俗、自然、地理、历史、建筑等多方面内容于一体，是读懂呼和浩特的百科全书，也是打开驼城神秘宝库的金钥匙。

《额博散文集——呼和浩特往事》内容简介

李樱桃

　　20世纪50年代，额博出生于呼和浩特市新城区西落凤街37号大院。民国时期，这个院子是绥远省政府财政部长的官邸。他家对门是绥远著名满族武术大家关德山的武馆，西边是三清道观，东边是绥远省政府主席董其武的公馆。听老辈人讲，他家所在的这条街，乾隆皇帝的时候叫庆丰街，后来由于慈禧太后在此住过，清代末年的绥远将军便将庆丰街改成了落凤街。

　　在额博的记忆中，呼和浩特市有新旧两座城，两座城相隔2.5公里。新城是一座方方正正的城，像一个棋盘，有26条大街，26条小巷，还有4座城门。城正中建有钟鼓楼，鼓楼西街是清朝绥远将军办公、居住的带有后花园的四进大院衙署。鼓楼南北大街是商业区，东南角有一家清和园烧卖馆，西南角是永盛全酱菜园，这里的酱黄瓜、酱芥菜、八宝菜十分有名。南街有拐计伙的杂货铺，还有中药铺、铁匠炉，回民二福才焙子铺，南门里前巷是培养满族八旗子弟的白山书院，北街两旁有卖酱马肉的小馆子，还有杠房、豆腐房、棺材铺。

　　新城的官衙多，不像旧城的商业娱乐那么发达，有许多的商铺、戏园，所以新城人闲暇时特别喜欢逛旧城。每天清晨，新城鼓楼晨鼓一响，西门（阜安门）一开，新城的老人、妇女坐着轿车，新潮人骑上洋车鱼贯而行去往旧城。从旧城北门一进大北街，各行各业的商铺、酒肆麟次栉比。一大早到了旧城，正赶上大北街万盛永百年老汤酱牛肉出头锅肉，香满一条街。到了旧城后，有钱人到大什字德兴源老字号吃烧卖、喝砖茶，没钱人则到大召前赶庙会。女人们好吃一口大召前吊的粉皮，这里的粉皮，晶莹剔透，调上水萝卜、黄瓜丝，浇上山西老陈醋，再来一点芥末，吃起来清爽麻辣直冲脑门，让人神清气爽、胃口大开。有人爱逛人市旧货摊，逛完后中午吃上一碗大召过油刀削面。喜欢听评书的，就在大召东仓听王芬年的评书。讲究吃喝的，都要到大南街麦香村品尝大厨吴明的拿手菜过油肉、乌素图杏木烤方子、蝴蝶烧海参。夜幕降临，晋剧戏迷们一定得到大观园，听晋绥名伶康翠玲的拿手戏《打金枝》。

呼和浩特市是座文化底蕴深厚的城市，也是个有故事的城市。现在，由于城市改造，呼和浩特市的老房子大多拆掉了。额博这一代人坐在一起，常常会聊起呼和浩特的一些美好往事。

为了留住这些美好的记忆，额博把耳闻目睹的有关呼和浩特的事情记下来，就有了《额博散文集——呼和浩特往事》一书的出版。

《阿勒坦汗与土默特》内容简介

吴　欣

　　《阿勒坦汗与土默特》是国内外开展相关领域研究以来，最为全面系统研究阿勒坦汗和土默特的专著，全书共40余万字，照片360多幅。该书由全国人大常委会原副委员长布赫题写汉文书名。

　　阿勒坦汗是北元时期蒙古右翼和土默特部的首领，蒙古社会著名的政治家、军事家，16世纪中国北方历史上具有重大影响的政治人物，呼和浩特的建城人，他结束了蒙古右翼与明朝之间200余年的战争，开创了北元时期蒙古右翼与明朝之间半个多世纪的和平局面。他开发农业，修建城市，倡导定居，引进藏传佛教，在蒙古民族的发展史上，有着广泛和深远的影响。也正因为如此，阿勒坦汗成为近代以来国内外众多专家学者的研究对象。

　　为撰写此书，作者大量搜集、研究各种史料，进行了行程50000多公里的实地考察，拍摄照片4000余幅。本书全面系统地叙述了阿勒坦汗和土默特的重大历史事件。本着去伪存真、扶正历史的精神，作者认真研读了前人的研究成果，并根据自己的研究和实地考证，提出了史学界长期争论的土默特来源，即"土默特"只是其本身词意"万户""国家""领地"很多的意思，是部落集团名称，并不是单独的部落称呼，全面叙述了十二土默特部中的重要部落——蒙郭勒津部的来源和发展变化。

根据《清实录》的记载，作者首次在史学界提出了清代东土默特左右两旗的形成过程。1632年，后金到呼和浩特地区征伐林丹汗时，土默特各部（今辽宁阜新、北票、朝阳地区的土默特人）10多万人被强迫东迁，他们与1629年归降后金的土默特兀良哈部组成东土默特左右两旗。并根据今辽宁阜新、北票、朝阳地区的蒙古部落名称形成的姓氏，分析了迁到阜新、北票、朝阳地区的土默特部落的组成。该书还收集整理了呼和浩特地区蒙古姓氏70多个，阜新、北票、朝阳地区土默特部人蒙古姓氏100多个。

在藏传佛教传入方面，根据明朝史籍记载，作者提出了最早到阿勒坦汗身边传教的喇嘛是哈望喷尔剌，而非阿兴喇嘛，提出了阿勒坦汗最早信奉的藏传佛教并不是格鲁派。根据《四世达赖喇嘛传》和《蒙古源流》的记载，以及美岱召明代护法庙壁画以及万佛殿等情况，提出了明代来到土默特任蒙古教主的迈达里活佛，是藏传佛教宁玛派的僧人，并不是格鲁派僧人。这也解开了明代来到蒙古地区任藏传佛教教主的迈达里活佛没有在大召驻锡而在美岱召驻锡的谜团。

本书作者本着对历史负责的态度，订正了一些著作中存在的谬误，还原了北元时期土默特蒙古部真实的社会政治生活，对北元时期的土默特蒙古史起到了正本清源的作用，同时也为土默特蒙古史的深入研究提供了详实的资料和可资借鉴的经验。

《归化城老街巷》内容简介

呼　文

　　《归化城老街巷》是一部如实记载内蒙古自治区首府呼和浩特市玉泉区（即归化城，俗称旧城）的专著，2017年由内蒙古大学出版社出版发行。全书探本溯源，秉笔直书，图文并茂，融知识性、趣味性、可读性为一体，是呼和浩特400多年建城史的浓缩写照，是一部记实性读物，是从事民间文化、非物质文化遗产研究者的最原始资料。

　　该书通过作者的亲身经历，所见所闻，父辈言传，结合史料记载，走访旧城老人核对认可，以方志记述方式全面详细介绍了呼和浩特市旧城（归化城）这座历史文化名城发展变迁、街巷地名、景色、庙宇等内容。同时涉及明、清历史上在归化城设置管理蒙、汉、回诸民族的衙署和土默特十二嘎拉达（参领）府邸及呼和浩特早年著名的商业大街戏院，饭馆、茶馆等内容。

　　该书的另一特点是纠正了以前一些不正确的用语发音和解释了一些不正确的用语称呼，如：烧麦应写做烧卖，七大召八小召、七十二座绵绵召应念做免名召等。

《无涯斋文稿》内容简介

文 研

　　《无涯斋文稿》由呼和浩特市回族退休老干部白贞著，共分三卷，计140万字，2016年由内蒙古人民出版社出版发行。

　　第一卷为《文论篇》，所收作者史学论文与散文随笔28篇，是作者30多年来研究回族史，特别是内蒙古呼和浩特市及周边地区回族史的史学论文或研究札记，侧重论述了土默川地区回族的历史源流、发展沿革、宗教信仰、风俗习惯、经济生活、民族交往、生活用语等。对清代康、乾以来"走西口"的历史背景和社会现象，作了深入的调查研究和有益的探讨，具有较高的史学价值和理论价值。作者的散文作品有讴歌家乡故土山川秀美的抒情散文，亦有抚今忆昔、缅怀亲友的追思之笔，更多为读书札记和旅游随想，从中足可窥视作者深沉的思想与高尚的追求。散文行笔优美，语言流畅，令人遐思，引发共鸣。

　　第二卷为《诗词篇》，所收诗词600余首，是作者自20世纪50年代末至21世纪初50多年中陆续写下的篇什。正如作者在《编诗感言》中所记："余每行，身必囊纸，睹物感情，待人接物，必有所动，逢暇必作诗记之"，"我的确是把当时现实生活中，包括个人的学习、工作，日常生活和社会政治生活中的事，无关大小，每有感触，都以诗词的形式记录了下来。"早期的作品，多为"感慨激愤"之作；后期的作品多为"赠别游历"之作，但无论是哪一时期的作品，作者都继承、发扬了我国古典诗歌的优良传统，这就是走"现实主义的创作道路"。我们从作者的作品中，不难看出诗人热爱祖国、挚爱家乡、关心民生疾苦、赞美大好河山、发奋读书学习、力争报效国家的赤子之心和家国情怀。无论是写人、记事、状物、写景、抒情，多寓感慨、参悟、遐想、思索，是作者真情实感的流露和心路历程的展现。

第三卷为《文史篇》，是作者应土默特左旗广播电视台之邀，为《魅力土默川》节目所写的演播稿。书中主要记述了土默川的疆域四至、历史沿革、山川地貌、自然风光、行政建制、著名人物、重大事件、民俗风情、文化遗存以及历代文人骚客对土默川的诗歌描写等。作者从广阔的社会历史视角，从不同侧面、不同角度，对土默川地区不同历史时期的政治、经济、军事、文化、教育、民族、宗教、生活、灾异等方面，进行了深入的钩沉、挖掘、搜集、整理、爬罗剔抉、披沙拣金，浓缩成了一部土默川的百科全书，令人扩大视野、耳目一新。其表现手法亦独具匠心、另辟蹊径，不是通常的堆砌文史资料，而是以章回体裁，以历史为经，以故事为纬，如数家珍、娓娓道来，使土默川这片热土源远流长的历史文化、风流人物、山川风光、掌故趣闻、民族风情、三教九流、奇闻野史、民间传说、禅院寺庙跃然纸上，丰富多彩、生动有趣，让人目不暇接，描绘出一幅土默川浑厚壮美、瑰丽多彩的历史画卷。

《走进最后的驼村》内容简介

李樱桃

  《走进最后的驼村》是呼和浩特市女作家李樱桃以呼和浩特市万里茶道上驼村兴衰为背景，创作的一部长篇报告文学。书中涉及从"驼道起点坝口子村"到"茶叶之路第一村麻花板"；从"养驼大村厂汉板"到"五路村的养驼大户"……视野宽展开阔，内容丰富多彩。还采撷到了府兴营的驼夫护送革命先辈乌兰夫脱险的故事，以及"行走在驼道上的恪靖公主""慈禧太后梦回归化六角亭""马可·波罗眼中的丰州古城""先有小板升后有归化城""两次探访石人湾的俄国学者""走驼道娶回新疆姑娘""摇曳在驼背上的童年时光"……横贯300多年的历史，囊括古今中外的传奇，读者在赏读这些故事与传奇的同时，也对万里茶道上的驼村，呼和浩特这一独特的历史与文化有了深入的了解与认识。因此，在《走进最后的驼村》一书中，我们看到的不仅是一个个令人目不暇接、精彩纷呈的故事，更是呼和浩特重要的历史文化信息。

  呼和浩特作为一座繁华兴盛了400多年的商业城市，离不开这一段驼村、驼夫、驼道所组成的艰苦卓越的历史，可以毫不夸张地说，是上百个驼村和上万个驼夫托举起了呼和浩特曾经令世人注目的商业成就。对于这一点，作为记录与讲述者，李樱桃心里是清楚的，阅读她的文字，我们也可有所体会。"五百多家商号在大库伦、恰克图、乌里雅苏台、科布多等地盖起了宽敞的店铺、货栈和住房，二十多万商人跻身于国际商贸舞台。这是令世人注目的商业成就，而支撑这一巨大商业成就的是漫漫驼道上一步一步艰难行走的驼夫，也可以说，是数以万计驼夫以生命为代价的行走铸就这气势恢宏的商业传奇。"

"……我静静地聆听着老驼夫们颤抖着声音讲述着自己当年驼道行走的经历，我知道，这颤抖的声音会变得越来越微弱，而且不久之后便会戛然而止，消逝在历史的烟尘里……"正是因为这强烈的责任意识，让她有了一种紧迫感与使命感。使得她以图文并茂的形式，将《走进最后的驼村》的5个章节中52个万里茶道上的大小故事讲述得栩栩如生、活灵活现。

在岁月的长河中，我们往往会忽略或遗失一些珍贵的东西，就像驼村和驼夫所创造的曾经震惊中外的商业奇迹，在时间的淘洗中也渐渐淡出了人们的记忆。令人欣慰的是，随着国际商道万里茶道越来越被重视，作为万里茶道上不可或缺的重要元素——驼道、驼村、驼夫也变得弥足珍贵，也必然成为呼和浩特重要的文脉所在。而李樱桃在挖掘与记录呼和浩特这一文化根脉方面，作出的有益的探索与可贵的贡献，应该引起社会各界的关注与重视。

纸上展厅

易晶油画作品欣赏

易晶，1983年毕业于内蒙古师范大学美术系，1994年进修于中央美术学院。中国美术家协会会员，内蒙古美术家协会副主席，呼和浩特美术家协会主席，内蒙政协书画院院士，内蒙古草原油画院院士，呼和浩特第十届、第十一届政协常委，教育部"基础课新课程"美术学科国家培训员，现任呼和浩特职业学院副院长。获呼和浩特市专业拔尖人才、内蒙古自治区"五四"青年奖章；2008年被评为内蒙古自治区有突出贡献的中青年专家。内蒙古自治区高校名师。2017获乌兰夫基金民族文化突出贡献奖。

作品先后数次参加全国美术作品展并获奖，在美国、法国、意大利、澳大利亚、俄罗斯、日本等许多国家展出。先后为呼和浩特白塔国际机场、新火车站、内蒙古博物院、兴安盟博物馆、苏尼特博物馆等全区十多家博物馆设计浮雕与壁画。

王遒欣书法作品欣赏

王遒欣，男，生于1955年，呼和浩特书画院原院长，国家一级美术师（正高二级），内蒙古文史研究馆馆员，内蒙古书协第四、第五届副主席，内蒙古大学MBA教育中心客座教授。书法作品曾参加全国第二、三、六、七届书法篆刻展，中国书法家作品邀请展（中国书协主办），全国书法家作品邀请展（中国书协主办），国际书法展，第十四届中日友好自作诗书法交流展，首届全国大字展，全国千人千作展等。获首届、二届华北书法奖，内蒙古自治区第六届艺术创作"萨日娜奖"，作品被收入《共和国书法大系》。出版有《王遒欣书法作品集》，主编《丁香芳菲——呼和浩特书画集》《呼和浩特书画论文集》。

迎門有紫氣排闥看青山

迎門有紫氣排闥看青山

吏舍跼終年出郊曠清曙楊柳散和風青
山澹吾慮依叢適自憩緣澗還復去微雨
靄芳原春鳩鳴何處樂幽心屢止遵事跡
猶遽終罷斯結廬慕陶直可庶

段建珺剪纸作品欣赏

　　段建珺，和林格尔县人，中国民盟委员，系中国剪纸国家级代表性传承人，中国当代著名剪纸艺术大师，盛乐博物馆副馆长。中国民间文艺家协会理事、中国民协剪纸艺委会副主任、中华文化促进会剪纸艺委会副主任、内蒙古民协副主席、内蒙古剪纸学会会长、呼和浩特市民协常务副主席、和林格尔剪纸学会会长、南京大学民俗研究所特聘研究员。长期致力于剪纸等非物质文化遗产传承、理论研究和保护实践，成果丰硕，被誉为"打开内蒙古民俗文化宝库的金钥匙"。他将深厚的传统剪纸艺术基因完美地交会融合于个性的艺术审美和表现，极大地丰富和拓展了剪纸表现语汇和审美空间，取得新的高度，创作出具有浪漫主义色彩和恢弘大气的草原风俗剪纸，是中国北方"草原剪纸"具有代表性的杰出剪纸家。作品《春到草原》《驯烈马》等曾荣获国家级等多项奖励，其中，《草原雄鹰》2001年荣获中国民间文艺最高奖"山花奖"，多次荣获内蒙古艺术创作最高奖"萨日娜奖"。

贾宏伟皮画作品欣赏

贾宏伟，莫尼山非遗小镇创始人，"格日勒皮艺"品牌创始人。

1981年11月3日出生，内蒙古托克托县人，中国民盟委员，内蒙古皮雕画代表性传承人，国际工艺美术大师，从小接触蒙汉民族文化，在祖父辈的影响下传承蒙古皮艺技艺，学习了大量有价值的皮艺技艺手法，收藏记载了民族皮艺文化久远的历史资料，为传承皮艺技艺、研发皮雕画艺术做了有价值的铺垫，以皮雕记载的方式，来弘扬民族文化。